家庭のオーブンで作る

# バゲット・
# 食パン・
# クロワッサン

ムラヨシマサユキ

成美堂出版

# はじめに

この本は、これまでに発行してきた家庭のオーブンで作るパンのシリーズ、
「バゲット」、「食パン」、「クロワッサン」を1冊にしたものです。
どれも、家庭の環境と道具で作れる最高のパンレシピを目指して試作を重ね、
レシピや作り方をまとめてきました。

「バゲット」では、小麦粉、塩、水、イースト（酵母）のみという、
ごまかしの効かない必要最小限の材料でのパン作りにおいて、
プロの機器を使わず家庭でできる作り方を考えました。
さらに、家庭用オーブンのパワーが効率よく生地に与えられるドゥミ（ハーフサイズ）にし、
生地をバリッとムクッと立ち上がらせ、
ベーカリーのものに引けを取らないバゲットが焼けるレシピを作りました。

「食パン」は、日々飽きずに食べ続けられる、
ニュートラルな味や食感に仕上げるパン作りを目標にしました。
特にふっくら窯伸びする生地にするために、
十分に生地を鍛えなくてはいけない＝生地を台にバンバン叩き続ける必要があることが、
現代の住環境では騒音問題につながってしまった経験から、
少ないイーストで冷蔵庫で長時間発酵させることで、
生地をじっくり熟成させながら鍛える方法をとりました。

「クロワッサン」は、家で作るからこそおいしい配合にこだわり、
特に主材料となる、粉とバターのそれぞれのうまみの相性と味のバランスを追求しました。
生地の発酵によって調和した材料から引き出される味を楽しめるのは、
焼きたてを食べられる家庭でのパン作りの醍醐味です。
また、いちばん重要な工程となる、折り込みの手順はこと細かく写真で解説しています。
ハードルは高いですが、ベーカリーを凌ぐクロワッサンが作れることをお約束します。

この本には、僕が何度も作って失敗して、考えてまた作って、やっとたどり着いた、
家庭用のオーブンで作るバゲット、食パン、クロワッサンの作り方やコツが
余すことなく詰め込まれています。

家で最高のパンを焼きたい！ と思っている方の助力になれば幸いです。

ムラヨシマサユキ

# contents

**本書について**

●本書で紹介しているバゲット、食パン、クロワッサンは、室温20〜25℃、湿度50〜70%の環境下で作りました。

●本書のレシピは、家庭で一度に作りやすい量になっています。

●Chapter1　バゲット(p.13〜102)のレシピ中にある「基本のバゲット」とは、Lesson1「このバゲットを作る!」(p.24〜39)のバゲットを指します。

●Chapter2　食パン(p.103〜192)のレシピ中にある「基本の食パン」とは、Lesson1「この食パンを作る!」(p.116〜133)の食パンを指します。

●Chapter3　クロワッサン(p.193〜287)のレシピ中にある「正統派クロワッサン」とは、Lesson1「このクロワッサンを作る!」(p.202〜216)のクロワッサンを指します。

●一次発酵、ベンチタイム、二次発酵などの時間は目安です。生地の状態によって調整してください。

●オーブンは、使う前に必ず指定の温度で予熱をしてください。

●本書のバゲット、食パン、クロワッサンは、家庭用スチームオーブンで焼成した際の焼成温度、焼成時間を掲載しています。オーブンは機種や性能によって焼成温度、焼成時間に差があり、各パンの焼き上がりの状態も異なる場合があります。本書の焼き上がった各パンの写真を参考にして、基本的にはレシピに記載されている時間で焼けるように、温度を調整してください。

●本書で使用している卵は、Mサイズ(58ｇ以上64ｇ未満)です。

●本書で使用している天板の大きさは、約40cm×30cmです。

●天板は、基本的にオーブンの下段に入れます。

# Chapter 1 バゲット

## バゲットを知る

# Chapter 2  食パン

# Chapter 3　クロワッサン

# 材料を知る

バゲットの材料は小麦粉、イースト（酵母）、水、塩の4つ。
食パン、クロワッサンはこの基本材料に、乳製品や糖類、卵、油脂などの副材料を加えて生地を作り、
材料それぞれの特徴がバランスよく組み合わさることで、おいしさが成り立っていきます。
個々の材料がどんな性質を持って、どのように結びついていくのかを知ることは、
理想のパン作りにとって大切なことです。

写真左上より時計回りに、
全粒粉、強力粉、最強力粉、
薄力粉、準強力粉

## 小麦粉

　パン作りの最も基本となる材料。主な成分はでんぷん約75％、たんぱく質7〜15％、残りが灰分（ミネラル）と水分で、たんぱく質の含有量が多いものから、最強力粉、強力粉、準強力粉、中力粉、薄力粉に分けられています。

　小麦粉に水分を混ぜて練る、こねる、叩くなど外部から力を加えると、小麦特有のたんぱく質、グリアジンとグルテニンが絡み合って「グルテン」と呼ばれる粘弾性のある物質が形成されます。パン生地の「骨格」

といわれるグルテンは、生地の中に網目状に広がり、それが層になって薄い膜を作ります。この膜が、イーストのアルコール発酵によって発生した気泡（炭酸ガス）を生地内に閉じ込めます。発酵が進み気泡の量が増えるとともにグルテンの膜はまるでゴム風船のように膨らみ、それにつれて生地全体も膨らみます。さらに、生地内に張り巡らされた網目状の組織が、膨らんだ生地がしぼまないように支え、焼成するとそのまま焼き固まって強固な骨組みとなり、冷えてもパンは形を保てるというわけです。

でんぷんは、焼成時に生地の温度が約60℃に達すると生地内の水分を吸収して糊のような状態になります。これがグルテンの内側に引き入れられ、網目状の骨格の穴を埋めて気泡を保護する壁になります。さらに、焼成が進んで温度が高くなると水分が蒸発して固まり、ふっくらとしたボディとなって全体を支えます。

バゲットには製粉会社がフランスパン専用の小麦粉として販売している準強力粉を使います。この粉は、強力粉と中力粉の中間。強力粉よりたんぱく質の量がやや少なく、ミネラル分が多くなっています。

理想的なバゲットの仕上がりは、パリパリのクラストと、しっとりとしたクラム、そこに大小の気泡がきれいに分散する状態。このようなバゲットを作るには、グルテンの形成を抑えて生地のつながりをゆるやかにする必要があります。そのため、グルテンのもととなるたんぱく質の量が少ない小麦粉を使います。ただし、薄力粉ではたんぱく質の量が少な過ぎて、生地を支えきれません。

糖類や油脂などが加わり味や香りが複雑に絡み合う食パンは、バゲットに代表されるリーンなパンのように小麦粉の特徴で味わいが決まる、というわけではありません。その中で、強い骨格を形成してパン生地をしっかり支え、食味や食感を演出することが小麦粉の役割となります。

ふっくらと膨らんだ理想的な食パンを作るには、グルテンの量が多くて力の強い最強力粉、強力粉、準強力粉を使います。最強力粉はたんぱく質の含有量が強力粉よりも多い粉。強力粉は11.5～13.5%ですが最強力粉は13%以上。強力粉のチャンピオンといった存在で、窯伸びがよく、きめ細かくしなやかな食パンを作るのには欠かせない粉といえます。ただし、吸水が多いため、加水量を増やさないとかたいパンになってしまいます。準強力粉はたんぱく質含有量が10.5～12.5%と強力粉よりやや少なく、ミネラル分が多

くなっています。

クロワッサンは、昔ながらのベーシックな配合では準強力粉を使いますが、配合の特色をねらって、一部に薄力粉、強力粉、最強力粉、全粒粉を加えたり、近年では、国産の強力粉のみでデトランプを仕込むベーカリーも増えてきました。

デトランプを作るときや、バターを包み込んで伸ばす、折り込むといった作業は、生地を鍛える＝グルテンを強化していることになります。グルテンが多く形成されると縮む力も強く働くので、生地は伸ばしづらくなります。何も意識せず“伸ばす→折り込む”を続けていると、作られるクラストはサクサクとした食感から、パリパリになり、さらにガリガリへとかたさが増していきます。クラムの方は、ふわっと口溶けのよいものから、徐々に引きが強くなり、もっちりとして、さらにむっちりとしたかたい質感に変わってしまいます。

ベースとなる生地デトランプにグルテンの形成を抑制するバターを粉量の5～15%すり混ぜる、デトランプをこねずに材料を混ぜ合わせるだけで仕込むといった製法は、必要以上にグルテンが形成されないようにコントロールするため。理想のクロワッサンを作る大切なポイントです。

製パン用の小麦粉は、主にアメリカ、カナダ産の硬質小麦が使われていますが、最近ではパン作りにも使える国産の小麦粉が増えてきています。国産小麦は輸入小麦に比べ、たんぱく質含有量が少なく、またグルテンの力も弱め。焼き上がりのボリュームには欠けますが、小麦本来の甘みのある深い味わいで、きめが細かくもちもちとした食感に仕上がります。加水量を高めにこね、ゆっくりグルテンを形成させて粉の個性を引き出す製法も広く紹介されるようになってきました。小麦粉は選択に悩むほど種類が多くなっています。同じ強力粉、準強力粉でも銘柄によって膨らみや風味が違い、さらに同じ銘柄であっても収穫時期でまた違ってきます。本書では、各バゲット、食パン、クロワッサンに最も適した小麦粉を選んで指定しています。まずはその粉を使って、作ってみてください。

小麦粉は封を切ったら、袋のまま密閉容器に入れ、湿気が多くなるシンクの下などは避けて、直射日光の当たらない冷暗所で保管しましょう。高温多湿になる夏場は、冷蔵庫での保存がおすすめです。開封後は1～2か月以内に使いきるようにしてください。

写真左上より時計回りに、
牛乳、豆乳、水、生クリーム

コントレックス

# 水分

　水分は小麦粉と混ざり、パンの骨格となるグルテンを形成します。この仕込み用水分は、温度を調整して加えることによって、こね上がった生地、あるいは混ぜ終わった生地の温度をイーストが活動しやすい温度に調整し、スムーズな発酵を促します。

　本書で紹介する3種のパンの中でも、バゲット作りにおいて、水は特に必要不可欠な存在。小麦粉に含まれる成分を働かせるのも、イーストを活性化させるのも、塩を生地になじみやすく溶かすのも、すべて"水あればこそ"です。使用する水は、本場フランスで一般的に使われている水と同じ硬度の水。硬度とは、水に含まれるカルシウムとマグネシウムの量を表した指標で、WHO（世界保健機関）による分類では、硬度60mg/ℓ未満が「軟水」、60〜120mg/ℓ未満は「中硬水」、120〜180mg/ℓ未満が「硬水」、180mg/ℓ以上が「非常な硬水」となっています。硬度が高い水は苦みや渋みが口に残り飲み口は重く、硬度の低い水は淡白でくせがなくまろやかな味、中硬水は軟水と硬水の間ともいわれています。そして、フランスの水の硬度は約300mg/ℓ。本書では家庭で取り入れやすい方法として、1468mg/ℓの超硬水コントレックス（市販のミネラルウォーター）に、30〜60mg/ℓの日本の水道水を混ぜて硬度を300mg/ℓ前後に調整しています。もちろん、水全量を硬度300mg/ℓ前後の市販品（エビアンなど）に置き換えても構いません。

　パン作りでは、水の硬度が生地の締まり方に影響します。特にへらで分割できるほどにゆるく仕上げるバゲット生地は、硬度の高い水を使ってグルテンのつながりを強くして生地を引き締めないと、焼成時に生地が持ち上がらず、のっぺりとたるんだバゲットになってしまいます。また、軟水だけで仕込んだ生地はべたついてまとまりづらく、反対に硬度の高い水を使うと、グルテンが強くなり過ぎて発酵が遅れたり、焼き上がりがかたくなったりします。

　日本の水道水だけでも十分においしいバゲットを作ることはできますが、そのためには、水の量を少し減らし、生地をしっかりこねてグルテンを鍛えた生地にしなければなりません。仕上がりは、ふんわりとしたクラストで、クラムのきめはやや詰まり、本格的なバゲットの食感とは違ったものになりますが、軽めのサンドイッチやトーストなどには最適です。食べたいバゲット、作りたいバゲットに合わせて水を使い分けるのもバゲット作りの楽しみのひとつですが、クラストはパリッとして、クラムはふんわりしっとりとしたバゲットを目指すなら、まず硬度300mg/ℓ前後の水で生地を仕込んでみてください。

　食パンやクロワッサンでは、通常は水を使いますが、牛乳や豆乳、生クリームを配合することでグルテンを形成するという役割を果たすとともに、含まれる固形物（脂質、糖質、ミネラルなど）によって、香りや風味を増す、香ばしい焼き色がつく、さらに栄養価を上げるなどパンの個性化に関わる働きをします。なお、粉やバター、発酵の風味をストレートに出したいときには水が最適です。製パン用の水は、イーストが活動しやすい弱酸性（pH5.2〜5.6）がよいとされています。アルカリ性の強い水はイーストの働きを妨げ、発酵がスムーズに進まず、酸性が強くなるとグルテンを溶かして生地が切れやすくなります。とはいえ、とても微妙なレベルなので、食パンやクロワッサン作りに使う水は日本の水道水でまったく問題ありません。

　水を牛乳に置き換えて使うと、食パンの場合は生地が締まり、風味はあってもパサついたものになってしまいます。これは、水と同量の牛乳を用意しても、牛乳に含まれる固形分の重さ分の水分量が不足するためで、予定の水分量よりも多めに加える必要があります。豆乳の場合も同様です。クロワッサンも単純に水の代わりに牛乳を代用すると、デトランプの仕上がりがかたくなってしまいます。また、牛乳を配合したクロワッサンのクラストは少しかたさが出てクリスピー

になり、クラムは少ししっとりした質感になります。

　生クリームは、乳脂肪分が油脂として生地に影響することを考慮して使います。合わせると粉類が油脂で一気にコーティングされるため、グルテンが過度に出ない生地になります。クロワッサンはミルキー感が強く、しっとりしたクラムに仕上がります。

写真上より時計回りに、生種、
インスタントドライイースト、あこ天然酵母

# イースト(酵母)

　イーストは酵母菌の一種で、温度や水分の条件が揃うと、生地に含まれる糖（ブドウ糖、果糖）を取り込んで炭酸ガスとアルコールを発生させます。これがアルコール発酵です。このとき発生する炭酸ガスが気泡となってグルテンの膜に包まれることで、周囲の生地が押し広げられ、生地全体が膨らみます。生成されたアルコールは生地の伸びをよくし、パンに風味やうまみを与えます。

　イーストが活動できる温度は28〜32℃で、38℃を超すと機能が低下し、60℃になると死滅してしまいます。また、温度が低くても活性が低下し、4℃以下で休眠状態に入って活動を停止してしまいます。イーストを活発に働かせるためには、生地の状態を考慮しながら、適度な温度を保つことが大切です。

　なお、クロワッサン作りでイーストには多量のバターを含んだ重い生地を持ち上げる役目があります。デトランプは室温で短時間の一次発酵を行いますが、折り込み、分割、成形、二次発酵まで、低温の環境で発酵を一時停止状態にして進めなければなりません。途中でふんわりと膨らんでしまうと、鼻につく発酵臭が生地に残り、でき上がりの食味が悪くなります。それを防ぐためには、冷蔵室、冷凍室で生地を冷やし、発酵以外の作業を手際よく早くこなすことが大切になります。

　イーストとは英語で「酵母」の意。本来は自然界に生息する微生物で、菌類に属する単細胞の生き物の総称です。酵母は大気中や穀類、果実などあらゆるところに生息していて、何百種類もあるといわれています。その中からパン作りに最も適したものだけを選び、工業的に純粋培養したものを、日本では一般的にイーストと呼んでいます。

　工場で人工的に大量生産されることから、「イーストは体に悪い」というイメージを持たれることもあるようですが、イーストはいわばパンを膨らませる才能に恵まれた選手を集めたプロ集団。発酵力は強く、とても風味のよいパンに仕上がります。

　イーストには、生タイプとドライタイプがあります。前者は純粋培養したものから水分を抜いて固めたもので、水に溶いてから使います。“生”とあるように保存性は低く、冷蔵庫で保存して2週間ほどで使いきるようにします。ドライイーストは生イーストを最終段階で乾燥させ粒状にしたもの。使用する前には5〜6倍量のぬるま湯で戻し、予備発酵させます。この予備発酵を不要にしたのがインスタントドライイースト。粉や水に直接混ぜ入れて使えるのが最大の特徴です。両者とも空気に触れないように密閉し、湿気のない低温の場所に保管すれば、1年は保存可能です。本書では扱いやすいインスタントドライイーストを使い、ゆっくり発酵させて粉の風味を引き出すパン作りを提案しています。

　天然酵母とは穀物や果実に付着している酵母のこと。この酵母から培養液を作り、粉を加えて発酵させたものを天然酵母種、自家製酵母種といいます。この種を使ったパンには独特の風味や酸味などがあり、選んだ素材によって味わいも変わってきます。天然酵母には市販品もあり、こちらはドライイーストと同じように使うことができます。本書では、レーズンから起こした酵母と、市販されている米麹由来のホシノ天然酵母やあこ天然酵母を使ってバゲットを、ビールに混入しているビール酵母を培養して、ホップ酵母に似た風味の食パンを、そして、りんごから起こした酵母とあこ天然酵母でクロワッサンを作ります。

　イーストも天然酵母も自然界に生息する菌類で生き物です。どちらを使えばおいしくなるということではなく、作りたいパンにあったイーストを選べばよいと思います。

写真上より時計回りに、はちみつ、きび砂糖、
グラニュー糖、モルトエキス、和三盆糖

モルトエキス

# 糖類

　糖類の最も重要な役割は、イーストの栄養源となって安定した発酵を促すこと。さらに、甘みをつける、焼き色を深くし、香ばしい香りに仕上げる、水を吸着して生地内に留まらせることでしっとりと焼き上がらせ、その後もかたくなりにくい、などの働きをします。糖類には、砂糖、はちみつ、モルトなどがありますが、甘み、風味はそれぞれ違うので、目的にあった糖類を選んでください。

　多量のバターを使うクロワッサンはかなりヘビーな味わいになっています。好みの砂糖を使って構いませんが、それ以上くどくならないようにバランスを取って選んでください。また、クロワッサンは焼成温度が高く、バターと糖を加えているので焦げやすい状態になっています。糖類を使う場合は、焦がさないように十分注意してください。

## グラニュー糖

　製パンでは、砂糖といえばグラニュー糖を指します。砂糖の主成分であるショ糖の純度が高く、甘みにクセがなくあっさりしているので、他の材料の風味を邪魔することなく甘みをつけることができます。さらさらとして溶けやすいのも特徴のひとつ。

## モルトエキス

　発芽した大麦を煮出して作る麦芽の濃縮エキスで、モルトシロップとも呼ばれています。砂糖より早く発酵を促進させ、焼き色もつきやすくなります。パンはイーストが糖を養分として取り込んで発酵し、発生した気泡によって膨らみますが、砂糖を加えないバゲットにはイーストの栄養源となる糖が圧倒的に少なく、加えてイースト自体の数も少ないため、炭酸ガスの発生力が低下して発酵が不安定になってしまいます。これをフォローするのがモルトエキス。イーストの栄養源となって安定した発酵を促します。さらに、モルトエキスによって増加した麦芽糖がクラストの焼き色を深くし、香ばしい香りに仕上げます。

　モルトエキスは粘りがかなり強いため、仕込む水に加えて溶きのばしてから使います。雑菌がつきやすいので、取り分けるときは必ず清潔なゴムべら、スプーンなどを使ってください。開封後は乾燥しないように密閉容器に入れて、冷蔵庫で保管してください。2〜3か月は保存可能です。

## きび砂糖

　さとうきびを搾った糖液を煮詰めたもの。生地にさとうきび由来の風味とコクが加わります。精製されていないためミネラル分の含有量が多く、大量に使うと生地がべたついたり、ダレる原因となるので使用量に注意が必要です。カソナードで代用可。

## はちみつ

　独特の風味づけはもちろんのこと、はちみつに含まれる酵素の働きで、砂糖よりも早く発酵が促進されます。さらに色づきがよく、吸湿性も優れているので、しっとり、ふっくらと仕上がります。ただし、発酵の促進によって過発酵になりやすく、また使う量が多くなると、イーストの活動を阻害して発酵力を弱めてしまう場合があります。

## 和三盆糖

　香川県・徳島県の一部で、さとうきびの搾り汁を伝統的な方法で精製して作られる日本独特の砂糖。穏やかな甘みと上品な香りは、酵母の発酵による香りを楽しみたい自家製酵母で作るパンのような生地に用いると効果的です。

上・中／海水塩　下／岩塩

# 塩

　塩は塩味をつけるだけでなく、粉のうまみや風味を引き立てる働きをします。さらに、グルテンを引き締めて生地にコシをつけて扱いやすくする、イーストの働きを抑制して発酵の速度を緩やかにする、雑菌の繁殖を抑え、生地の老化を防止する、といった働きもあり、加える量はわずかですが、その役割は重要です。

　大量のバターを含むクロワッサンにとって、塩は味わいを引き締め、コクを感じさせ、食べ飽きしない味にまとめるという重要な役目を担っています。バター感が強いクロワッサンになればなるほど塩味をしっかり効かせないと、ただの脂っぽいパンになってしまいます。とはいえ、塩を増やすとコシの強いうどんのように生地が締まってかたくなり、必要な回数の折り込みができなくなるので十分注意してください。粉量に対して1.6〜2.2％と、加えるのは少量ですが、塩はクロワッサン作りに重要な材料です。

　バゲット、食パンの生地作りの工程で、塩を最初から入れるか、途中で入れるか──加えるタイミングをどこにするかは、どのようなパンに仕上げたいかで変わってきます。前者は最初からしっかり生地に溶け込んで入るので均一にこね上げることができ、生地が引き締まり、コシをしっかりつけることができます。一方、粉と水をあわせたオートリーズ（p.19、p.109参照）後に、グルテンの形成を抑制する塩を加える製法では、生地が伸びのよい状態に変化し、イーストの働きも活性化して発酵が速やかに始まります。本書はこの方法を用いています。

　塩は好みのものを使ってください。ただ、使用する小麦粉にどのような塩を合わせるかでパンの味わいは変わってきます。本書では、甘みの強い粉や香ばしさは出るけれどうまみが弱い粉にはまろやかな味わいの

海水塩を、うまみが強く個性が十分な粉には、ストレートな塩辛さを持つ岩塩を使用しています。

　なお、バゲットにおいては、少ないイースト量、粉量でもしっかり発酵するように、ベーカーズパーセント（p.18参照）を1.8％〜1.9％にしています。塩の量は、減らした分だけ発酵の抑制やコシがつかなくなり、ダレやすく、焼き色もつきにくくなるので、極端に少なくするのはおすすめできません。

上／卵　下／スキムミルク

# 卵・スキムミルク

（卵）

　クロワッサンに卵を加えると生地がよく膨らみ、クラストはカリッと、クラムはふんわりしっとりと仕上がり、焼き色につやが出ます。歯切れをよくする働きもしますが、生地に弾力を加えることになるので、作りたいクロワッサンの食感によって、加えるか加えないか、加える場合はどのくらいの量にするかなどの検討が必要となります。

（スキムミルク）

　牛乳から水分と脂肪分を取り除き粉末状にしたもの。ミルク風味をはっきりと取り入れたいとき、粉量に対して3〜10％程度加えることができます。クロワッサンでは、仕込み用の水分として牛乳を使える量が他のパンに比べてかなり少量になります。風味を出したい場合はその量ではまったく足りないので、水分を含まないスキムミルクを加えます。湿気に弱くダマになりやすいので、計量後すぐに使わない場合はラップをするなど、空気に触れないように注意が必要です。

上／バター(食塩不使用)
下／発酵バター(食塩不使用)

# 油脂類

パン作りにはバター、ショートニングなどの固形状の油脂を使うのが一般的です。粉、水、イーストを混ぜてこね、グルテンが形成されてから油脂を加えることで、作業が効率よく進みます。このとき、室温に戻す、叩くなどしてある程度やわらかくした油脂は、生地にすぐ混ざりますが、オリーブ油など液状の油脂は、混ぜようとすると生地が滑ってなかなかなじまないのです。

加えた油脂は、形成されたグルテンの伸びをなめらかにする働きをします。グルテンの間に入り込んだ油脂は、潤滑油の役割を担って生地の伸びをアシストします。生地の伸びがよいと、発酵・焼成の際、生地がスムーズに縦に押し上げられ、大きく膨らむことができるわけです。さらに、パンにコクを与え、乾燥を防いでやわらかさを保ち、焼き色とつやをよくするのも油脂の役割です。

パンに独特の風味とコクをもたらしてくれるバターには3つの特性があります。1つ目は泡立てると小さな気泡を抱き込むクリーミング性。これによって生地はキメ細かくふんわりと膨らみます。2つ目はグルテンの形成を阻止するショートニング性。グルテンが弱まることで軽い口当たりで歯切れのよい生地に仕上がります。3つ目は外部からの力で形が自由に変わる可塑性。この柔軟性によって、バターは切れずに薄く伸びます。クロワッサンは、これらの特性を生かした生地作りをします。先にバターを小麦粉にすり混ぜてグルテンをできにくくし、一方でバターを加えることで伸展性を高めたデトランプでバターを包み、一緒に伸ばして折りたたむ。この作業を繰り返し、デトランプとバターの薄い層が交互に重なる生地を作り、成形して焼き上げます。

パンに使用するバターは、必ず食塩不使用のものを使います。本書では発酵バターも併せて使っています。バター特有の風味が深い発酵バターを使うことで、油脂を多く入れずに風味を楽しみたい場合などに効果的です。一方、大量に使用する場合は、バターの味が際立ってしまうため、通常の非発酵バターを用います。

バターの風味はそのまま生地の風味となるので、新鮮なものを使用してください。保存していたバターを使う場合は、酸化して黄色く変色した部分は切り落とし、乳白色部分のみを使います。酸化したバターを生地に入れると、酸味が出たり、脂臭かったり、でき上がりを台無しにしてしまうので注意してください。

ショートニングは、白色で、香りや味はほとんどありませんが、その特性から、生地に加えるとサクッとした歯切れのよい軽い食感に仕上げることができます。

# Chapter

# 1

バゲット

# バゲットを知る

バゲットはフランスパンの一種。小麦粉、水、塩、イースト（酵母）のシンプルな配合で作られる食事パンです。食パンなどと違って、バゲットは非常に高い温度で焼成します。室温においていた生地は高温のオーブンに入れられると、温度差のショックで気泡（炭酸ガス）が一気に膨らみ生地を持ち上げます。この膨張によってクープ（切り目）が開き、大小の気泡が無数にできてクラム（中身）のもと（キメ）となり、高熱に当たるクラスト（皮）はパリッとした焼き目に仕上がります。

よい焼き上がりのバゲットは、オーブンから出すとパチパチッと音が鳴り、手に取ると見た目より軽く感じられるものです。焼き込みが足りないと、パリッとせず、ふにゃふにゃに。焼き込み過ぎていると、木のようにかたくて音もしません。発酵がうまく進んだクラムには大小不均一な気泡がポコポコと数多く点在し、大きく膨れてはいても生地の目は詰まっていないので食べると軽さを感じます。

バゲットは理想の姿形、食感、味を出すにはなかなか手ごわい相手です。だからこそ、材料のこと、使う道具のこと、そして各工程のことをしっかり理解することが大切です。

クープ
## [ coupe ]

大きくきれいに開いた切り目

クラスト
## [ crust ]

黄金色に焼けたパリパリの表皮

クラム
## [ crum ]

大小の気泡が分散した中身

# 自分が作ったバゲットを知る

焼き上がったバゲットをスライスして断面（内層）を見ると、
自分がこのバゲットをどのように作ったかを明確に知ることができます。
よかったところ、ダメだったところを熟考し、次回のパン作りに生かしていけば、
上達のスピードは上がるはずです。

## Check 1 クラスト

まずチェックするのは、パリッと焼けたクラストです。クラストが薄ければ、伸びのよい生地を作れた証し。厚い皮は、オーブンに長く入れ過ぎて焼き込んでしまった結果。長時間焼成によっておいしい風味はとび、かたさばかりが目立つ食べにくいバゲットになっています。色づきがあまりよくなければ、オーブンの予熱が十分でなく、焼成温度が低かった。あるいは、生地が過発酵状態で生地中の糖質濃度が下がり、焼き色がつかなかったことが考えられます。

## Check 2 クラム

次のチェックポイントはバゲットの中身、クラム。クラムの状態で、生地をどのように作り成形したか、オーブンの熱がどのように生地に伝わって膨れたか、などがひと目でわかります。つやのある生地と美しく分散した大小の気泡は、発酵がうまく進んだしるし。気泡が小さく、目が詰まっているケースは主に生地作りか、成形が原因。生地に触り過ぎたか、生地を傷めてしまったことによります。クラム全体につやがなく、気泡が細かいのであれば、加水不足か粉の吸水時間不足などが考えられます。

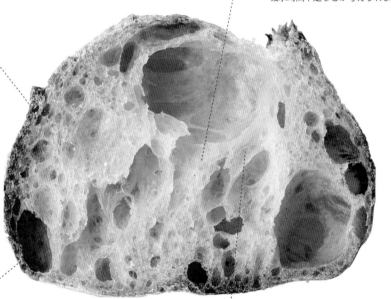

## Check 3 気泡

気泡の大きさ、分布状態などで、バゲットの食感は変わり、感じる風味もまったく違ってきます。さっぱりとした軽さが好みなら、大きな気泡がポコポコ入るような生地に。もっちりと引きの強いものが好みであれば、多少気泡は小さくてもよいと思います。どちらかというと、大小の気泡が端から端まで均等に分散していることが大切で、片方だけ、あるいは先端だけが目が詰まっていることのないようにしましょう。

## Check 4 気泡膜

マニアックなチェックポイントですが、気泡膜の薄さとつやで、どんな生地に仕立てたかもわかります。粉と水がしっかりなじんでできた膜はみずみずしく、半透明でつややかです。

# 道具を知る

家庭でおいしく美しいバゲットを作るために、揃えておきたい基本の道具を紹介します。
一度買うと長く使えるものが多いので、手になじんで使いやすいものを選んでください。

## A　ボウル

直径20cm前後のボウル。材料を入れたとき、縁までいっぱいになるような小さいボウルでは、その中で混ぜたり折り込んだりする作業ができません。少し大きめのボウルを用意してください。

## B　アウトドア用　耐火グローブ

家庭用のオーブンミトン、二重にした軍手などは、バゲットの焼成温度250℃で作業を繰り返すうちに溶けて磨耗し、徐々に穴があいてやけどする危険があります。安全に作業を行うために堅牢なものを。

## C　木べら

小麦粉と水をやさしく混ぜるための道具。ゴムべらはボウルの側面でつっぱり、生地に力を加えて混ぜてしまいます。

## D　製菓用温度計

水温や生地の温度をはかるときに使用。生地へのダメージが少なく、芯温が瞬時にはかれて数字も見やすい、デジタル表示の温度計がおすすめ。

## E　カード（スケッパー）

生地をすくう、まとめる、カットするなど、指先や手の延長のように繊細な作業ができる道具。利き手になじんで、ある程度の"しなり"があり"かたさ"も感じられるものを選びましょう。

## F　霧吹き

焼成前に生地に霧を吹きかけたり、電気オーブンに水蒸気の代わりに直接霧を吹きかけるのに使用します。生地に落ちた水滴が負担にならないように、きめ細かい霧が噴射できるもの。さらに、軽い力で多量の霧を1回で噴射できるタイプがおすすめです。

## G　刷毛

生地についた余分な打ち粉を払うために使います。ある程度の"しなり"があるものが使いやすいです。毛先を立てて粉を払うと生地に傷をつけるので、毛先は少し寝かせて使います。生地に押しつけないように注意してください。

## H　クープナイフ

クープを入れるための専用のナイフです。刃と持ち手が別々のものがおすすめです。カミソリ状の両刃は、取り付けの穴がいくつかあり、生地を縦に置くか、横に置くか、左右どちら側の刃でクープをするかなど、自分がいちばんやりやすい持ち方、刃の角度に調整できる利点があります。使用後は濡れ布巾で汚れをぬぐい取り、よく乾かしてからしまいます。

## I　小さな泡立て器

水にモルトエキスを溶かすときなどに使います。

## J　茶こし

打ち粉を均等に打つために用います。生地に粉を打つときは、持ち手を左右に振るのではなく、反対側の手にトントンと軽く当てながら粉を振り落とします。打ち粉のほとんどが生地に含まれてしまうので、その量が最小で済むように振りましょう。

## K　キッチンタイマー

発酵時間やベンチタイム、焼成時間を計るときに使います。数字がはっきり表示されるデジタルのものがおすすめです。

## L　取り板（とじ込み　ファイル用表紙）

家庭用のオーブンにぴったりの取り板がなかなか見つからないので、いろんなものを試していた先に落ち着いたのが、文房具のとじ込みファイル用の表紙です。とてもかたい厚紙でできていて、生地をのせて片手で持ってもしなりません。しかも布張り部分の曲がりが手で持ったときにちょうどよい角度に曲がるので、小回りが利き、かなりおすすめです。本書で主に使用しているのは、A4サイズ縦とじタイプです。

## M　デジタルスケール

0.1g単位ではかれる微量モードと、風袋機能がついた、デジタル式のものが便利です。

## N　保存容器

生地を発酵させるときに使う、ポリプロピレン（プラスチック）製の半透明の保存容器。縦156×横156×高さ53mm、内容量700mlが本書で作るバゲットの生地量に最適なサイズ。

## O　厚手のポリシート

生地にかぶせて乾燥を防ぎます。よく使われる濡れ布巾は、気化熱で生地温度を下げてしまう場合があります。さらに、生地にくっつくとはがしにくく、傷ついた生地はリカバリーも効きません。加水量の多いバゲット生地は加湿の必要はなく、表面が乾かないように覆うだけでよいので、くっついてもはがしやすく、丈夫で使い回しも利く厚手のポリシートを使います。本書では、漬物用ポリ袋を裁断してシート状にしています。

## P　麺棒

生地を均一に伸ばして成形するときに使います。木製の麺棒は、使用後に決して水洗いしないこと。日々のケアは濡れ布巾で汚れを拭き取り、陰干しでしっかり乾かします。

## Q　オーブンペーパー（クッキングシート）

バゲット生地を熱した天板にスムーズにスライド移動できるように使います。

## R　パンマット（キャンバス布）

成形をした生地を二次発酵させるときに、打ち粉をして使用します。キャンバス地は生地がくっつかず、生地の水分も逃さない。使用後は付着した打ち粉や生地をカードなどでこそいで取り除きます。数回に1度は水洗いして汚れを落とすこと。

## S　製菓用カップ型

生地の上にポリシートをかぶせるときに、生地に貼りつかないようにするために背の高い製菓用のカップ型を使用します。

## T　洗濯ばさみ

ひだを寄せたパンマットの端をとめて開かないようにします。その状態でポリシートをかぶせると、クッションになって生地に貼りつきません。

# 作り方の流れを知る

バゲットはどのように作るのでしょうか。ここでは作り方の流れに沿って、
レシピの用語や作業工程のポイントを紹介します。
ひとつひとつの作業の意味を知ることは、上達への近道です。

## 作業の流れ

準備する → 生地をこねる → 一次発酵させる → 分割する・成形する → 二次発酵させる → クープを入れる・焼成する

# 準備する

## パンを作るときの環境

バゲットを作るときの作業場の環境は、室温は20〜25℃、湿度は50〜70%が理想です。生地は20℃以下になると発酵が進みにくく、27℃以上になると発酵が早く進んで粉に水が浸透する前に発酵しすぎてしまいます。バゲット作りで最初にすることは、その日の気温と湿度のチェック! この温度・湿度からはずれていたら、エアコンや加湿器などで調整しましょう。なお、レシピ中に多出する「室温」は、25℃を想定しています。

## 材料と道具を揃える

作業を始める前に、材料は計量を済ませ、道具は清潔な状態にして1か所にまとめておきましょう。計量は、0.1g単位ではかれるスケールで正確にします。特に塩とイーストは0.1gの誤差が生地の発酵、焼き上がりの食感、風味に大きく影響するので要注意です。微量計モードがないスケールの場合は、多い量を減らして必要量に合わせるのではなく、少ない量から増やして合わせるようにしてください。使用量がたった1gでも、0.9gから1gになった重さと、2gから1.9gになった重さとではかなり違います。

小麦粉は、冷蔵庫で保存している場合は室温に戻し、水は適正温度(「水の調温」参照)に調温します。

## ベーカーズパーセント

ベーカーズパーセントとは、使用する小麦粉の総量を100%としたとき、その他の材料(水・イースト・塩など)がその粉の量に対して何割(%)かを表したものです。パンの材料で最も分量の多い小麦粉を100としておくと、大量の生地から少量の生地まで、簡単な掛け算をするだけで必要なすべての分量を出すことができます。例えば、塩1.8%とある場合、小麦粉200gのときは200(g)×0.018=3.6(g)、1kgなら1000(g)×0.018=18(g)となります。本書では家庭で1回に作りやすい粉の基本量を200gとして、材料には各材料をg表記とベーカーズパーセントの両方で掲載しています。作る量を変えたいときは、このベーカーズパーセントを活用してください。

## 水の調温

生地がこね上がったときの温度(こね上げ温度)は、発酵時間に影響を与えます。こね上げ温度は、室温や材料の温度、こねている間に生じる摩擦温などによって左右されますが、特に生地に加える水(仕込み水)の温度は、生地そのものの温度に大きく影響を与えるので、生地をこね上げたときにイーストが働きやすい温度(こね上げ温度)にするために、水の温度を調整します。何℃にするかは、粉の温度、室温、こねている間の生地の温度変化を知ることによって方程式で求

めることができます。
3(こね上げ温度−こねている間の上昇温度)−(室温+粉温)=水温
例:3(20−3)−(25+24)=2℃
＊本書では「こね上げ温度」を20℃、「こねている間の上昇温度」は3℃に仮定しています。

一般的に、冬場は室温が下がることで粉の温度も低くなるので、温かい仕込み水を使用します。けれど、イーストは60℃以上になると死滅してしまうので、高温の湯を加えるわけにはいきません。そのような場合は、生地をこねるボウルを湯煎して温めて生地温度の調節をします。

一方、夏場は室温も粉温も高くなるため温度の低い水を使用しますが、水温を低くしてもこね上げ温度が高くなる場合は、配合する粉を冷蔵庫で冷やしたり、ボウルの周りを氷水で冷やして生地温度を調整します。

# 生地をこねる

## 混ぜて、こねる

モルトエキス、イーストを加えた水に小麦粉を振り入れ、木べらでゆっくり混ぜます。始めは中央で小さな円を描くように混ぜ、だんだん大きく混ぜていきます。ここではこねずに、粉に水分をいきわたらせるように、軽く混ぜます。

そして、クラストがカリッと歯切れよく、クラムは気泡たっぷりのふんわりしっとりバゲットに仕上げるには、生地のつながりをゆるくする必要があります。それには、生地中のグルテンが過度にできないように、たんぱく質が少なめの小麦粉を使い、あまりこねないことがポイントとなります。他のパンのように、たたきつけるようなこね方をしてしまうと、グルテンがたくさんできて生地がしっかりつながるため、食パンのような目の詰まったバゲットになります。できるだけこねずに、それでも生地が膨らむように必要なグルテンは作る。これがバゲット作りに求められます。

## オートリーズ

フランスパンの生地をこねる作業法のひとつです。1974年に"パンの神様"レイモン・カルヴェル（1913～2005。日本にフランスパンの製法を伝えた、元フランス国立製粉学校教授）によって考案されたもので、まず小麦粉とモルトエキス、水を混ぜ合わせ、しばらく（最低30分）休ませてから、イーストと塩を加えて再度こねて生地を作っていく手法です。小麦粉と水をある程度混ぜてから休ませることで、生地の緊張がゆるんで伸展性がよくなり、粉と水もよくなじんでグルテンの生成を促します（水和）。ここにでんぷん分解酵素アミラーゼを含むモルトエキスが加わっていることで、粉のでんぷんが麦芽糖に分解され、後に加えるイーストが速やかに発酵を始められる環境ができ上がります。さらに、グルテンの形成を抑制する塩も後に入れるので、ストレスなく水和が進みます。この状態で再びこねると、短い時間で質の高いグルテンを生地中に作ることができます。オートリーズを行うと生地が落ち着いて成形しやすくなるとともに、伸びがよく小麦の風味豊かな生地に仕上げることができます。

本書ではこねる時間が短いため、その間にインスタントドライイーストが溶けきらない可能性があるため、先に粉、水、モルトエキスとイーストを混ぜ、塩だけを後に加える方法をとっています。

## こね上げ温度

生地のこね上げが終了したら、こね上げ温度を必ずはかります。生地をひとつにまとめて中心部に温度計を差し込んで計測してください。本書では、こね上げ温度を少し低めの18～22℃としています。この後の室温での予備発酵で生地温度が約24℃になると想定して、低温で発酵をスタートさせます。こね上げ温度が25℃以上になってしまうと、粉と水がなじんで水和が行われる前に発酵が進んでしまうので、その場合は一次発酵の時間を短くします。設定値より低い場合は、発酵時間を長めにします。なお、気温、室温でこね上げ温度が高くなりそうなら、小麦粉を2～3時間冷蔵庫で冷やしておくとよいでしょう。反対に低くなりそうな日は、室温を高めにします。

# 一次発酵させる

## おいしさを決める一次発酵

副材料を加えず、小麦粉・水・イースト・塩だけで作るバゲットのおいしさは、発酵によって決まります。一次発酵は生地を膨らませるだけでなく、発酵の工程で発生するアルコールや乳酸、酢酸などの有機酸が風味や香りとなってバゲットに独特の味わいを与えます。また、こねる工程で形成されたグルテンの柔軟性も一次発酵で増します。

生地に加えるイーストの量を控えた本書では、予備発酵後に冷蔵庫の野菜室で12～14時間かけて発酵させます。一次発酵は生地中のイーストが活発に活動し、生地を膨張させ、熟成させていく時間です。この時間を長くとり、ゆっくりじっくり発酵させることでアルコールや有機酸などが生地中に多く蓄積されて、より深みのある味わいに仕上がります。庫内温度が6～10℃の野菜室は、時間をかけて発酵させる環境に最適です。

## 発酵用におすすめの容器

生地の発酵には、適度なストレスが必要です。理想的な生地を作るには、生地量に合った大きさの容器に入れて一次発酵を行うことが大切です。容器に入れずストレスがかからない状態で発酵させた場合、だら～っと横に広がってしまいます。このような生地はボリュームがなく、よい生地にはなりません。一方、小さな容器に押し込んだ場合、押さえつけられることでストレスがかかり過ぎてグルテンが鍛えられてしまいます。発酵終了時にちょうど容器いっぱいに膨らんでいるくらいのサイズ、生地の容量の約3倍の容器がベストです。材質はポリプロピレン（プラスチック）製。表面がツルツルで生地を傷つけることがなく、熱伝導率が低いので冷蔵庫の野菜室に入れても冷気が直に伝わることがありません。本書では、縦156×横156×高さ53mm、容量700mℓのポリプロピレン製保存容器を使用しています(p.17、p.100参照)。

## 季節による室温変化と発酵時間

家庭では、温度、湿度を一定に管理できる場所がほぼないのが実情。そのため、多くの人が室温で発酵させることになりますが、200～300ｇと少ない生地量は、温度変化にとても影響されやすくなります。水温や生地温度に気をつけると同時に、季節の温度変化に敏感であることもおいしいバゲット作るうえでとても大切です。

| | 春・秋の室温 (15～20℃) | 夏の室温 (28～30℃) | 冬の室温 (10～15℃) | エアコンのある室温 (20～28℃) |
|---|---|---|---|---|
| インスタントドライイーストを使ったバゲットの予備発酵 | 60分 | 30分 | 90分 | 30～60分 |
| 自家製酵母を使ったバゲットの一次発酵 | 6時間 | 4時間 | 8時間 | 4～6時間 |
| ホシノ・あこ天然酵母を使ったバゲットの一次発酵 | 8時間 | 6時間 | 9時間 | 6～8時間 |

# 分割する・成形する

## 分割はカードで押し切る

生地は触れば触った分、コシがついてしまいます。容器から出すとき、分割するときもむやみに触らず、やさしく扱いましょう。

生地を分割するときは、カードで押し切ります。決してのこぎりのように前後に動かしてはいけません。生地中の気泡が抜けてしまったり、断面部分のグルテンの網目組織が壊れて、生地の膨らみが悪くなってしまいます。

切り分ける生地の重さを均等にしたいがために、足したり減らしたりすると生地がぼこぼこになって成形が難しくなります。また、切り刻んでしまうと生地に傷をつけることにもなるので厳禁です。分割する生地は概ね正方形をしているので、見当はつけやすいはずです。できるだけ手数少なく切り分けてください。

## 成形のポイント

生地は常に発酵していきます。成形している間も発酵は進み、バゲットの味そのものを変化させ、焼成時のボリュームにも影響が出てきます。生地の状態を見ながら作業を進めてください。成形に求められるのは、もちろん美しさですが、それと同時に、いかに早く、同じ形に、生地を傷つけることなく、また乾燥させることなく成形を終わらせられるかが重要となってきます。そのためには、何本も何本も何本も作って慣れるしかありません。大変ですが、そこがまた、奥が深いバゲット作りの楽しさでもあります。

# 二次発酵させる

## 発酵はパンマットで

打ち粉をした布製(キャンバス地)のパンマットに成形した生地をのせ、凹形になるようにひだを作って発酵させます。この方法を「布取り」と呼びます。ひだとひだの間に置くことで布の壁ができ、発酵してゆるんだ生地が横にダレるのを防いで形を整えます。

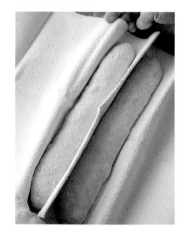

## 二次発酵時の環境温度

ゼロからのスタートだった一次発酵と違い、すでに発酵が始まり、発酵力が加速している生地の最終発酵、つまり二次発酵では、環境温度が多少変わっても、発酵自体が止まることはありません。も

ちろん、夏の室温でしたら発酵は早まりますが、冬の室温で発酵が止まったり、遅くなったりすることはほとんどありません。

二次発酵の目的は、成形によって緊張した生地の伸展性を回復させることと、生地を熟成させて生地中に味や香りの成分を蓄えること、そして焼成時に生地が爆発的に膨らんでクープが大きく開くようにすること。そのために、本書では27℃より低い室温に置いて発酵させます。

# クープを入れる

## 生地の移動は取り板で

二次発酵後の生地をパンマットから移動したり、オーブン内の天板に移す際、素手でつかむとやわらかい生地はつぶれてしまい、手にも生地がくっつきます。これでは、せっかくここまで仕上げた生地が台無しになってしまいます。そんなときに生地を傷めないように扱う道具が取り板です。市販品もありますが、木板や厚手のダンボールをバゲットのサイズにカットするなど、自作の物で十分です。本書では、文房具のとじ込みファイル用表紙を取り板として使っています。高温のオーブンに入れるので、素材選びには気をつけて、使いやすそうなマイ取り板を用意してください。

## クープがきれいな形を作る

クープとは「切れ目」の意。食パンなどと比べ、焼成時に生地の伸びが悪いバゲットは、表面に切り目を入れて生地が膨れて伸びるのを助けます。また、クープから生地中にかかる圧を逃すことで、きれいな棒状に焼き上げることができます。

# 焼成する

## オーブンは十分予熱する

オーブンに生地を入れる時点で、庫内は指定の温度になっていなければなりません。そのためには、あらかじめオーブンを焼成温度に温めておく「予熱」が必要です。低い温度から焼成をスタートすると焼き上がりに時間がかかり、生地中の水分が蒸発してクラムはパサパサに、クラストは厚くなり、全体はかたい焼き上がりになってしまいます。

バゲットは特に下から与えられた高熱で一気に生地が持ち上がって膨張し、クープが開くので、天板を予熱の段階からオーブンに入れて十分高温にしておきます。ここに生地を素早くすべり込ませ、すぐに扉を閉めて庫内の温度を下げずに焼成を開始します。生地が色づき始めるまでの約15分は、オーブンの扉を開けないようにしてください。

本書では生地を入れる際の庫内の温度低下を考慮して、焼成時より30℃ほど高い温度で予熱し、生地を入れてから焼成温度に設定し直す方法にしました。予熱には十分時間をかけてください。焼成の30分前、生地の二次発酵が終了する少し前くらいから始めるのがベストです。

## 霧吹きと蒸気焼成

オーブンに入り、いきなり250℃の高熱にさらされたバゲット生地は、表面があっという間に乾燥し、次第に焼きかたまっていきます。このとき、生地の内部はまだ生。一生懸命膨らもうとしているのに思うように膨らむことができない。その圧が生地の弱い部分にかかって、閉じ目が割れたり、生地がひしゃげたり、餅が割れてぷく〜っと膨らむようにポッコリこぶができるといった現象が起こります。これを防ぐのが霧。焼く前に生地の表面に霧を吹いて湿らせておくと、表面が乾燥して焼き固まるのを遅らせることができます。さらに、焼成中にも水蒸気を発生させることで、生地全体が大きく膨らんで、クープもきれいに開き、クラストは薄くなり、焼き上がりにつやが出て軽い食感になります。

# オーブンを知る

　バゲットは、下からの高温を受けて発生した水蒸気によって、生地が上に向かって膨らみ、クープを開かせます。小麦粉、水、塩とシンプルな配合で作られる「リーンなパン」バゲットは、砂糖やバターなどが配合された「リッチなパン」に比べて膨らみにくくなっています。そこをフォローするために、一般的なパンの水分量が65%前後であるのに対して、加水率が70〜80%と水分多めに生地を作り、焼き始めから高温で大量の水蒸気を発生させます。張りのある円筒状のバゲットに膨らませるには大きな熱量が必要で、そのためどのパンの生地よりもオーブンを高温に予熱しなければなりません。ところが、家庭用オーブンではバゲットに最適なパワーが得られず、庫内が小さいので開ける度に熱が逃げ、また熱源が上にあるため、下から生地をドンと持ち上げる熱量が足りません。さらに、生地が膨張してクープを開こうとしているそのときに、回り続けるファンが表面を乾かして焼きかため、クープが開くのを邪魔します。この問題点をよく理解し、弱点をなるべくカバーする工夫をして、家庭用オーブンでも、バゲットがおいしくきれいに焼けるようにチャレンジしましょう。

# タイプ別焼成方法

## 1　スチームオーブン

　水蒸気を加えながら焼成できるこのタイプは、バゲット作りに最適です。スチーム機能を使って焼成する場合は、十分に予熱したオーブンに生地を入れ、スタートから3分間「スチームあり」で焼成し、クープが開いてきたらスチーム機能を切って残りの焼成を行います。この作業をするときは、極力扉は開けないようにしてください。

　スチーム機能が稼動していても、ファンが通常通り回り続けてせっかくの水蒸気を逃してしまいます。水蒸気は焼成始めにたっぷり必要なので、オーブンに入れる前に生地とオーブンペーパーに霧吹きで適量の水分を付着させ、予熱で高温になっている天板に滑り込ませると、きれいに焼き上がります。水蒸気の噴出が少ないタイプは、生地を滑り込ませる直前に、庫内にも十分霧を吹いて焼成します。

## 2 電気オーブン（スチーム機能なし）

　生地とオーブンペーパーにしっかり霧を吹きかけ、さらに、焼成直前に庫内にも十分霧を吹きます。電子レンジ機能のないオーブン単独の機種には、クープの開きを邪魔するコンベクションのファンを停止するスイッチがついているものもあるので、その場合はファンを止めて焼成します。

　クープを開かせるために霧吹きで水分を補う方法のほかに、別の天板や耐熱のバットに小石(園芸用など)を敷き、庫内のいちばん下の段に入れて生地用の天板と共に予熱し、生地を滑り込ませた時点で小石に熱湯30㎖をかけ、庫内が熱い状態で水蒸気を一気に発生させて焼成を開始する、という方法もあります(水蒸気はあくまでも生地が膨らみクープが開くまでの間だけ必要なので、30㎖以上の熱湯を加える必要はありません)。

**!** スチーム機能のないオーブンに水蒸気を発生させる方法は、メーカーが推奨している方法ではありません。故障の原因になることを理解して、自己責任で試してください。

## 3 ガスオーブン

　ガスの熱風で庫内を温めるこのタイプは、バゲットを上手に焼き上げるには難易度が高いオーブンといえます。しかし熱回りが早い点は他のオーブンよりも利点となります。弱点となる熱源からの熱風を和らげるために、天板を2枚使って熱風から生地を守って焼成します。この方法は、簡易的にスペース内に水蒸気がこもるので、生地が乾かず、クープがきれいに開きます。扉の開閉後の庫内温度のリカバリーが早いので、これを利用して、生地に天板をかぶせて10分焼成し、その後かぶせた天板をはずして12〜15分焼成する2段階での焼成を行います。ただし、熱の当たりが強いガスオーブンはバゲットの先端部分が焦げることもあるので、様子を見て、最後の5〜6分の温度を下げる、または早めに焼成を終了する工夫も必要です。

　天板が2枚ない場合は、280℃またはそのオーブンの最高温度に予熱し、生地を滑り込ませて扉を閉めた後、オーブンを稼働させずにそのまま5分ほど置きます。庫内の余熱を利用してオーブンのファンが回らない無風状態で焼成を始め、クープを開いてから各バゲットの焼成温度に再設定し、残りの焼成時間はオーブンを稼働させて焼き上げる、という方法があります。

Lesson

# 1

このバゲットを作る！

# épais 〈エペ〉

北海道産中力粉「エペ(épais)」を使って、クラストはパリパリと歯触りよく、
クープはぱっくりときれいに開き、クラムは大小の気泡がいい感じに入ってもっちりと甘い、
家庭用オーブンのサイズに合わせた、小さめのバゲットを2本作ります。

## [ coupe ]
### ぱっくり開いてぷっくり膨らむ

バゲットはクープのエッジが鋭ければおいしいというわけではありません。「エペ」を使ったこのバゲットは、クープが均一にきれいに開いて内側から生地が盛り上がり、エッジがほどよく立てば成功です。

## [ crum ]
### ボッコボコの不均一な気泡

縦に伸びた大小の気泡が全体に散らばり、水分をたっぷり含んでしっとりとしています。色は「エペ」ならではの黄色。焼成時、生地全体が膨れ上がるように、伸びのよい生地を目指します。

## [ crust ]
### パリッと力強く
### カリッと香ばしい

香ばしい焼き色と、まるでシリアルのようなパリパリとした食感。

## [ shape ]
### すっとまっすぐ

バゲットをまっすぐに焼くためには、成形時、常にでき上がりをイメージしながら作業することが大切です。さらに、クープを均等にバランスよく入れられると、バゲットはよじれずまっすぐに焼き上がります。焼き上がった裏の生地の閉じ口を見て、「直線」であることが成功の証しです。

| 材料 (長さ約25cm2本分) | 分量 | ベーカーズパーセント |
|---|---|---|
| 中力粉　エペ | 200g | 100% |
| 塩 (海水塩) | 3.6g | 1.8% |
| インスタントドライイースト | 0.5g | 0.25% |
| モルトエキス | 1g | 0.5% |
| 水* (調温する。p.18参照) | 144g | 72% |
| (コントレックス) | (30g) | (15%) |
| (水道水) | (114g) | (57%) |
| 打ち粉・手粉 | 各適量 | |

＊エビアンなら水全量を置き換える

### 道具
- □ デジタルスケール
- □ ボウル
- □ 泡立て器
- □ 温度計
- □ キッチンタイマー
- □ 木べら
- □ カード
- □ ラップ
- □ 茶こし
- □ 刷毛
- □ 保存容器 (容量700㎖)
- □ ポリシート (厚手のビニール袋を切り開いたもの)
- □ 製菓用カップ型
- □ トレー
- □ パンマット
- □ 洗濯ばさみ
- □ 取り板 (2枚)
- □ オーブンペーパー (天板のサイズ)
- □ クープナイフ
- □ 霧吹き
- □ 耐火グローブ

## 作り方の流れ

**生地をこねる** → **一次発酵させる** → **分割する・成形する** → **二次発酵させる** → **クープを入れる・焼成する**

| 生地をこねる | 一次発酵させる | 分割する・成形する | 二次発酵させる | クープを入れる・焼成する |
|---|---|---|---|---|
| オートリーズ　30分 | 予備発酵 室温で40〜60分 | ベンチタイム　25〜40分 | 二次発酵 室温で25〜30分 | オーブン予熱　280℃ |
| こね上げ温度　18〜22℃ | (生地温約24℃) | (生地温12〜14℃) | | 焼成　250℃20〜25分間 |
| ベンチタイム　30分 | 一次発酵冷蔵庫の野菜室で | | | (スチーム機能10分間) |
| (生地温18〜22℃) | 12〜14時間 | | | |
| | (生地温8〜12℃) | | | |

# 生地をこねる

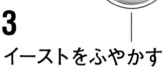

ふやかしたイースト

## 1
### モルトを溶かす

ボウルの底にモルトを塗りつけるように入れ、コントレックスと水を加えて泡立て器で溶きのばす。泡立て器のワイヤーに溶け残りがないか確認すること。

POINT

粘りのあるモルトは、あらかじめ水に溶いておきます。

## 2
### 水温を確認する

イースト、粉を入れる前に、必ず温度計で水温が適温（p.18「水の調温」参照）になっているかを確認する。

## 3
### イーストをふやかす

2にイーストを振り入れ、一呼吸おいて水分を吸わせ、ふやかす。

POINT

顆粒状のイーストがきちんと溶けるように、軽くふやかします。1か所に落とすとダマになり溶けにくくなるので注意。全体に広がるように振り入れます。

## 4
### 粉を混ぜる

ボウルに粉を振り入れ、粉に吸水させるように木べらで混ぜる。

POINT

粉に水を浸透させ、伸びのよいグルテンの形成を促します。同時に塩を加える方法もありますが、塩にはグルテンを引き締める働きがあるため、グルテンを鍛えるより前にコシの強い生地になりやすく、クラムの目が詰まる原因となります。発酵させる前に伸びのよい生地にこね上げるには、塩はオートリーズ後に加える方法がよいと思います。

 →

カードについた生地も指で
ぬぐい取って混ぜ込む。

# 5
## 生地を
## まとめる

 →

シャバシャバとした水分が見えなくなった
ら、カードに持ち替えて軽く切り混ぜ、ボ
ウルの側面についた生地などを落としなが
ら、一つにまとめる。

粉が水分と混ざった状態。

**POINT**
ここでは、表面がなめらかになっている必
要はありません。

# 6
## オートリーズを
## 30分とる

 →

30分後

生地が乾かないようにラップをかけ、室温
で30分休ませる(オートリーズ)。

オートリーズ終了。

**POINT**
混ぜただけでは、粉に水分が十分浸透して
いないので、こねる前にしっかり吸水させ
る時間をとります。

**POINT**
水分が行き届いて、生地の表面もしっとり
しています。

# 7
## 塩を加える

海水塩

**POINT**
塩は粒が大きいと生地に溶けにくくなるので注意してください。ここで使った塩は、海水塩です。

塩を振り入れる。

# 8
## 生地に塩を押し込む

指先を水で濡らす。

**POINT**
指を濡らしておくと、塩が水分で溶けやすくなります。さらに、生地が指にくっつきにくくなるので作業もしやすくなります。

指先を水で軽く濡らし、振り入れた塩を生地の中に押し込む。

# 9
## 生地を60〜80回こねる

生地を外側からつまんで引っ張り上げ、中心に向かって折り込む。これを60〜80回繰り返す。

**POINT**
30回目くらいまでは、塩が溶けきれず生地の中に粒のまま存在しています。その塩の作用で強いコシが生じ、まるでこね上げたようなツルッとした生地になります。でもこれは、塩が混ざりきれていない証し。最終的に求める生地の強さにはまだ足りていません。そこからさらに、表面が粗くなって、少しべとついた生地になるまでしっかり折り込んでください。

60〜80回折り込んでこね上げた生地

引っ張る

折り込む

引っ張る

折り込む

**POINT**
表面はべとつき、つまんで引っ張り上げると、すぐに引きちぎれてしまう状態までこねます。

# 10
## 生地温をはかる

こね上げた生地の温度をはかる。

**POINT**

室内の温度によって、生地温が25℃を超えてしまわないように注意してください。ここでは18〜22℃になっていること。

# 11
## ベンチタイムを
## 30分とる

生地が乾かないようにラップをかけ、室温でベンチタイムを30分とる。

30分後

ベンチタイム終了。

**POINT**

生地はしっとりとした状態でゆるみ、少し膨らみ始めています。つまんで引っ張り上げると、引きちぎれずによく伸びます。

# 12
## 生地温をはかる

ベンチタイムを終了した生地の温度をはかる。

**POINT**

室内の温度により、生地温が25℃を超えないように注意。ここでは18〜22℃になっていること。

# 一次発酵させる

## 13
### 生地を
### 作業台に出す

ボウルから生地を取り出す。

生地の表面に茶こしで打ち粉を振りかける。

カードにも打ち粉をつけ、生地とボウルの隙間に差し込んでぐるっと1周させ、生地をボウルからはがす。

ボウルを逆さにして、生地が自然に台の上に落ちるのを待つ。

## 14
### 三つ折りにする

生地の向こう側と手前側を折り重ねて三つ折りにし、さらに左右を折り込んで三つ折りにする。

**POINT**
ここで三つ折りにすることで、生地をしっかり鍛え、厚さを均一に揃えます。

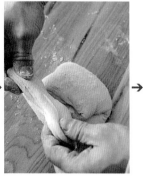

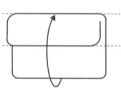

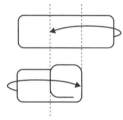

指先に手粉をつけ、生地が正方形になるように縁から指を差し込んで四方に伸ばす。

生地の向こう側から1/3を手前に折り込み、手前側1/3の生地を折り重ねて三つ折りにする。

生地の左右も、折り込んで三つ折りにする。

カードを使って生地を裏返す。

# 15
## 予備発酵させる

生地を保存容器に入れ、蓋をして室温に40～60分置いて予備発酵させる。

**POINT**

予備発酵の間に室温が上がり、生地温が上昇して25℃以上になってしまったら、40分経過していなくてもすぐに野菜室に入れ、冷蔵庫での一次発酵を開始すること。25℃以上で予備発酵を続けていると、焼き上がりのクラストがとてもやわらかく、クラムもきめ細かいバゲットになり、引きも強くなってしまいます。

# 16
## 低温で一次発酵させる

一次発酵が
終了した生地

予備発酵が終わって生地がゆるんだら、そのまま冷蔵庫の野菜室に入れ、12～14時間かけて低温でゆっくり発酵させる。

**POINT**

低温一次発酵が終わった生地は、表面が均一に膨らんでいます。中心部分だけが盛り上がっているのは、三つ折りがちゃんとできていなかったか、発酵不足が原因です。生地温は8～12℃になっていること。

# 分割する

# 17
## 生地を
## 作業台に出す

保存容器から生地を取り出す。

**POINT**

保存容器を裏返して作業台から浮かせて持ち、生地自体の重みで作業台の上に落ちてくるのをゆっくり待つこと。無理に取り出すと、気泡がつぶれ、目の詰まったバゲットになってしまいます。

生地の表面に、茶こしで打ち粉をたっぷり振りかける。

カードにも打ち粉をつけ、生地と保存容器の隙間に差し込んでぐるっと1周し、生地を容器からはがす。

保存容器を逆さにして、生地が自然に作業台の上に落ちるのを待つ。

# 18
## 生地を
## 二分割する

作業台に出した生地を、
カードで二分割する。

指に手粉をつけ、生地が正方形
になるように縁から指を差し込
んで四方に伸ばす。

**POINT**

気泡をつぶさないように、生地
はやさしく扱ってください。

生地の中央縦部分にだけ茶こし
で打ち粉を振りかける。

**POINT**

カットする部分にのみ打ち粉を
振ります。

カードで半分にカットする。

**POINT**

スパッと押し切ること。カード
をノコギリのように前後に動か
してしまうと断面が複雑になり、
二次発酵中や焼き上がりに生地
がよじれる原因となります。二
分割はおおよそでよく、計量し
て微調整する必要はありません。

# 19
## 三つ折りにする

# 20
## 形を整える

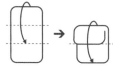

分割した生地の向こう側1/3を
手前に折り、その折り目を巻き
込むようにもう一度折り重ねて
三つ折りにする。

**POINT**

気泡をつぶさないように、生
地はやさしく扱ってください。生
地の合わせ目をつまんで閉じる
ことはしません。ここで均等に
三つ折りができていないと、焼き
上がりの膨らみに影響するので、
丁寧に折り込んでください。

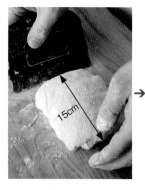

カードで生地を四方から寄せ、
形を長方形に整える。

**POINT**

三つ折りをした状態できれいな
長方形になっていれば、この作
業はパスしてください。一方、
分割、三つ折りがうまくいかな
かった場合は、ここで多少です
がリカバーできます。

分割して三つ折りし、形を整えた生地。
もう1つの生地も、同様に三つ折りにする。

**POINT**

生地の表面についている余
分な打ち粉を、刷毛で払い
落とします。生地に余分な
粉が加わると、その分、焼
き上がりのみずみずしさが
失われてしまいます。

## 21
### ベンチタイムを
### 25〜40分とる

カードを使って天板の上に移し、乾燥しないようにポリシートをかぶせて、室温でベンチタイムを25〜40分とる。

**POINT**
天板に油を塗ったり、打ち粉を振らなくてOK。オーブンペーパーも敷きません。直接生地をのせます。製菓用のカップ型などを四隅に置いて、生地にポリシートが触れて貼りつかないようにします。

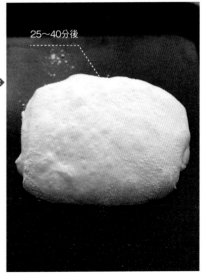

ベンチタイム終了。

**POINT**
生地がゆるみ、一回り大きくなっていればOK。室温が高めの場合は、生地温に注意してください。途中で生地の温度をはかり、12〜14℃になっていたら、25分経っていなくても次の作業に進んでください。

# 成形する

## 22
### 生地を作業台に移す

作業台に茶こしで打ち粉を振る。カードを使って天板から生地を取り出し、裏返して置く。

## 23
### 形を整える

指先に手粉をつけて、生地の縁から指を差し込んで正方形になるように形を整える。

**POINT**
生地はやさしく扱ってください。

# 24
## 三つ折りにする

生地の向こう側と手前側を折り
重ねて三つ折りにする。

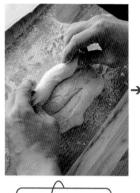   

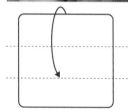 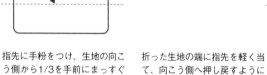 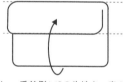 

工 約1cm

指先に手粉をつけ、生地の向こ
う側から1/3を手前にまっすぐ
折り込む。

**POINT**
生地をつぶさないように、やさ
しく折り込んでください。余分
な打ち粉は、刷毛で払います。

折った生地の端に指先を軽く当
て、向こう側へ押し戻すように
して閉じます。

**POINT**
下に押しつけると生地がつぶれ
てしまうので、無理な力をかけ
ないように。

手前側1/3の生地を、真ん中で
1cmほど重なるように、まっす
ぐに折り込む。

折った生地の端を、指先で軽く
押さえてとめる。

# 25
## 一折りする

三つ折りした閉じ目を覆うよう
に、一折りする。

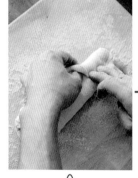 

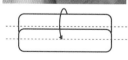 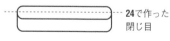

24で作った
閉じ目

向こう側の生地の端を持ち上げ、
左手の親指を差し込んで生地に
ハリを作りながら、閉じ目を覆
うように手前から1/3のところ
までまっすぐ折り込む。

折り込んだ生地は、指先で軽く
押さえて閉じる。

# 26
## 半分に折る

生地を半分に折り、
棒状に閉じる。

横から
見たところ

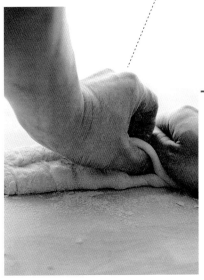

向こう側の生地の端を持ち上げ、左手の親指を差
し込んで生地を内側へ軽く入れ込みながら手前に
半分に折り、手のひらのつけ根で生地の端を押さ
えて閉じる。

半分に折ったとき、内側の生地
が横にずれないように、左手の
親指で中の生地を奥に入れ込む
ような感じで押さえながら素早
く半分に折る。

生地の合わせ目は、端を手のひ
らのつけ根で軽く押さえて、は
がれないようにとめる。

**POINT**

手のひらのつけ根で押さえるこ
とで、生地が引っ張られて表面
にハリができます。

# 27
## 形を整える

閉じ目をしっかりと閉じ、転
がしながら太さを均一にし、
長さを20cmほどに伸ばす。

生地の下にカードを差
し込み、作業台にくっ
ついた部分をはがす。

転がして閉じ目を上に
し、親指を人指し指の
腹でつまんでしっかり
閉じる。

閉じ目がまっすぐであることを確認する。

**POINT**

閉じ目が波線のようにくねくねとよれていると、
焼成中によじれてまっすぐに焼き上がりません。
閉じ目はまっすぐであれば、斜めになっていても
構いません。

生地の中央に指を並べて置き、
左右両端に向かって動かしなが
ら転がして太さを均一にし、長
さ25cmに形を整える。

**POINT**

生地の気泡がつぶれないように、
力を入れずに軽く転がしてくだ
さい。

# 二次発酵させる

## 28
## 生地を
## パンマットに
## のせる

パンマットにひだを蛇腹状に作り、成形した生地をひだとひだの間に閉じ目を下にしてのせる。

トレーなどの上にパンマットを広げ、茶こしで打ち粉を振り、成形した生地を置くひだを蛇腹状に作る。

**POINT**
生地をのせた後、移動させやすいように、トレーの上にパンマットを広げます。

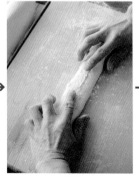

成形した生地の左右を軽く持ち、人差し指を支えにする。

手を返しながら持ち上げて、閉じ目を下にする。

パンマットのひだとひだの間に、そのまま閉じ目を下にして静かに置く。生地とひだの間は少し隙間をあけ、ひだの高さは生地より2cmほど高くする。

**POINT**
閉じ目がまっすぐになるように置いてください。

もう1つの生地も手順22〜27と同様にして棒状に成形し、閉じ目を下にしてのせ、ひだを作る。

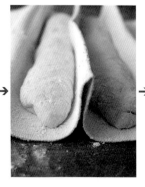

**POINT**
生地とひだの間は、わずかな隙間ができるくらいにし、ひだの高さは生地より2cmほど高くなるように調整します。

パンマットのひだの両端をそれぞれ寄せて洗濯ばさみなどでとめ、ひだが開かないようにする。

**POINT**
発酵中にゆるんだ生地をパンマットのひだが壁となって支え、横にダレずにきれいな形で膨らみます。

# 29
## 二次発酵させる

ポリシートをかけて、乾燥を防ぎながら、室温で25〜30分かけて二次発酵させる。

生地に触れて貼りつかないようにポリシートをふんわりとかけ、室温に25〜30分置いて発酵させる。

25〜30分後

二次発酵終了。

**POINT**
成形時より、一回りくらい大きく膨らんでいれば二次発酵は終了です。

# クープを入れる

# 30
## オーブンペーパーに移す

天板に合わせて切ったオーブンペーパーを取り板の上にのせる。生地をパンマットから別の取り板に裏返して移し、準備したオーブンペーパーに閉じ目が下になるように、ひっくり返してのせる。

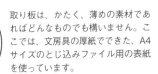

取り板は、かたく、薄めの素材であればどんなものでも構いません。ここでは、文房具の厚紙でできた、A4サイズのとじ込みファイル用の表紙を使っています。

生地に茶こしで打ち粉を軽く振る。オーブンペーパーを天板サイズに1枚切り、取り板1枚の上にのせておく。

生地のすぐ横に別の取り板を添える。パンマットごと生地を持ち上げ、取り板の上に転がすようにして裏返でのせる。

**POINT**
生地はとてもやわらかく、手で持つと形が崩れるので、取り板を使って移します。

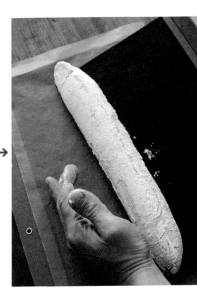

取り板にのせたオーブンペーパーの上に、閉じ目が下になるように、ひっくり返してのせる。もう1本も同様にのせる。

# 31

## クープを3本入れる

カードの角を使って、3本のクープのあたり線を描く。まず中央にまっすぐ1本線を引く。この線をまたぎ、3本の斜め線を描く。3本の線は、できるだけ中央の1本線に近い角度で、等間隔で平行に、端が1/3ほど重なるようにする(下記参照)。

左手で生地を軽く押さえ、クープナイフを軽く持って生地に対して少し寝かせるようにして当て、刃全体を使って、一気に切れ込みを入れる。

切り足りない部分は、先に切り込みを入れた方向と同じ向きでもう一度切る。

クープを3本入れた生地。

**POINT**
慣れるまでは、あたり線を入れてからクープを入れた方が均等に引けます。

**POINT**
3本の長さを揃えて、生地の端から端まで均等に入れてください。

8〜9cm

重なり約 2.5cm

間隔1〜1.5cm

約 25cm

**POINT**
クープナイフは均一の力でスッスッと引いて切ります。ノコギリのように押したり引いたりして切らないこと。クープの深さはやや深めで5〜7mmに。端がそれぞれ1/3ほど重なるように、平行に切り込んでください。

# 32

## 30秒ほど置く

クープを入れたらそのまま30秒ほど置き、生地の重みで自然とクープが開くのを待つ。

**POINT**
すぐオーブンへ入れるより、クープが開きやすくなります。

# 焼成する

## 33
### 霧を吹く

 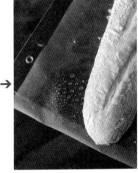

取り板ごと持ち、霧吹きを少し離して、斜め下から生地全体にまんべんなくかかるように、3〜4回霧を吹く。

**POINT**

生地の真上から霧を吹きかけて、切り込みに水分が溜まってしまうと、クープは一応開きますが、焼き色はまだらになり、表面がのっぺりしてしまいます。オーブンペーパーの表面に、水滴になって溜まっているのは問題ありません。

## 34
### オーブンに入れる

オーブンは下段に天板を入れた状態で、280℃に予熱する。熱した天板の上に、取り板を斜めに引くようにして、オーブンペーパーごと生地をすべり込ませてのせ、扉を閉める。

**POINT**

作業の際は、やけどをしないように耐火グローブなどをしてください。

## 35
### 250℃で20〜25分焼く

20〜25分後

オーブンの温度を250℃に設定し直し、さらにスチーム機能を10分間にセットして、20〜25分焼く。

焼き上がったバゲット。

**POINT**

最初の15分は水蒸気を逃したくないので、扉は決して開けないこと。

基本のバゲット

Lesson

# 2 太く長く、クープ4本！

# épais 〈エペ〉

基本の生地を分割せずに大きく1本で焼き上げます。分割しない分、簡単になると思いきや、
1本にかける生地量が多いので、よじれないように、より丁寧に成形をすること、
焼成時の持ち上がりが遅いので、適切なクープ、十分なオーブンの予熱、焼成が求められます。
それを乗り超えると、クラムはいっそうボコボコと、粉のうまみを感じられるバゲットになります。

**[ coupe ]** 力こぶのように盛り上がる

生地量が多いので、成功するとクープ部分
が力こぶのように盛り上がって焼けます。

**[ crum ]** 大小不揃いの気泡と光沢

クラムは、より大小の気泡が入った焼き上
がりになります。粉と水にしっかり火が入
ると、気泡膜は半透明に焼き上がり、光沢
のあるクラムになります。

**材料**（長さ約35cm1本分）・**道具**　「基本のバゲット」と同様（p.25参照）。

## 作り方の流れ

生地を
こねる　→　一次発酵
させる　→　成形する　→　二次発酵
させる　→　クープを入れる・
焼成する

「基本のバゲット」p.26～31
手順1～16と同様にする。

| | | |
|---|---|---|
| ベンチタイム　25～40分 | 二次発酵 室温で 25～30分 | オーブン予熱　　　　　280℃ |
| （生地温16～18℃） | | 焼成　　250℃ 20～25分 |
| | | （スチーム機能10分間） |

ここがちがう！

# 成形する

# 17
## 生地を
## 作業台に出す

一次発酵が終了した生地の表面
に茶こしで打ち粉をたっぷり振
り、打ち粉をつけたカードを生
地と容器の隙間に差し込んで1
周し、生地を容器からはがす。
容器を逆さにして、生地が自然
に作業台の上に落ちるのを待つ
（**p.31手順17参照**）。

# 18
## 四隅を
## 折り込む

指に手粉をつけて、生
地の縁から差し込んで
正方形になるように形
を整え、四隅を中心に
向かって折り込む。

# 19
## 形を整える

カードで生地を裏返して、合わせ目を下にする。生地を四方から寄せて形を正方形に整え、生地の表面についている余分な打ち粉を、刷毛で払い落とす。

# 21
## 生地を
## 作業台に移し、
## 形を整える

作業台に茶こしで打ち粉を振る。カードを使って天板から生地を取り出し、裏返して置く。指先に手粉をつけて、生地の縁から指を差し込んで正方形になるように形を整える。

**POINT**
生地はやさしく扱ってください。

# 20
## ベンチタイムを
## 25〜40分とる

25〜40分後

 →

カードを使って天板の上に移し、乾燥しないようにポリシートをかぶせて、室温でベンチタイムを25〜40分とる。

**POINT**
天板に油を塗ったり、打ち粉を振らなくてOK。オーブンペーパーも敷きません。直接生地をのせます。製菓用のカップ型などを四隅に置いて、生地にポリシートが触れて貼りつかないようにします。

ベンチタイム終了。

**POINT**
生地がゆるみ、ひと回り大きくなっていればOK。室温が高めの場合は、生地温に注意してください。途中で生地の温度をはかり、18℃になっていたら、25分経っていなくても次の作業に進んでください。

# 22
## 三つ折りにする
生地の向こう側と手前側を折り重ねて三つ折りにする。

**POINT**
生地をつぶさないように、やさしく折り込んでください。

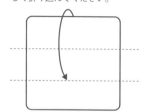

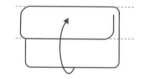

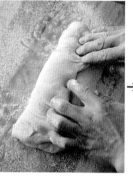 →

指先に手粉をつけ、生地の向こう側から1/3を手前にまっすぐに折り込む。折った生地の端に指先を軽く当て、向こう側へ押し戻すようにして閉じる。

**POINT**
下に押しつけると生地がつぶれてしまうので、無理な力をかけないように。

手前側1/3の生地を、真ん中で1cmほど重なるように、まっすぐに折り込む。折った生地の端を、指先で軽く押さえてとめる。

エ 約1cm

# 23
## 一折りする

三つ折りした閉じ目を覆うように、一折りする。向こう側の生地の端を持ち上げ、左手の親指を差し込んで生地にハリを作りながら、閉じ目を覆うように手前から1/3のところまでまっすぐに折り込み、指先で軽く押さえて閉じる。

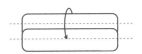

22で作った閉じ目

# 24
## 半分に折る
生地を半分に折り、棒状に閉じる（p.35手順26参照）。

向こう側の生地の端を持ち上げ、左手の親指を差し込んで生地を内側へ軽く入れ込みながら手前に半分に折り、手のひらのつけ根で生地の端を押さえて閉じる。

**POINT**
半分に折ったとき、内側の生地が横にずれないように、左手の親指で中の生地を奥に入れ込むような感じで押さえながら素早く半分に折ります。

生地の合わせ目は、端を手のひらのつけ根で軽く押さえてはがれないようにとめる。

**POINT**
手のひらのつけ根で押さえることで、生地が引っ張られて表面にハリができます。

# 25
## 形を整える
閉じ目をしっかりと閉じ、転がしながら太さを均一にし、長さを35cmほどにのばす。

生地の下にカードを差し込み、作業台にくっついた部分をはがす。

転がして閉じ目を上にし、指でつまんでしっかりまっすぐ閉じる。

**POINT**
閉じ目がまっすぐであることを確認してください。波線のようにくねくねとよれていると、焼成中によじれてまっすぐに焼き上がりません。閉じ目はまっすぐであれば、斜めになっていても構いません。

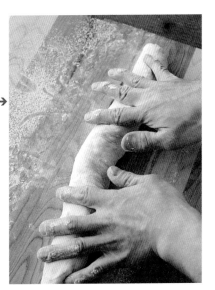

生地の中央に指を並べて置き、左右両端に向かって動かしながら転がして太さを均一にし、長さ35cmほどにのばして形を整える。

**POINT**
生地の気泡がつぶれないように、力を入れずにやさしく転がしてください。

# 二次発酵させる

## 26
### 生地を
### パンマットに
### のせる

トレーなどの上にパンマットを広げて茶こしで打ち粉を振る。成形した生地を両手で持ち上げ、閉じ目を下にしてパンマットにのせる。生地の左右にひだを作り、両端をそれぞれ寄せて洗濯ばさみなどでとめ、ひだが開かないようにする。

## 27
### 二次発酵させる

**POINT**

生地とひだの間は、わずかな隙間ができるくらいにし、ひだの高さは生地より2cmほど高くします。このひだが発酵中にゆるんだ生地を壁となって支え、横にダレずにきれいな形で膨らみます。

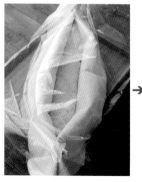

生地に触れて貼りつかないようにポリシートをふんわりとかけ、室温に25〜30分置いて発酵させる。

**POINT**

生地が乾燥しないように、ポリシートをかけて二次発酵させます。

25〜30分後

二次発酵終了。

**POINT**

成形時より、一回りくらい大きく膨らんでいれば二次発酵は終了です。

# クープを入れる

## 28
### オーブン
### ペーパーに移す

天板に合わせて切ったオーブンペーパーを取り板の上にのせる。生地をパンマットから別の取り板に裏返して移し、準備したオーブンペーパーに閉じ目が下になるように、ひっくり返してのせる。

生地に茶こしで打ち粉を軽く振る。オーブンペーパーを天板サイズに1枚切り、取り板1枚の上に斜めにのせておく。

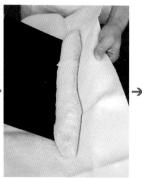

生地のすぐ横に別の取り板を添える。パンマットごと生地を持ち上げ、取り板の上に転がすようにして裏返しでのせる。

**POINT**

生地はとてもやわらかく、手で持つと形が崩れるので、取り板を使って移します。

取り板にのせたオーブンペーパーの上に、閉じ目が下になるように、ひっくり返してのせる。

# 29
## クープを4本入れる

 →  →

カードの角を使って、4本のクープのあたり線を描く。まず中央にまっすぐ1本線を引く。この線をまたぎ、4本の斜め線を描く。この4本の線は、できるだけ中央の1本線に近い角度で、等間隔で平行に、端が1／3ほど重なるようにする（下記参照）。

左手で生地を軽く押さえ、クープナイフを軽く持って生地に対して少し寝かせるようにして当て、刃全体を使うようにして、一気に切れ込みを入れる。

切り足りない部分は、もう一度切る。クープを入れ終わったらそのまま30秒ほど置き、生地の重みで自然とクープが開くのを待つ。

**POINT**

＊慣れるまでは、あたり線を入れてからクープを入れた方が均等に引けます。

＊クープナイフは均一の力でスッスッと引いて切ります。ノコギリのように押したり引いたりして切らないこと。クープの深さはやや深めで5mmくらいに。端がそれぞれ1/3ほど重なるように、平行に切り込んでください。

＊4本の長さを揃えて、生地の端から端まで均等に入れてください。

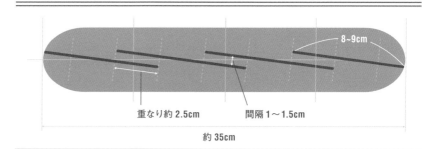

8~9cm

重なり約 2.5cm　　間隔 1〜1.5cm

約 35cm

# 30
## 霧を吹く

取り板ごと持ち、霧吹きで斜め下から全体にかかるように、3〜4回霧を吹きかける。

**POINT**

生地の真上から霧を吹きかけて、切り込みに水分が溜まってしまうと、クープは一応開きますが、焼き色はまだらになり、表面がのっぺりしてしまいます。オーブンペーパーの表面に水滴になって溜まっているのは問題ありません。

# 31
## 250℃で
## 20〜25分焼く

オーブンは天板を入れた状態で、280℃に予熱する。熱した天板の上に、取り板を斜めに引くようにして、オーブンペーパーごと生地をすべり込ませてのせて扉を閉め、温度を250℃に設定し直し、さらにスチーム機能を10分間にセットして、20〜25分焼く。

**POINT**

生地は、天板の対角線に斜めに入れます。最初の15分は水蒸気を逃したくないので、扉は決して開けないこと。

# クープについて

クープとは「切れ目」を意味するフランス語。
バゲットは、クープが木の葉型に大きくきれいに開いていると、とても美しくおいしそうに見えます。
ちょっと手ごわいクープ入れですが、
ここではバゲット作りに欠かせないクープについて考察します。

## バゲットにクープを入れる理由

バゲットの生地は、オーブンに入れると高温に熱せられて生地内の気泡(炭酸ガス)が一気に膨張し、それを包んでいるグルテンの膜が伸びてボリュームを大きくします。このとき、生地内にかかる圧力の逃げ場となるのがクープ。クープが入っていないと、圧力が分散して焼き上がりが曲がってしまったり、生地のいちばん弱い部分に圧力が集中して割れが生じてしまいます。クープから圧力を均等に逃すことで、バゲットは棒状に焼き上がります。また、焼成時に火の通りをよくする、生地の伸びを助ける、水分を適度にとばすという役目もあります。さらに装飾的効果もクープには含まれています。

## クープはなぜ開くのか

クープを入れた生地を高温のオーブンに入れると、生地温度が上がって急激に膨らみ始めます。このとき、クラストになる表面は乾き始めますが、クープを入れた部分は凹んでいるので乾きにくくなっています。表面が乾いた状態で生地が膨らみ続けていると、乾いた生地には伸びる余裕がないため、生地内の圧力はまだ湿っているクープ部分の生地に集中してモリモリと持ち上げてクープを開きます。開くと、その下の湿った生地が押し出されるように

現れ、またそこが開きます。この状態は、オーブンに入れてから約10分後、生地温度が60℃を超えて生地を膨らませる気泡（炭酸ガス）を作りだしていた酵母菌が死滅してしまうまで続きます。バゲットの膨張がストップした時点でクープの開きも止まり、その状態で焼きかためられます。クープが均等に引けていなかったり、生地の閉じ目が甘かったりすると、クープは開かず、底や側面が割れてしまいます。

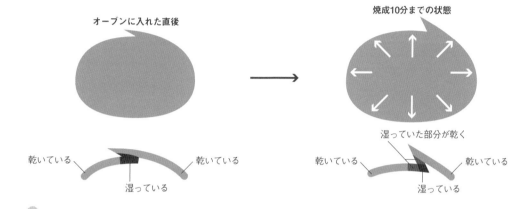

## 理想のクープは

1本クープは、まっすぐで同じ深さで切れていること。クープを数本入れる場合は、各クープの長さ、角度を揃え、クープ同士が平行で、前のクープとの重なりが1/4〜1/3くらい。生地の端から端まで均等に入っていることが大切です。

## クープを入れるときのコツ

どうしても力が入り、クープナイフをギュッと握りしめて使いがちですが、クープナイフは軽く持ち、ナイフの先を生地に対して少し寝かせるようにして当てて、スッと引くように動かすことが大事です。反対の手で生地の上下を軽くつかんで押さえると、安定してうまく均等に引くことができます。

刃の向きや持ち方は好みで構いません。ただし、柄は握りしめず、親指と人差し指でしっかりはさみ、残りの指を軽く添えます。

生地を軽く押さえ、クープナイフを傾けてスッスッと切り目を入れていきます。

## クープを入れるときに注意すること

1 生地を見て、クープを入れる位置をイメージする。慣れないうちは、クープを引くラインを生地に下書きすること。
2 切り目を入れる際は、絶対に押したり引いたり、ノコギリのように刃を動かさないこと。
3 刃を生地に当てたら、一方向に切り込むこと。
4 切り入れるところ、切り終わるところに切り損じが多いので、すべてのクープを入れた後、その部分を一方向で切り足す。

下書きしたライン上に、「一方通行」で切り目を入れる。

切り損じた部分を、先に切り目を入れた方向に沿って切り足す。逆方向にしないこと。

 ## クープをきれいに開くのに必要なこと

1 クープナイフの刃がきれいであること。前の生地が残っていたり、刃の切れ味が鈍くなっているなど、手入れができていないと、当然うまく切れません。
2 均等な長さ、角度でクープを入れること。
3 オーブンの予熱が十二分であること。
4 伸びのよい生地を作ることができて、一次発酵、二次発酵がきちんと完了していること。成形が均等に、バランスよく行われ、閉じ目がしっかり閉じられていること。
5 バゲットの表面が乾燥しないように、焼成始めから10分の間、オーブン庫内に水蒸気をしっかり発生させることが重要。スチーム機能がないオーブンは、生地に十分霧を吹きかけること。多すぎても少なすぎてもうまく開かない。

以上のように、ほぼすべての工程がきちんとできていないと、クープはきれいに開きません。

 ## クープのエッジを立てるには

クープナイフを生地に対して45〜50度の傾斜角度で当て、生地の表面だけを削ぎ切るようなイメージで、少し深めに5mmほど刃を入れます。これは、家庭用オーブンは熱源が生地に対してとても近い位置にあるので、クープが開こうとする前に表面が焼きかたまり始めてしまうのを補うため。少し深めにクープを入れ、30秒ほど置いてクープが自然に開くのを待ってからオーブンに入れます。

 ## 「クープ入れ」自主トレ法

作るサイズのバゲットの絵を描き、クープナイフをクレヨンに持ち替えて、クープをイメージして線を引きます。これを繰り返すうちに、力の抜き方、ラインを引く力加減、同じ長さのラインを平行に引くコツなどが習得できます。

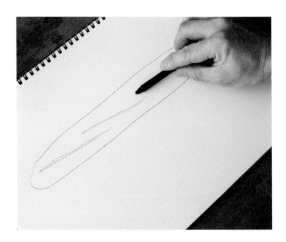

# うまく作れない人のための
# バゲット3種

クープ入れが難しい、低温長時間発酵は大変、と感じている人のために、
難関バゲットがより作りやすくなるレシピを紹介します。
ここでは、焼き方のハードルも少し下げ、取り板は使わず、生地を天板に直接のせて予熱したオーブンへ入れます。
無理せず楽しく作れる方法で、バゲット作りに慣れていきましょう。

Type
①

基本の生地で
1本が簡単！

クープ1本

Type
②

クープはパスして
はさみでカット！

エピ

Type
③

一次発酵は
室温3時間！

ヨーグルト生地

基本の生地で
1本が簡単！

# クープ1本

# épais 〈エペ〉

クープをうまく入れられない！という人は、クープ1本から少しずつ本数を増やしていきましょう。
1本クープはまっすぐに切り込めばよいので、生地がよじれたり、帯切れの心配なく、クープがきれいに開きます。
さらに、生地全体にバランスよく切り込みが入るので、
オーブンの熱で生地が均等に膨れ、結果、おいしいバゲットに焼き上がります。

## [ detail ]

**クープはきれいに開き、
クラムの気泡は蜂の巣状**

生地にかかる負荷が少ないため、クープは大きくきれいに開き、クラストは薄く、クラムは大小の気泡が蜂の巣状に入って焼き上がります。熱した天板にすべり込ませる焼成法をしないので、焼き色は薄めです。焼き色をつけるために焼成時間を延長してしまうと、クラストがかなり厚くなってしまうので注意してください。

---

**材料** (長さ約25cm2本分) ・ **道具** 「基本のバゲット」と同様(p.25参照)。ただし、取り板は1枚。

## 作り方の流れ

生地を
こねる → 一次発酵
させる → 分割する
・
成形する → 二次発酵
させる → クープを入れる
・
焼成する

「基本のバゲット」p.26〜37
手順1〜29と同様にする。

| オーブン予熱 | 280℃ |
|---|---|
| 焼成 | 250℃ 20〜25分 |
| (スチーム機能10分間) | |

---

**ここがちがう！**

# クープを入れる

## 30
### 天板に移す

二次発酵が終了した生地に茶こしで打ち粉を軽く振り、取り板を使ってオーブンペーパーを敷いた天板(予熱しない)に閉じ目が下になるようにのせる。

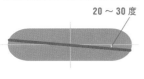

20〜30度

## 31
### クープを
### 1本入れる

カードの角を使ってあたり線を描く。中央に直線を1本引き、この線に対して20〜30度傾けた斜めの線を引く。このとき、直線と斜め線の中心を交差させる。

クープナイフを軽く持ち、生地に対して少し寝かせるようにして当て、刃全体を使って一気に切り目を入れる。切り足りない部分は、先に切ったときと同じ方向で再度切る。クープを入れたら、そのまま30秒ほど置く。

# 焼成する

## 32
### 霧を吹く

天板ごと持ち、霧吹きを少し傾けて、斜め下から生地全体にまんべんなくかかるように、3〜4回霧を吹く(p.39
手順33参照)。

## 33
### 250℃で
### 20〜25分焼く

280℃に予熱したオーブンに入れて素早く扉を閉める。焼成温度を250℃に設定し直し、さらにスチーム機能を10分間にセットして、20〜25分焼く。

クープはパスして
はさみでカット！

# エピ

# épais 〈エペ〉

クープはお手上げだけど、バゲットの生地は大好き！という人にはこちら。
クープナイフの代わりにはさみで切り込みを入れていく、おなじみのエピ（麦の穂）。
カットした生地を左右交互に広げ、穂のような形にして焼成します。
バゲットより表面積が大きいので火の通りがよく、よりカリッと香ばしいクラストを楽しむことができます。

## [ detail ]

### クラストは香ばしく、中小の気泡がひしめくクラム

はさみで生地を切断して小さなパンの集合体で焼き上げるエピは、膨らみは少なく、中くらいと小さな気泡が均等に分布するクラムになります。切り込んで表面積＝クラストが増える分、クラムの量は少なくなるため、あまり長く焼成するとクラストの風味の強い、かたいパンになってしまうので注意してください。

**材料**（長さ約30cm2本分）
「基本のバゲット」と同様
（p.25参照）。

**道具**
「基本のバゲット」と同様
（p.25参照）。ただし、取り板は1枚、クープナイフをはさみに替える。

## 作り方の流れ

生地をこねる → 一次発酵させる → 分割する・成形する → 二次発酵させる → **クープを入れる・焼成する**

「基本のバゲット」p.26〜37
手順1〜29と同様にする。

| オーブン予熱 | 280℃ |
| --- | --- |
| 焼成 | 250℃ 20〜25分 |
| （スチーム機能10分間） | |

## ここがちがう！

# クープを入れる

## 30
### 天板に移す

二次発酵が終了した生地に茶こしで打ち粉を軽く振り、取り板を使ってオーブンペーパーを敷いた天板（予熱しない）に閉じ目が下になるようにのせる。

## 31
### 切り込みを入れ、広げる

生地の上部にはさみを約30度の角度で当て、端から順に5〜7か所切り込みを入れる。切った生地は、そのつど左右交互に広げる。

**POINT**
切り込みが浅いと生地が開きづらいので、はさみをできるだけ寝かせ、生地の厚みの3/4くらいの深さまで切ります。

↓

**POINT**
先端に向かって徐々に切り込みの大きさを小さくすると、より麦の穂に似た焼き上がりになります。

# 焼成する

## 32
### 霧を吹く

天板ごと持ち、霧吹きを少し傾けて、斜め下から生地全体にまんべんなくかかるように、3〜4回霧を吹く（**p.39手順33参照**）。

## 33
### 250℃で 20〜25分焼く

280℃に予熱したオーブンに入れて素早く扉を閉め、焼成温度を250℃に設定し直し、さらにスチーム機能を10分間にセットして、20〜25焼く。

一次発酵は
室温3時間！

# ヨーグルト生地

# TypeER 〈タイプ ER〉

バゲット作りに初挑戦する人も、失敗なく作れるレシピです。

この生地に欠かせない材料がヨーグルト。

「基本のバゲット」では予備発酵＋12〜14時間かける一次発酵を、ヨーグルトの発酵力を利用して3時間に短縮。

さらに、ヨーグルトの油分で生地の伸びがよくなることを生かし、成形も簡易化。

生地を麺棒で伸ばし、くるくる巻く方法にしました。

力強い助っ人の活躍で、もっちりふわっとしたおいしいバゲットを作ります。

## [ crust ]

### 焼き色はやや薄め

「基本のバゲット」の焼成法とは異なり、常温の天板に生地をのせてオーブンに入れて焼成するため、焼き色は少し薄めになります。焼き色を気にして長く焼くと、クラストが分厚くなり、引きの強いバゲットになってしまうので、ここでは薄めに焼き上げて、もっちりふわっとした食感を楽しんでください。

## [ coupe ]

### ぱっくりきれいに開く

クープは1本。ヨーグルトの乳脂肪分で伸びのよい生地になるので、焼成時によく膨らんで、ぱっくりきれいに開きます。

基本の
バゲット　　ヨーグルト生地の
バゲット

## [ crum ]

### 気泡がきれいに分散し、膨らみも十分

ヨーグルトの油分が入ることで生地が伸びやかになり、さらに麺棒で伸ばすことでグルテンが鍛えられます。これらの効力で、大小の気泡がきれいに分散して上に向かってよく膨らみ、しっとりふんわりとしたクラムになっています。

| 材料（長さ約25cm2本分） | 分量 | ベーカーズパーセント |
|---|---|---|
| 準強力粉　タイプER | 200g | 100% |
| 塩（海水塩） | 4g | 2% |
| はちみつ | 2g | 1% |
| プレーンヨーグルト | 30g | 15% |
| インスタントドライイースト | 1g | 0.5% |
| 水道水（調温する。p.18参照） | 120g | 60% |
| 打ち粉・手粉 | 各適量 | |

### 道具

- ☐ デジタルスケール
- ☐ 温度計
- ☐ ボウル
- ☐ 泡立て器
- ☐ キッチンタイマー
- ☐ 木べら
- ☐ カード
- ☐ ラップ
- ☐ 茶こし
- ☐ 刷毛
- ☐ 保存容器（容量700㎖）
- ☐ ポリシート（厚手のビニール袋を切り開いたもの）
- ☐ 製菓用カップ型
- ☐ 麺棒
- ☐ トレー
- ☐ 洗濯ばさみ
- ☐ パンマット
- ☐ 取り板（1枚）
- ☐ オーブンペーパー（天板のサイズ）
- ☐ クープナイフ
- ☐ 霧吹き
- ☐ 耐火グローブ

## 作り方の流れ

**生地をこねる** → **一次発酵させる** → **分割する・成形する** → **二次発酵させる** → **クープを入れる・焼成する**

| | | | | |
|---|---|---|---|---|
| オートリーズ　15分 | 一次発酵　室温で2〜3時間 | ベンチタイム　25〜40分 | 二次発酵　室温で30〜40分 | オーブン予熱　280℃ |
| ベンチタイム　15分 | （生地温約24℃） | （生地温25℃） | | 焼成　250℃ 20〜25分 |
| こね上げ温度　18〜22℃ | | | | （スチーム機能10分間） |
| （生地温18〜22℃） | | | | |

# 生地をこねる

ふやかした
イースト

## 1
## はちみつ、水、ヨーグルトを混ぜる

ボウルにはちみつを入れ、調温した水を加えて泡立て器で溶きのばす。きれいに溶けたら、ヨーグルトを加えてひと混ぜする。

**POINT**

はちみつを砂糖に替えても構いません。この糖類には、発酵の助力、焼き色がつきやすくなる、生地をしっとりさせるなどの働きがあります。

## 2
## イーストをふやかす

1にイーストを振り入れ、一呼吸おいて水分を吸わせ、ふやかす。

**POINT**

顆粒状のイーストがきちんと溶けるように、軽くふやかします。1か所に落とすとダマになり溶けにくくなるので注意。全体に広がるように振り入れます。

## 3
## 粉を混ぜる

ボウルに粉を振り入れ、粉に吸水させるように木べらで混ぜる。

**POINT**

粉に水を浸透させ、伸びのよいグルテンの形成を促します。

## 4
## 生地をまとめる

シャバシャバとした水分が見えなくなったら、カードに持ち替えて軽く切り混ぜ、ボウルの側面についた生地などを落としながら、一つにまとめる。

**POINT**

ここでは、表面がなめらかになっている必要はありません。

# 5

## オートリーズを15分とる

15分後

生地が乾かないようにラップをかけ、室温で15分休ませる（オートリーズ）。

**POINT**

混ぜただけでは、粉に水分が十分浸透していないので、こねる前にしっかり吸水させる時間をとります。

オートリーズ終了。水分が行き届いて、生地の表面もしっとりしている。

**POINT**

ヨーグルトに発酵力があるのとイーストの分量を多くしたことで、オートリーズは通常より短い時間で切りあげます。

# 6

## 塩を加える

塩を振り入れる。

**POINT**

塩は粒が大きいと生地に溶けにくくなるので注意してください。ここで使った塩は、海塩です。

指先を水で軽く濡らし、振り入れた塩を生地の中に押し込む。

**POINT**

指を濡らしておくと、塩が水分で溶けやすくなります。さらに、生地が指にくっつきにくくなるので作業もしやすくなります。

# 7

## 生地を70〜90回こねる

70〜90回
こねた生地

生地を外側からつまんで引っ張り上げ、中心に向かって折り込む。これを70〜90回繰り返す（**p.28手順9参照**）。

**POINT**

30回くらいこねると、ツルッとした生地になります。これは、塩が混ざりきれていない証し。そこからさらに、表面が粗くなって、少しべとついた生地になるまでしっかり折り込んでください。

**POINT**

表面がべとついた感じになる。

# 8

## ベンチタイムを15分とる

15分後

生地が乾かないようにラップをかけ、室温でベンチタイムを15分とる。

ベンチタイム終了。

**POINT**

生地はしっとりとした状態になっています。

# 一次発酵させる

## 9
### 生地を
### 作業台に出す

生地の表面に茶こしで打ち粉を
ふり、打ち粉をつけたカードを
生地とボウルの隙間に差し込ん
で1周し、生地をボウルからは
がす。ボウルを逆さにして、生
地が自然に台の上に落ちるのを
待つ。

## 10
### 三つ折りに
### する

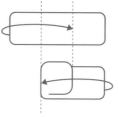

指先に手粉をつけ、取り出した
生地が正方形になるように縁か
ら指を差し込んで四方に伸ばす。
生地の手前側から1/3を向こう
に折りたたみ、向こう側1/3の
生地を折り重ねて三つ折りにす
る

生地の左右も、折りたたんで三
つ折りにする。

カードを使って生地を裏返す。

**POINT**

ここで三つ折りにすることで、
生地中のガスを抜き、厚さを均
一にします。

## 11
### 室温で一次発酵させる

生地を保存容器に入れて蓋をし、
室温に2〜3時間置いて一次発酵
させる。

一次発酵が終了した生地。

**POINT**

生地がひと回りくらい大きく膨ら
んでいれば一次発酵は終了です。

# 分割する

## 12
## 生地を作業台に出す

生地の表面に茶こしで打ち粉を振り、打ち粉をつけたカードを生地と保存容器の隙間に差し込んで1周し、生地を容器からはがす。

保存容器を逆さにして、生地が自然に作業台の上に落ちるのを待つ。

## 13
## 生地を二分割する

手粉をつけ、生地が正方形になるように縁から指を差し込んで四方に伸ばす。生地の中央縦部分にだけ茶こしで打ち粉を振り、カードで半分にカットする。

**POINT**

スパッと押し切ること。カードをノコギリのように前後に動かしてしまうと断面が複雑になり、二次発酵中や焼き上がりに生地がよじれる原因となります。二分割はおおよそでよく、計量して微調整する必要はありません。

## 14
## 三つ折りにする

分割した生地の向こう側1/3を手前に折り、その折り目を巻き込むようにもう一度折り重ねて三つ折りにする。

カードで生地を四方から寄せ、形を長方形に整える。生地の表面についている余分な打ち粉を、刷毛で払い落とす。

**POINT**

気泡をつぶさないように、生地はやさしく扱ってください。

**POINT**

生地に余分な粉が加わると、その分、焼き上がりのみずみずしさが失われてしまいます。

## 15
## ベンチタイムを25〜40分とる

25〜40分後

カードを使って天板の上に移し、乾燥しないようにポリシートをかぶせて、室温でベンチタイムを25〜40分とる。

ベンチタイム終了。

**POINT**

天板に油を塗ったり、打ち粉を振らなくてOK。オーブンペーパーも敷きません。直接生地をのせます。製菓用のカップ型などを四隅に置いて、生地にポリシートが触れて貼りつかないようにします。

# 成形する

## 16
## めん棒で長方形に伸ばす

生地の向きを変えながら
伸ばしていく。

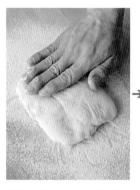 →  →  →

作業台に茶こしで打ち粉を振る。カードを使って天板から生地を取り出し、裏返して置き、手で軽く押さえて、大きく膨らんだ気泡だけを潰す。

生地の中央にめん棒を置き、中央から手前、中央から向こう側とめん棒を動かして伸ばす。

横長になるように、めん棒をかける向きを変えて伸ばす。

約25cm幅×約15cm長さの長方形にする。

## 17
## 棒状に巻く

 → 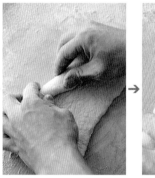 →  →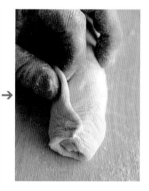

向こう側の生地を少しずつ折り返しながら一巻きする。

一巻き目を芯にして、手前まで巻く。

巻き込んだ生地の表面が少し張った状態になるように、生地を軽く引っ張りながら巻いていく。巻き終わりの端部分が縮まないように押さえておく。

端の部分が斜めにならないように、まっすぐとめる。

**POINT**

余分な空気が入ると、焼き上がりがでこぼこになってしまうので、隙間ができないように巻きましょう。

# 18
## 形を整える

閉じ目を親指と人差し指の腹でつまんでしっかり閉じる。

閉じ目がまっすぐであることを確認する。

**POINT**
閉じ目が波線のようにくねくねとよれていると、焼成中によじれてまっすぐに焼き上がりません。閉じ目はまっすぐであれば、斜めになっていても構いません。

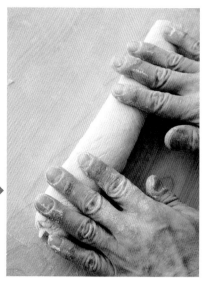

生地の中央に指を並べて置き、左右両端に向かって動かしながら転がして太さを均等にし、長さ25cmに形を整える。

**POINT**
生地の気泡がつぶれないように、力を入れずに軽く転がしてください。

# 二次発酵させる

# 19
## 生地を
## パンマットに
## のせる

トレーなどの上にパンマットを広げて茶こしで打ち粉を振る。ひだを蛇腹状に作り、成形した生地をひだとひだの間に閉じ目を下にして置く。もう一つの生地も手順**16〜18**と同様にして棒状にし、閉じ目を下にしてのせる。ひだの両端をそれぞれ寄せて洗濯ばさみなどでとめ、ひだが開かないようにする。

**POINT**
生地とひだの間はわずかな隙間ができるくらいにし、ひだの高さは生地より2cmほど高くなるように調整します。発酵中にゆるんだ生地をパンマットのひだが壁となって支え、横にダレずにきれいな形で膨らみます。

# 20
## 室温で
## 二次発酵
## させる

生地に触れて貼りつかないようにポリシートをふんわりとかけ、室温で30〜40分かけて二次発酵させる。

**POINT**
通常のバゲットと比べ成形で手を加えているため、生地が緊張しています。それをゆるめるために、発酵時間を少し長めにとります。

# クープを入れる

## 21
### 天板に移す

天板（予熱しない）にオーブンペーパーを敷く。生地に茶こしで打ち粉を軽く振り、パンマットから取り板に裏返して移し、準備した天板に閉じ目が下になるようにのせる（p.37手順30参照）。

---

**POINT**

生地はとてもやわらかく、手で持つと形が崩れるので、取り板を使って移します。

## 22
### クープを1本入れる

カードの角を使ってあたり線を描く。まず中央にまっすぐ1本の線を引き、この線に対して20〜30度傾けた斜めの線を引く。このとき、直線と斜線の中心を交差させる。

クープナイフを軽く持ち、生地に対して少し寝かせるようにして当て、刃全体を使って一気に切り目を入れる。切り足りない部分は、先に切ったときと同じ方向で再度切る。クープを入れたら、そのまま30秒ほど置く（p.51手順31参照）。

# 焼成する

## 23
### 霧を吹く

天板ごと持ち、霧吹きを少し傾けて、斜め下から生地全体にまんべんなくかかるように、3〜4回霧を吹く（p.39手順33参照）。

---

**POINT**

生地に霧を直接吹きかけないようにします。

## 24
### 250℃で
### 20〜25分焼く

280℃に予熱したオーブンに入れて素早く扉を閉め、焼成温度を250℃に設定し直し、さらにスチーム機能を10分間にセットして、20〜25分焼く。

---

**POINT**

最初の15分は水蒸気を逃したくないので、扉は決して開けないこと。

## Lesson 4 好みのバゲットを焼く

バゲットの基本材料は「小麦粉、水、塩、イースト」。
このシンプルさだからこそ、材料の産地や種類、配合、生地の扱い、焼成法などの違いで、
見た目、香り、食感、感触まで変わってきます。これがバゲット作りの醍醐味。
お米の銘柄や「かため」「やわらかめ」、「もちもち」「あっさり」とご飯にも好みがそれぞれあるように、
自分好みにこだわったバゲットを作ってみましょう。

Type

もっちり濃厚
バゲット

Type

サクッと軽い
バゲット

Type

きりっとエッジの
バゲット

Type

香り香ばしい
バゲット

もっちり濃厚バゲット

# キタノカオリ

目指すのは、もちもちとした食感にみずみずしさがあり、噛みしめるごとに粉のおいしさが広がるバゲット。
甘みが強く、うまみも濃い北海道産強力粉「キタノカオリ」を使い、
二次発酵にゆっくり時間をかけて、独特の引きの強さともっちり感を出します。

## [detail]

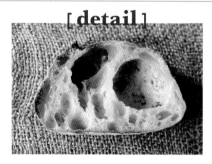

**クラストは薄く焼き色こんがり。**
**クラムはしっとり厚めの気泡膜**

薄くパリッとしたクラストは、こんがりとした焼き色。気泡膜に厚みのあるクラムは、しっとりとしてつやがあり、噛み応えの強い食感となっています。大きさにムラはありますが、大きな気泡が不規則に入ります。

| 材料 (長さ約25cm2本分) | 分量 | ベーカーズ パーセント |
|---|---|---|
| 強力粉　キタノカオリ | 200g | 100% |
| 塩 (海水塩) | 3.7g | 1.85% |
| インスタントドライイースト | 0.4g | 0.2% |
| モルトエキス | 1g | 0.5% |
| 水 * (調温する。p.18参照) | 180g | 90% |
| (コントレックス) | 35g | 17.5% |
| (水道水) | 145g | 72.5% |
| 打ち粉・手粉 | 各適量 | |

＊エビアンなら水全量を置き換える

**道具**　「基本のバゲット」と同様(p.25参照)。

## 作り方の流れ

生地をこねる → 一次発酵させる → 分割する・成形する → 二次発酵させる → クープを入れる・焼成する

| | | ベンチタイム　なし | 二次発酵 室温で50〜60分 | |
|---|---|---|---|---|
| 「基本のバゲット」p.26〜31 手順1〜16と同様にする。 | | | | 「基本のバゲット」p.37〜39 手順30〜35と同様にする。 |

**ここがちがう！**

## 分割する

p.31〜32手順17〜20と同様にし、「基本のバゲット」p.33手順21の「ベンチタイム」はとらずに、成形作業へ進む。

## 成形する

### 21
### 形を整える

三つ折りにした生地をカードで裏返し、手のひらで軽く押さえて正方形にする。
以降は、p.34〜36手順24〜28と同様にする。

## 二次発酵させる

### 29
### 二次発酵させる

ポリシートをかけて、乾燥を防ぎながら、室温で50〜60分かけて二次発酵させる。

**POINT**

強力粉の生地はグルテンが多く形成されるため、低温発酵後の冷たい生地をすぐ成形し、時間をかけてゆっくり二次発酵させて引き締まった生地を十分にゆるめます。

# サクッと軽い
# バゲット

# リスドォル

目指すのは、しっとりとした中にも軽さがあり、どんな料理にも合わせられる食べ飽きしないバゲット。
使う小麦粉はカリッと香ばしく、サクッと軽く仕上がるフランスパン用準強力粉「リスドォル」。
折りたたむ工程をひと手間加えてぷっくり膨らむ生地に鍛え、粗いクラムと軽い食感を引き出します。

## [ detail ]

**クープはバランスよく開き、
大小不揃いの気泡が分散**

3つのクープはほぼ均等に開いてほどよく盛り上がり、クラストは
焼き目がこんがりとついて、パリッとクリスピー。クラムには薄
い膜を持つ大小の気泡がたくさん入り、さっくりと軽い食感を作
りだしています。

| 材料 (長さ約25cm2本分) | 分量 | ベーカーズ パーセント |
|---|---|---|
| 準強力粉　リスドォル | 200g | 100% |
| 塩(岩塩) | 3.8g | 1.9% |
| インスタントドライイースト | 0.5g | 0.25% |
| モルトエキス | 1g | 0.5% |
| 水*(調温する。p.18参照) | 150g | 75% |
| (コントレックス) | (30g) | (15%) |
| (水道水) | (120g) | (60%) |
| 打ち粉・手粉 | 各適量 | |

*エビアンなら水全量を置き換える

**道具**　「基本のバゲット」と同様(p.25参照)。

## 作り方の流れ

生地を
こねる → 一次発酵
させる → 分割する
・
成形する → 二次発酵
させる → クープを入れる
・
焼成する

*折り込む作業が1工程
多く、その分発酵力がつ
いているのと、室温に置
く時間が長いため「基本
のバゲット」と同じ時間
予備発酵させてしまうと、
フカフカなバゲットになっ
てしまいがちなので、短く
します。

| | |
|---|---|
| オートリーズ | 30分 |
| こね上げ温度 | 18~22℃ |
| ベンチタイム | 30分 |
| 生地温 | 18~22℃ |
| ベンチタイム | 30分 |
| 生地温 | 18~22℃ |

「基本のバゲット」p.30~39手順13~35と同様にする。
ただし、手順15"予備発酵させる"では室温に30~40分置く*。

---

**ここがちがう!**

# 生地をこねる
## 13

モルトを溶かす~
生地温をはかる
「基本のバゲット」p.26~29
手順1~12と同様にする。

# 14

## 生地を折り込む

生地を外側からつまんで引っ張り上げ、
中心に向かって折り込む。これを1周する。

**POINT**

生地を折り込むことでガスを抜いてイー
ストの働きを活性化させ、グルテンに刺
激を与えて弾力を出して、よく膨らむ生
地にします。

## ベンチタイムを30分とる

生地が乾かないようにラップをかけ、室
温でベンチタイムを30分とる。ベンチ
タイムが終了したら生地温をはかり、18
~22℃になっていることを確認する。

**POINT**

折り込む作業を加えた分、室温に長く置
くことになるので、生地温には注意して
ください。

Lesson
**4**
—
Type

③

きりっとエッジの
バゲット

# Type65 〈タイプ65〉

目指すのは、クープがメリメリと割れてエッジがきりっと立った、スタイリッシュなバゲット。
小麦独特の香りと甘みを持つフランス産小麦100%の準強力粉「タイプ65」を使い、
二次発酵を短めに設定してクラストを少しかために仕上げることで、
きれいな曲線のクープに鋭いエッジが立つバゲットを作ります。

## [ coupe ]

メリッと割れて
段差くっきり

きれいに開いたクープ部分にはっきり段
差ができ、カリカリのエッジがきりっと
立っています。

## [ crum ]

しっとりとして
気泡たっぷり

少し黄色味を帯びてしっとりしたクラム
には、大小不揃いの気泡がきれいに分散
しています。

| 材料 (長さ約25cm2本分) | 分量 | ベーカーズパーセント |
|---|---|---|
| 準強力粉　タイプ65 | 200g | 100% |
| 塩(海水塩) | 3.6g | 1.8% |
| インスタントドライイースト | 0.5g | 0.25% |
| モルトエキス | 1g | 0.5% |
| 水* (調温する。p.18参照) | 152g | 76% |
| (コントレックス) | (30g) | (15%) |
| (水道水) | (122g) | (61%) |
| 打ち粉・手粉 | 各適量 | |

＊エビアンなら水全量を置き換える

道具　「基本のバゲット」と同様(p.25参照)。

## 作り方の流れ

生地を
こねる
→
一次発酵
させる
→
分割する
・
成形する
→
二次発酵
させる
|
二次発酵　室温で20〜30分
→
クープを入れる
・
焼成する

＊タイプ65という粉は温
度に敏感で、生地温が少し
でも上がると、特徴のない
バゲットの味に焼けてしま
います。これを防ぐために、
室温に置く予備発酵時間を
短くします。

「基本のバゲット」p.26〜35手順1〜27と同様にする。
ただし、**手順15"予備発酵させる"では室温に20〜30分置く**＊。

「基本のバゲット」p.37〜39
手順30〜35と同様にする。

### ここがちがう!

# 二次発酵させる

## 28
生地を
パンマットに
のせる

「基本のバゲット」p.36手順28と
同様にする。

## 29
二次発酵させる

ポリシートをかけて、乾燥を防
ぎながら、室温で20〜30分か
けて二次発酵させる。

**POINT**

二次発酵させる時間を少し短く
し、発酵力に勢いがつくころに
オーブンに入れて一気に膨らま
せ、クープのエッジをしっかり
立たせます。

Lesson

Type

**4** – ④

# 香り香ばしいバゲット

# テリア特号

目指すのは、小麦の香ばしい香りがふわっと漂い、噛むほどに味わいが増すバゲット。
豊かな風味と甘みをもつ岩手県産南部小麦の強力粉「テリア特号」を使い、
全粒粉をブレンドして小麦の香りとうまみをしっかり引き出し、
ふっくらとボリュームがあり、もっちりと引きのあるバゲットに仕上げます。

## [detail]

**薄膜の縦伸び気泡が分散。**
**ふんわりやわらかめの仕上がり**

きれいに割れたクープとパリッと薄いクラスト。しっとりとした
クラムには薄膜が縦に伸びた気泡が散在し、ふんわりとやわらか
めの仕上がりとなっています。

| 材料 (長さ約25cm2本分) | 分量 | ベーカーズ パーセント |
|---|---|---|
| 強力粉　テリア特号 | 180g | 90% |
| 全粒粉 | 20g | 10% |
| 塩(岩塩) | 3.6g | 1.8% |
| インスタントドライイースト | 0.4g | 0.2% |
| モルトエキス | 1g | 0.5% |
| 水* (調温する。p.18参照) | 156g | 78% |
| (コントレックス) | (35g) | 17.5% |
| (水道水) | (121g) | 60.5% |
| 打ち粉・手粉 | 各適量 | |

＊エビアンなら水全量を置き換える

道具　「基本のバゲット」と同様(p.25参照)。

## 作り方の流れ

生地を
こねる
→ 一次発酵
させる
→ 分割する
・
成形する
→ 二次発酵
させる
→ クープを入れる
・
焼成する

＊ブレンドした全粒粉自体
に発酵を促進する働きがあ
るので、あっという間に生
地温が上がり、発酵が進ん
でしまいます。この過発酵
を防ぐため、予備発酵を短
くして早めに冷蔵庫に入れ
て低温にします。

| オートリーズ | 30分 |
| こね上げ温度 | 18〜22℃ |
| ベンチタイム | 30分 |
| 生地温 | 18〜22℃ |

「基本のバゲット」p.30〜39手順13〜35と同様にする。
ただし、手順15"予備発酵させる"では室温に20〜30分置く*。

**ここがちがう!**

# 生地をこねる

モルトを溶かす〜生地温をはかる
「基本のバゲット」p.26手順1〜3と
同様にする。

# 4

## 粉を混ぜる

ボウルに強力粉と全粒粉を振り
入れ、粉に吸水させるように木
べらで混ぜる。

生地をまとめる〜
生地温をはかる
「基本のバゲット」p.27〜
29 手順5〜12と同様に
する。

# 粉を知る、粉を選ぶ

どんな粉を選んで使うかで仕上がりの味わい、食感が大きく違ってきます。
ここでは、製菓材料店で入手できる粉を使って焼き上げたバゲットの特徴を紹介します。

## 基準となる配合 （長さ約25cm2本分）

| | 分量 | ベーカーズ<br>パーセント |
|---|---|---|
| 小麦粉 | 200g | 100% |
| 塩 | 3.6g | 1.8% |
| インスタント<br>ドライイースト | 0.4g | 0.2% |
| モルトエキス | 1g | 0.5% |
| 水* | | 推奨加水率 |

＊小麦粉の性質によって吸水量が異なるので、
各粉の推奨加水率を確認してください。

## Voice

こ　こでは、それぞれの小麦粉に推奨の加水率（%）を入れましたが、たんぱく質と灰分の含有量の表記はしていません。その理由は以下の通りです。

たんぱく質の含有量は、そのまま読んでもグルテンの量とイコールとはならないため、加水量の指標にはなりにくい。また、灰分は外皮や胚芽部分に含まれるミネラル分を指しますが、これを見て自分の好みの粉か、自分に合う粉かなどを考えるのは、プロかプロを目指す人くらいではないかと思うのです。さらに、灰分が高いと二次発酵の際に生地がダレやすくなりますが、これは30℃以上で1時間ほど発酵させる食パンや、高さを求めるパンの仕上がりに影響が出てくることで、バゲットではそれほど心配することではないと思っています。

数値よりも数値では表せない部分。黄色い粉は甘みがあってうまみも強く、もっちりとして香りも甘く焼き上がるが、香ばしさは乏しい。灰色に近い粉は、小麦の香ばしさと複雑な雑味があり、力強くてうまみも濃く、みずみずしいが、甘みは薄い。この2つの間にあるのが白い粉。といったような、見た目で判断できる、ざっくりとしたベクトルを知っていた方が役に立つのでは、と思っています。

---

## 強力粉
### （国産小麦）

### キタノカオリ

| 推奨加水率 | 90 % |
|---|---|

北海道産小麦を使用。米のコシヒカリのように、強いうまみと甘い香りが特徴。クラストはきれいな焼き色でカリッと香ばしく、クラムは黄色みを帯びてもっちりとした食感に仕上がる。

### ゆきちから

| 推奨加水率 | 76 % |
|---|---|

岩手県産小麦使用。米のササニシキのようにあっさりとした風味が特徴。小麦らしい香ばしい香りで、みずみずしくしっとりと仕上がる。

## 強力粉
### （外国産小麦）

### レジャンデール

| 推奨加水率 | 80 % |
|---|---|

アメリカ・カナダ産小麦を使用。全粒粉のような素朴で力強い香りと濃厚なうまみが特徴。一次発酵後、分割成形において生地が少しべたつくので、丁寧に作業するとよい。

---

### テリア特号

| 推奨加水率 | 78 % |
|---|---|

岩手県産南部小麦を使用。小麦のうまみが引き立ち、香りも香ばしく焼ける。すっきりとした後味も特徴。加水率が高いと、メリハリのない平淡なバゲットになりやすいので注意。クープのエッジは国産小麦の中では立ちやすい。

### グリストミル

| 推奨加水率 | 82 % |
|---|---|

カナダ産小麦を石臼で製粉。小麦の深い風味と味わいが特徴。他の粉とブレンドすると魅力がよく出てくる。メインの粉に1割加えると、気泡が出やすくなる。全量をこの粉にすると、小麦特有の蒸れ香が残る。

# 準強力粉
## （国産小麦）

### タイプER

| 推奨加水率 | 76 % |
|---|---|

北海道産小麦を使用。小麦本来の香りと甘みが強く、クラストはパリッと、クラムはもっちと仕上がる。吸水、こね作業が少し難しいが、ボリューム感のあるバゲットに仕上がる。目が詰まりやすいので、力を入れずにこねること。

### ウーヴリエ

| 推奨加水率 | 73 % |
|---|---|

国産小麦を使用して、フランスの小麦の風味を再現したもの。香ばしくパリッと歯切れのよいクラストとふんわりしっとりとしたクラム、噛むほどに粉の甘み、うまみが深まっていく。低温での長時間発酵に向いている粉。

# 準強力粉
## （フランス産小麦）

### タイプ65
（シェリジュリー トラディション）

| 推奨加水率 | 76 % |
|---|---|

噛めば噛むほどにうまみ、甘みを強く感じ、もっちりしたクラムができる。こね上がりはかためでも、吸水後、発酵後に、ゆるんでダレやすいので、過度な加水には注意が必要。焼成時にボリュームが出やすいので、クープのエッジが立ちやすい。

### ラ・トラディション・
### フランセーズ

| 推奨加水率 | 72 % |
|---|---|

伝統的なバゲットを作るために開発された小麦粉。クラストはカリッと香ばしく、クリーム色の風味豊かなクラムはもちもちで弾力があり、口溶けもよい。クープはきれいに開き、エッジも立ちやすい。ずっと噛みしめて味わいたいと思わせる、バランスのよいバゲットに仕上がる。

### メルベイユ

| 推奨加水率 | 73 % |
|---|---|

フランスで一般的に使われている「タイプ65」を再現するために、フランス産小麦を100％使用して日本で作られたもの。うまみがかなり強く、クラムは濃いクリーム色になり、クープはぱっくりと開き、こくのある味わい深いバゲットに仕上がる。

### テロワール
### ピュール

| 推奨加水率 | 73 % |
|---|---|

小麦の素朴な香りとうまみ、噛むほどにこくのある風味が広がるバゲットになる。フランス産の小麦のなかでも比較的扱いやすい粉の一つで、パリッと香ばしいクラストともっちりとした食感のクラムに仕上がる。

# 中力粉 （国産小麦）

### エペ

| 推奨加水率 | 72 % |
|---|---|

北海道産小麦を使用。クラストはシリアルのようにパリパリッと軽く、クラムは濃いクリーム色でしっとりもっちりとなり、甘さとうまみの強いバゲットに仕上がる。甘みが強いので合わせる料理を選んで。一次発酵後、べたつきやすいので扱いは丁寧に。

## 準強力粉 （ブレンド粉）

### ムールド ピエール

| 推奨加水率 | 75 % |
|---|---|

フランス産小麦を配合し、石臼で製粉したもの。独特の香ばしさとフランス産小麦の甘みが特徴。パリッとしたクラストと、歯切れがよいクラムのバゲットに仕上がる。

### メゾンカイザー トラディショナル

| 推奨加水率 | 76 % |
|---|---|

炒ったきな粉のような香りが特徴。クープが開きやすく、カリッとしたクラストに仕上がる。クリーム色でうまみが非常に強い粉なので、焼き上がりに小麦特有の蒸香が残る傾向がある。メインの粉にブレンドして使っても。

### リスドォル

| 推奨加水率 | 75 % |
|---|---|

素朴な小麦の香りに、カリッと薄いクラスト、クラムはしっとりとして風味豊か。毎日食べても飽きないバゲットに仕上がる。低温での長時間発酵にも向く。粉にしっかり浸水させることで、持ち味が最大限引き出される。バゲット初心者にも扱いやすい粉。

### オーベルジュ

| 推奨加水率 | 75 % |
|---|---|

クラストがパリッと軽く、クラムはもっちりとした食感に仕上がる。釜伸びがよく、クープが開きやすい。食事用のバゲットとして料理の味を引き立て、なおかつ料理に負けないバランスのよい風味が特徴。バゲット作りに慣れてきた人のステップアップにおすすめの粉。

## 粉チャート

小麦の甘い香り

キタノカオリ

エペ

オーベルジュ

ムールドピエール　メルベイユ

ゆきちから

ウーヴリエ

あっさり
すっきり ←　　　　　　　　　　　　　　　　ラ・トラディション・ --→ 　甘み
　　　　　　　　　　　　　　　　　　　　　フランセーズ　　　　　うまみ
　　　　　　　　　　　　　　　　　　　　　　　　　　　　　　　こく

テリア特号

タイプ65　　　テロワール
　　　　　　　ピュール

リスドォル

タイプER　　　　　　　　レジャンデール

　　　メゾンカイザー
　　　トラディショナル

グリストミル

穀物の香ばしい香り

※このチャートは著者の個人的な見解です。

74

# 粉のブレンドを楽しむ

個性の強い小麦粉は、単一品種でバゲットにした場合、その個性が前面に引き出される反面、その弱点もあらわになることもあり、一長一短です。ベーカリーなどでは、シェフが思い描くバゲットになるよう、2〜3種類、ときには5種以上の粉を細かくブレンドして、その店の看板バゲットを作っています。

ブレンドと聞くと、コーヒーを思い起こしますが、バゲットの場合もそれと同じ。持ち味の異なる粉をバランスよく配合して自分の思い描くバゲットに仕上げるのも、シンプルな配合こそ、作り手の腕の見せどころといえます。ここではほんの少しだけ、その楽しみに触れてみましょう。

## Type 1

しっかりとした甘みと
芳醇な香りのバゲット

ラ・トラディション・
フランセーズ　キタノカオリ
**80**% ＋ **20**%

| 推奨加水率 | 75 % |
|---|---|

小麦のうまみと香りのバランスがよいラ・トラディション・フランセーズに、甘みが強く、香りも甘いキタノカオリを少し加え、噛みしめるごとに粉のうまみ、甘みが広がり、香りも強いバゲットに仕立てる。

## Type 2

うまみが強く
しっとりとしたバゲット

テリア特号　ゆきちから
**50**% ＋ **50**%

| 推奨加水率 | 75 % |
|---|---|

すっきりとした味わいのなかに小麦の素朴な風味をもつテリア特号は、思うように膨らまないこともある不安定な粉なので、ボリュームが出やすいゆきちからを同量で配合し、みずみずしくて味わい豊かなバゲットに仕立てる。

## Type 3

食事パンとして
料理に寄り添うバゲット

オーベルジュ　レジャンデール
**80**% ＋ **20**%

| 推奨加水率 | 76 % |
|---|---|

小麦の香ばしさが際立ち、バリッとしたクラストになるように考えた配合。オーベルジュのバランスのとれた風味に、レジャンデールで濃厚なうまみともっちり感を補強し、こってりした料理にも負けず、それでいて目立ちすぎない味のバゲットに仕立てる。

## Type 4

豊かな香りと甘みがあり
口溶けのよいバゲット

メルベイユ　テロワール
ピュール
**60**% ＋ **40**%

| 推奨加水率 | 73 % |
|---|---|

小麦のうまみ、甘みが強いメルベイユに、小麦の素朴な香りとすっきりとした味わいをもつテロワールピュールをブレンドして、やわらかな甘みと香ばしい香りのバゲットに仕立てる。べたつかず扱いやすいテロワールピュールの利点も生かしたブレンドは、初心者におすすめ。

##  粉をブレンドした際の加水量の決め方

それぞれの小麦粉は含有するたんぱく質、グルテン、でんぷんの量によって吸水できる量が変わります。
粉をブレンドするときは、それぞれの推奨加水率から、
ブレンドする比率で適量を割り出し、目的の生地によって加減します。

$$（小麦粉1の推奨加水率_{(\%)} ×ブレンド比率_{(割)} ＋小麦粉2の推奨加水率_{(\%)} ×ブレンド比率_{(割)}）÷10$$
$$＝$$
$$ブレンド粉の推奨加水率_{(\%)}$$

 **例** Type1 ラ・トラディション・フランセーズ8割＋キタノカオリ2割

ラ・トラディション・フランセーズの推奨加水率は72％（p.67参照）。
キタノカオリの推奨加水率は90％（p.66参照）。

$$（72×8＋90×2）÷10＝75.6（\%）$$

100gのブレンド粉に対して75.6gの推奨加水量が導き出せます。ゆえに200gのラ・トラディション・フランセーズとキタノカオリのブレンド粉には、151.2gの加水が推奨となります。

# 5

## 自家製酵母で
## バゲットを作る！

# ラ・トラディション・フランセーズ

**果** 実や穀物由来の自家製酵母（天然酵母）には、パン作りに適した酵母菌以外にも多種多様な酵母菌が含まれています。そのため、発酵力が弱く、酵母菌の数も一定ではないのですが、それぞれの菌がアルコール発酵した香りと、もともと付着していた果実や穀物のフレーバーが渾然一体となって、パンに独特の風味と味わいを与えてくれます。ここでは、不安定な発酵力を安定させ、自家製酵母ならではの奥深い味わいと豊かな風味をさらに引き出すため、ポーリッシュ法と呼ばれる製法でバゲットを作っていきます。ポーリッシュ法では、あらかじめ小麦粉の一部に酵母、水を加えて発酵させた生地を作り、それを本生地に加えて発酵させます。これにより発酵力が安定し、さらに、粉に水が浸透する時間がより長くなるので、よく窯伸びする生地になります。ただし、通常の生地に比べてグルテンも多くなっているので、こね、分割、成形の際に余計なストレスをかけ過ぎるとかたいバゲットになってしまうので注意してください。使用する自家製酵母は、レーズン（干しぶどう）から起こしたレーズン酵母です。小麦粉はうまみ、香り豊かなフランス産の準強力粉ラ・トラディション・フランセーズを選び、レーズンの甘い香りを際立たせます。

## [ detail ]

**クラストは香ばしい焼き色、
クラムの気泡は粗く薄膜縦伸び**

クラストは少し焼き色が濃く、クラムの気泡は粗く大きめ。膜は薄く、縦によく伸びる生地になっている。

道具　「基本のバゲット」と同様(p.25参照)。

| 材料 (長さ約25cm2本分) | 分量 | ベーカーズパーセント |
|---|---|---|
| **ポーリッシュ種用** | | |
| 準強力粉 ラ・トラディション・フランセーズ | 50g | 25% |
| 塩(海水塩) | 1g | 0.5% |
| レーズン酵母液(p.81参照) | 15g | 7.5% |
| 水道水 | 40g | 20% |
| **本生地用** | | |
| 準強力粉 ラ・トラディション・フランセーズ | 150g | 75% |
| 塩(海水塩) | 2.6g | 1.3% |
| レーズン酵母液(p.81参照) | 25g | 12.5% |
| モルトエキス | 1g | 0.5% |
| 水*(調温する。p.18参照) | 66g | 33% |
| (コントレックス) | (26g) | 13% |
| (水道水) | (40g) | 20% |
| 打ち粉・手粉 | 各適量 | |

＊エビアンなら水全量を置き換える

## 作り方の流れ

| ポーリッシュ種を作る → | 生地をこねる → | 一次発酵させる → | 分割する・成形する → | 二次発酵させる → | クープを入れる・焼成する |
|---|---|---|---|---|---|
| 発酵　室温で6〜8時間 | オートリーズ　30分<br>こね上げ温度 18〜22℃<br>ベンチタイム　30分<br>(生地温18〜22℃) | 常温で4〜6時間<br>(生地温22〜25℃) | | | |

「基本のバゲット」p.31〜39
手順17〜35と同様にする。

# ポーリッシュ種を作る

## 1
### ポーリッシュ種の材料を混ぜる

 →  →

レーズン酵母液（作り方はp.81参照）は、瓶を上下によく振って全体を混ぜてから手早く茶こしでこしとる。

ボウルに水とレーズン酵母液を合わせ、泡立て器でよく混ぜる。

粉と塩を入れ、粉っぽさがなくなるまで混ぜる。

## 2
### 常温で発酵させる

 →

生地が乾かないようにラップをかけ、室温で6〜8時間かけて発酵させる。

ポーリッシュ種の完成。

**POINT**
水分がなじみ、生地の表面もしっとりしています。

**Voice**
ポーリッシュ種は、清潔な容器で密閉すれば、冷蔵庫で2日間保存可能。多めに作っておくと便利です。

## 生地をこねる

### 3
#### 本生地の材料を混ぜる

ポーリッシュ種を入れたボウルにモルトエキスを塗りつけるように入れる。

コントレックスと水、レーズン酵母液、粉を入れ、粉に浸水させるように木べらで混ぜる。

### 4
#### オートリーズを30分とる

水分が見えなくなったら生地をひとつにまとめ、乾かないようにラップをかけ、常温で30分休ませる（オートリーズ）。

## 塩を加える〜生地温をはかる

「基本のバゲット」p.28〜29手順7〜12と同様にする。

## 一次発酵させる

#### 生地を
#### 作業台に出す〜
#### 三つ折りにする

「基本のバゲット」
p.30手順13〜14と同様にする。

### 15
#### 室温で
#### 一次発酵させる

三つ折りにした生地を保存容器に入れ、蓋をして室温で4〜6時間かけて一次発酵させる。

一回り大きくなっていれば、一次発酵終了。

# 分割する・成形する〜
# 二次発酵させる

「基本のバゲット」p.31〜37
手順17〜29と同様にする。

# クープを入れる

「基本のバゲット」p.37〜38
手順30〜32と同様にする。

クープを3本入れ、そのまま30秒ほど置き、生地の重みで自然と
クープが開くのを待つ。

# 焼成する

「基本のバゲット」p.39
手順33〜35と同様にする。

280℃に予熱したオーブンに入れ、温度を250℃に設定し直し、
さらにスチーム機能を10分間にセットして、20〜25分焼く。

# 自家製レーズン酵母

自家製酵母を使ったバゲット作りは、酵母液を起こすことからスタートします。
使えるようになるまでに7日ほどかかりますが、
素材と水からプクプクと発泡する酵母へと育っていく過程を楽しんでください。

## 材料 (でき上がり量約150〜160㎖)

| | 分量 |
|---|---|
| レーズン(オイルコートなし)* | 100g |
| 水道水 | 200g |
| はちみつ | 5g |

＊オイルコーティングされているレーズンは、酵母菌を起こしにくい。レーズンの表面に酵母が付着しているので、洗わずに使う。

> **!** 人の手や調理道具、空気中には無数の菌が存在しています。保存瓶の中が雑菌の温床にならないように、以下の事項は厳守してください。
> 手…保存瓶に触れるときは、その前に必ずせっけんで洗う。
> キッチンペーパー…瓶は必ずキッチンペーパーで拭く。布巾は洗いたてでも使わないこと。
> 撹拌…スプーンなどは使わず、瓶を振り、揺すって撹拌する。

> **!** 「室温」とは人が快適に生活できる温度帯です。酵母にとって人が生活する室温の部屋が発酵に適した環境です。ただし、ほこりが舞うベッドルームなどはNG。冷房、暖房機器に近すぎるのもアウト。特に直射日光が当たると、紫外線で殺菌されてしまうので厳禁です。

## 道具 □ デジタルスケール　　□ 保存瓶(容量約450㎖)　　□ 鍋(保存瓶が浸かる深さ)　　□ トング(または菜箸)　　□ キッチンペーパー

## 下準備

保存瓶の瓶と蓋を台所用洗剤で洗って鍋に入れ、瓶全体が浸かるまで水を入れて強火にかける。沸騰したら中火にし、湯の表面が波立ち、グツグツ沸く状態(90℃以上)で5分以上加熱する。このとき、トングの先をつけて同時に煮沸する。煮沸が終わったら、トングで蓋と瓶を取り出し、拭かずにキッチンペーパーの上に逆さにして置き、余熱で自然乾燥させる(瓶の中も拭かない)。

**POINT**

瓶によっては、いきなり熱湯に入れると急激な温度変化で破損することがあるので、水から入れて徐々に温度を上げて煮沸します。蓋は変形する恐れがあるので、3分ほどで引き上げます。湯の温度が低い場合は(70〜80℃。小さな泡がフツフツ沸く状態)、15分ほど煮沸してください。

## 作り方

# 1

煮沸消毒した瓶が完全に乾き、温度が人肌まで下がったら、レーズンと水、はちみつを入れて蓋を閉め、瓶を振って材料を混ぜる。

**POINT**

材料は先に計量して容器などに入れておくと、そこで雑菌が付着してしまうので、瓶をデジタルスケールにのせ、それぞれ計量しながら加えるとよいでしょう。スプーンなどを使う場合は、アルコールまたは煮沸消毒をしておきましょう。

# 2

室温に3〜7日置いて発酵させる(酵母を起こす)。この間、1日に1回は瓶を振り、蓋を開けて新鮮な空気に触れさせる。

**POINT**

温度、環境によって、発酵にかかる時間は若干違ってきます。瓶内の様子を見ながら調整してください。

煮沸消毒した保存瓶に、
計量しながらレーズンを入れる。

分量の水道水とはちみつを加える。

レーズンと水がなじむように
シャカシャカ振る。

## 発酵の見極め

**1日目**
レーズンはすべて沈み、水には透明感がある。

**2日目**
レーズンが水を含んでふっくらし、上の方のレーズンが浮いてくる。

**3〜4日目**
レーズンの周りに気泡が出始め、蓋を開けるとプシュッと音がして勢いよく泡立つ。

**5〜7日目**
レーズンの状態が落ち着き、蓋を開けると前日ほど泡の勢いはない。

### Voice

でき上がったレーズン酵母液は、レーズンを入れたまま冷蔵庫で保存します。扉の開け閉めによる温度変化の影響が少ない庫内の奥の方に入れると、約1か月保存できます。3〜4日に1回は瓶を振って撹拌し、蓋を開けて新鮮な空気に触れさせてください。

左の瓶のように、底に白っぽい沈殿物が溜まっていれば酵母液の完成。

## こんなときは…

- **水面にカビが出てきてしまったら**

  白カビだったら、清潔なスプーンですくい出せば大丈夫。もし青や緑のカビだったら、腐敗しているのですべて処分し、最初から再挑戦してください。

- **暑い夏、寒い冬の発酵事情は**

  室温の上がる季節はやはり発酵の速度が速いので見極めが難しくなります。冬は7日間かかっても、夏は3〜4日間ででき上がることもあるので、朝夕のチェックは怠らないようにしてください。発酵が進み過ぎると、パンの味に少し酸味が入ります。酸味が苦手な人はとにかく涼しい場所に置き、速く発酵しないようにすることが重要です。逆に冬は、発酵が1〜2日は遅くなりますので、発酵が始まらず気泡が立ってこなくても数日はじっと我慢して。また、1日1回の撹拌・蓋開けを、1日2回にすると発酵が促進されます。

- **最後に残ったレーズンは**

  酵母液を使い終わった後に残る水分を吸って大きく膨らんだレーズン。これも手でギューッと絞り、最後の一滴まで使って！

  レーズンが吸い込んでいる液を最後まで絞りきる。

# もっと手軽な自家製酵母

ホシノ天然酵母、あこ天然酵母は、自家製酵母（天然酵母）のパン作りに手軽にチャレンジできる米麹由来の酵母です。
粉末状に乾燥した酵母を水と合わせて発酵させて生種を作り、これを小麦粉に加えて生地を作ります。
この酵母を使うと、不安定で読みにくい発酵時間が安定し、
「酸っぱい、かたい、重い」となりがちな従来の自家製酵母パンとは違う、
雑味がなく、使う小麦粉の風味を引き立て、もっちりとしたバゲットに仕上げることができます。
レーズン酵母種に少し不安のある人におすすめの酵母です。

## ホシノ天然酵母・あこ天然酵母の生種を作る

| 材料 (でき上がり量約300㎖) | 分量 |
|---|---|
| 酵母種 | 100g |
| ぬるま湯 (水道水)* | 200g |

＊ホシノ天然酵母は水温30℃、
あこ天然酵母は40℃

### 道具

- □ デジタルスケール
- □ 保存瓶(容量約450㎖)
- □ 鍋(保存瓶が浸かる深さ)
- □ トング(または菜箸)
- □ キッチンペーパー
  (または清潔な布巾)
- □ ゴムべら
  (またはスプーン、割り箸)

### 作り方

**1** 煮沸消毒した瓶(p.81「下準備」参照)が完全に乾き、温度が人肌まで下がったら、酵母種とぬるま湯を入れ、清潔なゴムべらでよく混ぜる。酵母種の粒がしっかり吸水し、ゆるいおから状(混ぜている手に負荷が感じられるくらい)になるまで混ぜる。

**2** 瓶の蓋をゆるく閉め、28〜30℃で24時間かけて発酵させる。

**3** でき上がりは、さらさらとした液状になっている。耳を傾けて、プチプチと泡がはじける音が聞こえ、日本酒のような香りがし、少しなめてみるとビールのような風味が感じられればでき上がり。

発酵前　　発酵後

## Voice

でき上がった生種は、空気が入るように蓋をゆるく閉めて、冷蔵庫で保存し、1〜2週間で使い切りましょう。少しずつ発酵力は衰えていくので、1週間過ぎた生種で作るパンの生地は、モルトエキスを0.5g弱増やしてこねると、発酵の助力になります。

## バゲットを作る

| 材料 (長さ約25cm2本分) | 分量 | ベーカーズパーセント |
|---|---|---|
| 準強力粉　タイプER | 200g | 100% |
| 塩(海水塩) | 3.7g | 1.85% |
| モルトエキス | 1g | 0.5% |
| 生種 | 12g | 6% |
| 水* (調温する。p.18参照) | 145g | 72.5% |
| (コントレックス) | (40g) | 20% |
| (水道水)** | (105g) | 52.5% |
| 打ち粉・手粉 | 各適量 | |

＊エビアンの場合は、水全量を置き換える。
＊＊生種は、固形分と水分が半々に混ざっているので、生種の半量は水分と仮定し、加える水の量を調整している。

**道具**　「基本のバゲット」(p.25)と同様。

### 作り方

**1** ボウルの底にモルトを塗りつけるように入れ、コントレックスと水道水を加えて泡立て器で溶きのばす。

**2** 生種、粉を加え、木べらで混ぜ合わせる。シャバシャバな水分が見えなくなったら、生地をひとつにまとめる。

**3** 生地が乾かないようにラップをかけ、室温で30分オートリーズをする。

以降は、「自家製酵母のバゲット」p.79〜80"塩を加える"〜"焼成する"と同様にする。

# épais 〈エペ〉

ラテン語で「炉」を意味するfocus（フォクス）が語源のfougasse（フーガス）。
円形の平たいパンはヨーロッパ各地で作られていますが、葉っぱの形に焼き上げるフーガスは、
南フランス・プロヴァンス地方が発祥です。
平たく伸ばした生地に葉脈を模して切り目を入れ、その切り目に沿って生地を大きく広げるので、
クラムは通常のバゲットのようにぷっくりとは膨らまず、目が詰まってむっちりします。
フーガスはどちらかというとクラストを楽しむパン。
そのクラストがより軽くクリスピーな食感に仕上がるように、小麦粉はエペを使います。

## [ detail ]

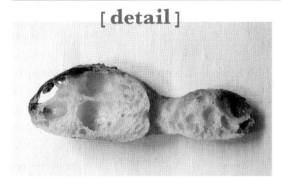

**外はパリッと、中はねっちり**

軽い食感が特徴のエペを使ったクラストは、薄くパリッとした仕上がり。クラムは目が詰まり気味で、むっちりとしている。一つのパンにいろいろなおいしさが存在する。

| 材料 (2枚分) | 分量 | ベーカーズパーセント |
|---|---|---|
| 中力粉　エペ | 200g | 100% |
| 塩(岩塩) | 3.6g | 1.8% |
| インスタントドライイースト | 0.5g | 0.25% |
| モルトエキス | 1g | 0.5% |
| 水*(調温をする。p.18参照) | 144g | 72% |
| (コントレックス) | (30g) | 15% |
| (水道水) | (114g) | 57% |
| 打ち粉・手粉 | 各適量 | |
| 塩(トッピング用) | 適量 | |

＊エビアンなら水全量を置き換える

道具　「基本のバゲット」と同様(p.25参照)。ただし、パンマット、取り板、クープナイフは不要。

## 作り方の流れ

生地をこねる → 一次発酵させる → 分割する・成形する → 二次発酵させる → クープを入れる・焼成する

「基本のバゲット」p.26〜31
手順1〜16と同様にする。

ベンチタイム　30〜40分
(生地温12〜14℃)

二次発酵　室温で20分

オーブン予熱　280℃
焼成　250℃ 18〜20分
(スチーム機能10分間)

**ここがちがう！**

## 分割する

### 17
### 生地を作業台に出す

「基本のバゲット」p.31手順17と同様にする。

### 18
### 生地を斜めに二分割する

 →

生地を正方形に整え(p.32手順18参照)、1本の対角線上に、茶こしで打ち粉を振りかける。

カードを使って対角線で半分にカットし、二つの直角二等辺三角形にする。

# 19
## 正方形に折る

直角二等辺三角形の生地の底角部分を、それぞれ頂角に合わせるように二つ折りにする。

**POINT**

気泡をつぶさないように、生地はやさしく扱ってください。生地の合わせ目をつまんで閉じることはしません。ここで均等に二つ折りができていないと、焼き上がりの膨らみに影響するので、丁寧に折りたたんでください。

# 20
## 形を整える

カードで生地を四方から寄せ、形を正方形に整える。

# 21
## ベンチタイムを 30〜40分とる

カードを使って天板の上に合わせ目が下になるように裏返してのせる。生地の表面についている余分な打ち粉は、刷毛で払い落とし、乾燥しないようにポリシートをかぶせて、室温でベンチタイムを30〜40分とる。生地がゆるみ、一回り大きくなっていれば終了。

**POINT**

天板に油を塗ったり、打ち粉を振らなくてOK。オーブンペーパーも敷きません。直接生地をのせます。製菓用のカップ型などを四隅に置いて、生地にポリシートが触れて貼りつかないようにします。

# 成形する

# 22
## オーブンペーパーに移す

作業台の上に天板に合わせて切ったオーブンペーパーを置き、茶こしで打ち粉を軽くふる。カードを使って天板から生地を取り出し、ひし形になるように置き、手粉をつけた手で軽く押さえて平らにし、上下を少しずつ引っ張って葉の形に近づける。

**POINT**

天板1枚でフーガス1枚を焼きます。天板が2枚ない場合は、オーブンペーパーに移した段階で一方の生地をトレーなどにのせ、ポリシートを生地に触れないようにかぶせて冷蔵庫に入れ、発酵の進行を遅らせます。一つ目のフーガスが焼けたら冷蔵庫から出し、成形〜二次発酵〜焼成と進んでください。

# 23
## 切り目を入れる

カードに打ち粉をつけ、生地の中央に、縦に1本切り目を入れる。

生地の上下を軽く引っ張って形を整える。

葉脈のように、左右に斜めの切り目を数本入れる。

**POINT**

切り目の本数や入れ方に決まりはありません。葉っぱをイメージして、自由に入れてください。

# 二次発酵させる

## 24
### 切り目を広げる

切り目の部分を広げ、葉の形に整える。

POINT
生地の気泡をできるだけつぶさないように、やさしく扱ってください。

## 25
### 天板に移す

オーブンペーパーごと天板（予熱をしない）に移す。

## 26
### 二次発酵させる

ポリシートをかけて、乾燥を防ぎながら、室温で約20分かけて二次発酵させる。一回りくらい大きくなれば終了。

POINT
天板に油を塗ったり、打ち粉を振らなくてOK。オーブンペーパーも敷きません。直接生地をのせます。製菓用のカップ型などを四隅に置いて、生地にポリシートが触れて貼りつかないようにします。

# 焼成する

## 27
### 霧を吹く

霧吹きを少し離して、斜め上から生地全体にまんべんなくかかるように、3〜4回霧を吹きかける。

## 28
### 塩をふる

表面に塩を振りかける。

## 29
### 250℃で18〜20分焼く

280℃に予熱したオーブンに入れ、温度を250℃に設定し直し、さらにスチーム機能を10分間セットして、18〜20分焼く。

バゲットアレンジ

# マルチグレインブレッド

# オーベルジュ

数種の穀物をブレンドしたマルチグレインを生地に加えると、焼き上がりの風味は香ばしく、
複雑な甘みとこくがさらに増します。香ばしさに合わせてナッツも加え、食感のリズムとうまみのバランスを取ります。
バットに入れて大きな塊で焼成するので、生地自体の加水量はやや多めにし、クラムをよりしっとり仕上げます。
加水量が多くてもバットの縁が壁になるので、ダレて横に広がらず、縦に伸びてくれます。
加水量をギリギリまで上げていくと、クラストのバリッとした食感と、クラムのしっとり感が共存するおいしいパンになります。

## [ detail ]

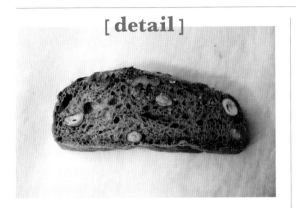

**クラストはパリッと薄く、
クラムはしっとりもちもち**

オーベルジュらしいパリッと薄く焼き上がったクラスト。クラム
は小さな気泡が入り、しっとりもちもちしている。ナッツの入り
方もバランスがよい。

| 材料 (21×15cmのバット1台分) | 分量 | ベーカーズ パーセント |
|---|---|---|
| 準強力粉　オーベルジュ | 170g | 85% |
| マルチグレイン | 30g | 15% |
| 塩 (海水塩) | 3.6g | 1.8% |
| インスタントドライイースト | 0.5g | 0.25% |
| モルトエキス | 1g | 0.5% |
| 水* (調温する。p.18参照) | 156g | 78% |
| (コントレックス) | (30g) | (15%) |
| (水道水) | (126g) | (63%) |
| 好みのナッツ (ローストしたもの) ** | 60 g | 30% |
| 打ち粉・手粉 | 各適量 | |

＊エビアンなら水全量を置き換える
＊＊くるみ、ヘーゼルナッツ、ピーカンナッツなど単品、またはミックスでもよい

道具 「基本のバゲット」と同様(p.25参照)。ただし、バット(21×15cm)を加え、パンマット、トレー、取り板は不要。

## 作り方の流れ

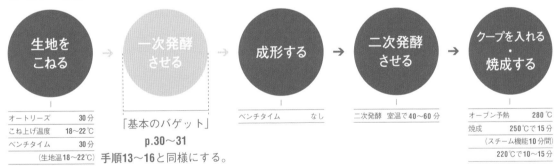

| 生地を こねる | 一次発酵 させる | 成形する | 二次発酵 させる | クープを入れる・焼成する |
|---|---|---|---|---|
| オートリーズ　30分 こね上げ温度　18〜22℃ ベンチタイム　30分 （生地温18〜22℃） | 「基本のバゲット」 p.30〜31 手順13〜16と同様にする。 | ベンチタイム　なし | 二次発酵 室温で40〜60分 | オーブン予熱　280℃ 焼成　250℃で15分 （スチーム機能10分間） 220℃で10〜15分 |

ここがちがう！

# 生地をこねる

**モルトを溶かす〜イーストをふやかす**
「基本のバゲット」p.26手順1〜3と同様
にする。

## 4
## 粉を加える

マルチ グレイン

ボウルに粉とマルチグレインを
振り入れ、粉に吸水させるよう
に木べらで混ぜる。

**生地をまとめる〜生地温をはかる**
「基本のバゲット」p.27〜29手順5
〜12と同様にする。

## 一次発酵させる

「基本のバゲット」p.30〜31
手順13〜16と同様にする。

## 成形する

# 17
## 生地を作業台に出す

一次発酵が終了した生地の表面に茶こしで打ち粉たっぷりを振り、打ち粉をつけたカードを生地と容器の隙間に差し込んで1周し、生地を容器からはがす。容器を逆さにして、生地が自然に作業台の上に落ちるのを待つ（p.31手順17参照）。

# 18
## 形を整える

指先に手粉をつけて生地の縁から差し込んで、縦長の長方形になるように、中央から四方にやさしく伸ばして形を整える。

# 19
## ナッツを入れて
## 三つ折りにする

生地の向こう側2/3部分にナッツの2/3量を均等にのせ、手前からくるくると三つ折りにする。

生地を裏返し、手で軽く押さえて生地とナッツをなじませながら、横長に少し伸ばす。

生地の右側2/3部分に残りのナッツを均等にのせ、左側からくるくると三つ折りにする。

# 二次発酵させる

## 20
### 生地を
### バットに移す

バットに一回り大きめのオーブンペーパーを敷き込み、生地を折り終わりを下にして入れる。

**POINT**

生地は、室温に置いて温度が上がってくるとゆるんで扱いづらくなるので、ベンチタイムを取らずに二次発酵へ進みます。冷蔵庫から出して生地が冷たいうちに、成形してバットに入れてください。

## 21
### 二次発酵させる

乾燥しないようにポリシートをかけ、室温で40〜60分かけて二次発酵させる。一回りくらい大きく膨らんでいれば終了。

# クープを入れる

## 22
### 矢羽根クープを
### 2列入れる

生地の表面に茶こしで軽く打ち粉を振り、矢羽根クープを2列入れる。まず横長の切り目を等間隔で3本入れ、それぞれの間に矢羽根模様になるように斜めの切り目を6〜7本入れる。

弓矢の矢羽をモチーフにした模様。

# 焼成する

## 23
### 霧を吹く

天板(予熱しない)にバットをのせて持ち、霧吹きを少し放して、斜め下から生地全体にまんべんなくかかるように、3〜4回霧を吹きかける。

## 24
### 250℃で15分、
### 220℃で10〜15分焼く

280℃に予熱したオーブンに入れ、温度を250℃に設定し直し、さらにスチーム機能を10分間セットして15分焼く。さらに設定温度を220℃にして10〜15分焼く。焼き上がったらバットからすぐ取り出し、ケーキクーラーなどの上に置いて粗熱をとる。

**POINT**

バットに入れたままにしておくと、水蒸気で蒸れてクラストがやわらかくなってしまいます。

バゲットアレンジ
# 雑穀バゲット

# リスドォル

いろんな粒々シリアルがブレンドされたミックスを使って、外も中も香ばしいバゲットを作ります。
焼き上がりで穀物特有の日向臭さがこもらないように、クープをしっかり開かせ、
バリバリッと音がするほど噛み応えがあるクラスト、
噛めば噛むほど味わいが深まるクラムのおいしいパンに仕上げます。

## [detail]

**クープはしっかり開き、クラストはカリッとかため、クラムに大小の気泡が分散**

クープはしっかり盛り上がってきれいに開き、クラストは少し厚めでかたく、カリッとした焼き上がり。クラムは薄い膜が縦に伸びた大小の気泡が分散し、しっとりとしている。

| 材料（長さ約25cm2本分） | 分量 | ベーカーズ パーセント |
|---|---|---|
| 準強力粉　リスドォル | 200g | 100% |
| シリアルミックス | 30g | 15% |
| 塩（海水塩） | 3.8g | 1.9% |
| インスタントドライイースト | 0.5g | 0.25% |
| モルトエキス | 1g | 0.5% |
| 水*（調温する。p.18参照） | 150g | 75% |
| （コントレックス） | （30g） | 15% |
| （水道水） | （120g） | 60% |
| 打ち粉・手粉 | 適量 | |

＊エビアンなら水全量を置き換える

道具 「基本のバゲット」と同様（p.25参照）。

## 作り方の流れ

生地を
こねる → 一次発酵
させる → 分割する・
成形する → 二次発酵
させる → クープを入れる → 焼成する

| オートリーズ | 30分 |
|---|---|
| こね上げ温度 | 18〜22℃ |
| ベンチタイム | 30分 |
| （生地温18〜22℃） | |

「基本のバゲット」p.30〜37
手順13〜29と同様にする。

「基本のバゲット」p.39
手順33〜35と同様にする。

## ここがちがう！

## 生地をこねる
## 4
**粉を加える**

モルトを溶かす〜
イーストをふやかす
「基本のバゲット」p.26手順
1〜3と同様にする。

シリアル
ミックス

ボウルに粉とシリアルミックスを振り入れ、粉に吸水させるように木べらで混ぜる。

生地をまとめる〜
生地温をはかる
「基本のバゲット」p.27〜29手順
5〜12と同様にする。

## クープを入れる
## 31
**クープを
2本入れる**

オーブンペーパーに移す
「基本のバゲット」p.37手
順30と同様にする。

カードの角を使ってあたり線を描く。中央にまっすぐ1本線を引き、この線をまたぎ、できるだけ中央の1本線に近い角度で、等間隔で平行に、端が1/3ほど重なるように2本の斜線を描く。クープナイフを軽く持ち、生地に対して少し寝かせるようにして当て、刃全体を使って一気に切り目を入れる。切り足りない部分があれば、再度刃を当てて切る。クープを入れたら、そのまま30秒ほど置く（p.38手順31〜32参照）。

Lesson
**6**
‒
Type
④

リュスティック

バゲットアレンジ

# キタノカオリ

フランス語で「田舎風」を意味するRustique（リュスティック）は、
水分量の多い生地を分割したそのままの形で二次発酵させて焼き上げるシンプルなパンです。
作り方はほとんどバゲットと同じですが、成形がなく切りっぱなしでいいので、気軽にハード系パン作りが楽しめます。
さらに、いろいろなフィリングを楽しめるのもリュスティックの魅力です。
本書では、水分をたっぷり含んでくれるキタノカオリを使って、
クラストはパリッと香ばしく、クラムはジューシーにしっとりと仕上げます。

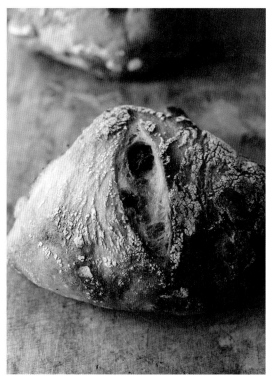

## [ detail ]

**クラストはバリッと厚く
クープもきれいに開き、
クラムはしっとりジューシー**

クラストは厚めでバリッとし、クラムは不揃いの気泡がポコポコ
入りみずみずしい。クープはきりっとシャープに入る。

基本のリュスティック

# 黒オリーブ + ベーコン

| 材料 (4個分) | 分量 | ベーカーズ パーセント |
|---|---|---|
| 強力粉　キタノカオリ | 200g | 100% |
| 塩（海水塩） | 3.7g | 1.85% |
| インスタントドライイースト | 0.4g | 0.2% |
| モルトエキス | 1g | 0.5% |
| 水*（調温する。p.18参照） | 184g | 92% |
| （コントレックス） | （35g） | （17.5%） |
| （水道水） | （149g） | （74.5%） |
| フィリング**　黒オリーブ（種なし） | 30g | |
| ベーコン | 30g | |
| 打ち粉・手粉 | 各適量 | |

＊エビアンなら水全量に置き換える
＊＊黒オリーブは5mm厚さの輪切りに、ベーコンは1cm幅に切る

道具　「基本のバゲット」と同様（p.25参照）。

## 作り方の流れ

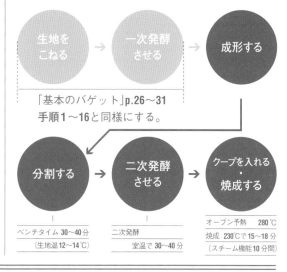

生地を
こねる　→　一次発酵
させる　→　成形する

「基本のバゲット」p.26〜31
手順1〜16と同様にする。

分割する　→　二次発酵
させる　→　クープを入れる・
焼成する

ベンチタイム 30〜40分
（生地温 12〜14℃）

二次発酵
室温で 30〜40分

オーブン予熱　280℃
焼成　230℃で 15〜18 分
（スチーム機能 10 分間）

# 成形する

## 17
### 生地を
### 作業台に出す

一次発酵が終了した生地の表面に茶こしで打ち粉をたっぷり振り、打ち粉をつけたカードを生地と容器の隙間に差し込んで1周し、生地を容器からはがす。容器を逆さにして、生地が自然に作業台の上に落ちるのを待つ。

## 18
### 形を整える

指先に手粉をつけて生地の縁から差し入れ、正方形になるように、中央から四方にやさしく伸ばして形を整える。

## 19
### フィリングをのせて
### 折り込む

 →  →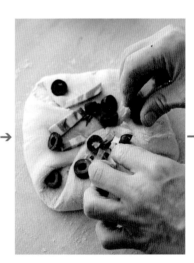

生地の上にフィリングの1/2量を均等にのせる。

四隅を中心に向かって折り込む。

**POINT**
生地を折りたたむ際、押さえつけて気泡をつぶしてしまわないように気をつけてください。生地はやさしく丁寧に扱いましょう。

折り込んだ生地の上に、残りのフィリングを均等にのせ、再び四隅を中心に向かって折り込む。

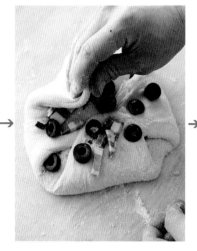  

生地の合わせ目を指でつまんで閉じる。

**POINT**
生地をしっかり閉じることで、フィリング
は中からこぼれ落ちなくなります。

# 分割する

## 20
### 生地を
### パンマットに
### 移す

トレーなどの上にパンマットを
広げ、茶こしで打ち粉を振り、
生地を閉じ目を上にして置く。

## 21
### ベンチタイムを
### 30〜40分とる

ポリシートを生地に触れて貼り
つかないようにふんわりとかけ、
室温でベンチタイムを30〜40
分とる。

## 22
### 生地を裏返す

パンマットの端を持ち上げ、生
地をゆっくり転がして裏返す。

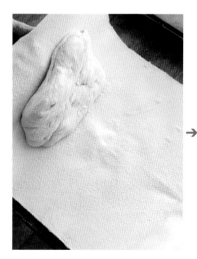 

## 23
### 生地を四分割する

カードに打ち粉をつけ、生地を4つに切り分ける。

**POINT**
カードをノコギリのように前後に動かさず、スパッと押し切ります。

# 成形する
## 24
### 室温で二次発酵させる

天板(予熱しない)にオーブンペーパーを敷き、生地をカードを使って移し、乾燥しないようにポリシートをかぶせて、室温で30〜40分かけて二次発酵させる。一回りくらい大きくなれば終了。

**POINT**
製菓用カップ型などを四隅に置いて、生地にポリシートが触れて貼りつかないようにします。

# クープを入れる
## 25
### クープを1本入れる

 →

生地に茶こしで打ち粉を軽く振り、クープを1本入れる。そのまま30秒ほど置く。

**POINT**
クープナイフを軽く持ち、刃全体を使って一気に切り込みを入れます。

# 焼成する
## 26
### 霧を吹く

天板ごと持ち、霧吹きを少し離して、斜め下から生地全体にまんべんなくかかるように、3〜4回霧を吹きかける。

## 27
### 230℃で15〜18分焼く

280℃に予熱したオーブンに入れ、温度を230℃に設定し直し、さらにスチーム機能を10分間セットして15〜18分焼く。

# リュスティックバリエーション

## セミドライトマト
## ＋
## ナチュラルチーズ

材料（4個分）

「基本のリュスティック」（黒オリーブ＋ベーコン）と同様（p.95参照）。
ただし、フィリングはセミドライトマト30ｇと好みのナチュラル
チーズ30ｇとし、それぞれ1〜2cm角に切る。

作り方はp.95〜98の「基本のリュスティック」
（黒オリーブ＋ベーコン）と同様です。

## 干しいも
## ＋
## ドライみかん

材料（4個分）

「基本のリュスティック」（黒オリーブ＋ベーコン）と同様（p.95参照）。
ただし、フィリングは干しいも30ｇとドライみかん30ｇとし、
それぞれ1〜2cm角に切る。

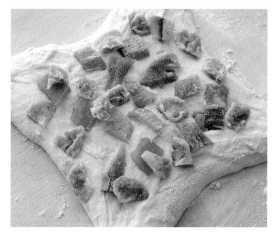

作り方はp.95〜98の「基本のリュスティック」
（黒オリーブ＋ベーコン）と同様です。

# column
# 3
## バゲット作りQ&A

バゲット作りは実際に作業を進めていくと、「どうしてこんな状態になるのか」
「これでいいのかな?」と疑問に思うことがいろいろ出てくるはずです。
ここでは、よく聞かれる「なぜ?」にお答えします。
おいしく美しいバゲット作りの参考にしてください。

**Q** 生地がべたついて、手や作業台、
パンマットにくっついてしまいます。

**A** 手粉、打ち粉が足りないからです。手には
手粉をしっかりつけ、作業台、パンマッ
トには打ち粉を十分に打って、生地を引っ
かいたり破いたりしないようにしましょう。
打ち粉が多くても、余分な粉は後で刷毛で
払えばよいので、生地を傷つけないことを
優先してください。

**Q** 生地を一次発酵させる際に入れる保存容器は、
どんなものがよいでしょう?

**A** 底が平らであまり高さがなく、側面が斜めにならず垂直に立ち上
がっているもの。素材は、金属、ガラス、ほうろう製品ではなく、
ポリプロピレン(プラスチック)製がベストです。容器の形状が底
に向かってすぼまっていると、発酵中でもグルテンを過度に鍛え
てしまい、生地に余計なこしがついてしまいます。また、熱が伝
わりやすい材質だと、野菜室で生地を冷やしすぎてしまい、発酵
不足になってしまう場合があります。プラスチック製品のように、
冷気が直に伝わらない素材が、野菜室での発酵には向いています。
高さがあまりない、というのは、高さがあると生地と蓋との間に
空間があきすぎて、生地の表面が乾いてしまうことがあるからで
す。入れた生地が2倍くらいに膨らんだとき、蓋につくかつかな
いかくらいの高さの容器を選ぶようにしてください。

**Q** 発酵中、蓋にくっつくほど
膨れてしまいました。

**A** 発酵中に生地を圧縮して鍛えるような状態
なので、少し引きの強い生地になってしま
いますが大丈夫です。ただし、蓋をはずす
ときには、生地をあまり破かないようにゆ
っくり開けて、自然にはがれ落ちるように
するか、カードなどを使って、蓋から丁寧
にはがします。

**Q** クープのエッジが
立ちません。

**A** クープのエッジが立っているのがよいバゲ
ットとは限りません。その生地に合わせ
て、均等にしっかり開けばよいのです。使
用する小麦粉の特徴によるところもありま
す。また、加水が少なければクープは大き
く開き、多ければさほど開きません。

**Q** 発酵終了は、
何を目安にすればいいですか。

**A** 一次発酵は、保存容器の高さを目安に、指定の時間が経ったらど
のくらい膨らんだか側面を確認します。蓋近くになるまで、十分
に発酵させてください。バゲットのようなリーンな生地は、糖類
や油脂などが入るリッチな生地よりも、二次発酵は少し早めに切
り上げて焼き始めるつもりで作業を進めると、ちょうどよい状態
で焼き上げることができます。2倍になったら、という目安より、
ひと回り大きく膨らんで、生地が少しゆるんだかな?　というく
らいで焼き始めます。ただし、やわらかいバゲットが好みの場合
は、二次発酵も十分にさせると表面は軽くパリッと、中はふわふ
わに焼き上がります。

# Q 焼き上がると底が割れてしまいます。

 いくつかの原因が考えられます。

**1** こねすぎ、あるいはこねが足りず、伸びのよい生地が作れていなかった。

**2** 発酵不足。

**3** スチーム、霧吹きのしすぎ、あるいは足りなさ過ぎ。多量すぎると、水がクープの上に付着し、その重みで生地と生地を接着してそれ以上開かなくしてしまいます。一方、足りないと、焼成始めの膨張中に乾いて、表面が伸びきれずに突っ張って割れてしまいます。

**4** オーブンの予熱が足りなかった。オーブンは個体差があるので、オーブンメーターで庫内温度を把握しておくことをおすすめします。オーブンの機能で予熱完了、となっても、実は庫内の実温は低いことがあります。また庫内が小さいオーブンの場合は、予熱完了のサインが出てからさらに数分運転させておくと、庫内の予熱が十分にできます。

クープが開く前に、オーブンのファンの風で表面が乾いてしまい、生地は膨らみたいのに膨らむことができなくなり、表面がひきつって曲がったり（左）、突っ張り過ぎて底割れ（右）したバゲット。

# Q かたいバゲットになってしまいます。

 使用している小麦粉に対して、加水量が少なかったか、焼成が長すぎたのが原因です。

# Q 焼き上がるとクープの帯が切れてしまいます。

 生地の伸びが悪かった、ラインとラインの間が近すぎた、など原因はいろいろ。焼成時にボリュームが出やすい粉を使っていたり、発酵力が強力になってしまった場合は膨張率が高いので、クープの長さを長めに、ライン同士の重なりは1/3より少し長くしないと、生地が突っ張って帯が切れてしまいます。

# Q クラムに大小の気泡ができません。

 考えられる理由は、使用した小麦粉に対して加水量が少なかったか、こね過ぎてしまったか。生地はある程度こねなければいけませんが、こね過ぎるとクラムのキメは細かくなります。思うようにできないときは、生地に塩を加えて折りたたむ作業を「塩の粒が感じられなくなったら、あと20回」と考えて、規定通りの回数より少ない回数でこね終えてみてください。

# Q クラストが厚くなってしまいます。薄皮に焼くにはどうしたらいいですか。

 オーブン庫内の予熱が十分でなかったことが考えられます。庫内の温度が低い段階で生地を入れてしまうと、いつまで経っても焼き色がつかず、色づいたときにはクラストが厚くなってしまいます。オーブンの予熱は十分にしてください。また、発酵させすぎて生地中の糖質が少なくなり、焼いても色がつかず結果長く焼いてしまうことも。この場合は、発酵始めの生地の状態を写真に撮っておくと、発酵経過を客観的に比べられます。発酵は環境温度にも左右されるので、設定の発酵時間はあくまでも目安と考えてください。

# バゲットの保存と再加熱

バ ゲットは、焼いたその日に食べるのがいちばんおいしいです。特に、焼きたての熱いときよりは、粗熱が取れて少し冷めたくらいの方が、発酵時に酵母が生成したガス特有の発酵臭も落ち着き、小麦のうまみや香りがよくわかって、バゲットらしいおいしさが楽しめます。時間とともに急激に劣化が進んでしまうため、本来なら保存には向かないのですが、一度に食べきれない分に関しては、どうしても保存が必要になります。そのときに、ちょっとしたポイントで、おいしさが違ってきます。

### 焼き上がったバゲットを
### 翌日の朝食べたいときは

クラストが湿気っていなければ、そのままでもおいしいです。特に今回紹介したバゲットは、イーストの使用量も少ないので、気になる臭いもなく、発酵のよい香りだけが残っています。クラストだけを湿らせて、温める程度に軽くトーストしてもおいしく食べられます。翌日までの保存は、紙袋に入れるか、ふきんで包んでおくとよいでしょう。

### 長く保存したければ
### 冷凍保存

翌日以降の保存であれば、冷凍保存に。食べやすい大きさにカットしてフリーザーバッグにバゲット同士が重ならないように入れ、しっかり空気を抜いて冷凍庫へ。家庭用の冷凍庫は、霜取り機能が稼動して温度が変動するため、できるだけ庫内の奥に入れます。ちなみに、冷蔵保存は厳禁。概ね5℃に設定されている冷蔵庫内は、バゲットがいちばん劣化しやすい環境です。冷凍保存したバゲットの賞味期限は、2〜3週間。冷凍焼けや劣化が進む前に食べきってください。

表面に霧を吹きかけてから焼くと、クラストがパリッとなる。

フリーザーバッグ内の空気はしっかり抜く。バゲットは1切れずつラップで包んでもよい。

## 冷凍したバゲットの再加熱法

### 焼く方法

・冷凍したバゲットの表面に霧を吹きかけ、十分に温めたオーブントースター、あるいは200℃に予熱したオーブンで5〜7分焼く。クラストがパリッとかために焼き上がる。
・薄い紙袋に入れて口を閉じ、流水で紙袋全体を濡らして、200℃に予熱したオーブンで8〜10分焼く。クラストがパリッと軽めに、クラムはふわっと焼き上がる。

### 蒸す方法

・蒸気が十分上がった蒸し器に入れ、強火で2〜3分蒸す。クラストもクラムもへなへなっとした蒸しパンになるが、引きがあるのでビチャッとはせず、バターやジャムをつけて食べると、焼いたバゲットとはひと味違ったおいしさが楽しめる。冷凍せず、室温で2〜3日経ってしまったバゲットにもおすすめ。

# Chapter
# 2

# 食パン

# 食パンを知る

食パンは、日本人に最も親しまれている食事パンです。型に生地を入れ、発酵させて焼き上げた柔らかいパンを「食パン」と呼ぶのは日本だけ。由来は、食用のパンだから、外国人が主食としていたから、など諸説あります。そのオリジナルは、イギリスでブリキ(tin)の型で焼かれることからティンブレッドとも呼ばれている山形のパン、イングリッシュブレッドや、そのフランス版、パン・ド・ミと考えられています。そしてもうひとつ、日常食として日本の食卓にすっかりなじんでいる四角い食パン。こちらはアメリカから伝えられたプルマンブレッドが原型。19世紀の終わり頃に、車輌製造会社プルマン社が製造した食堂車で、蓋付きの型で焼かれていたパンが、その車体の形に似ていたことからプルマンと呼ばれるようになったのだそうです。

イギリス、フランスのパンの多くは、小麦粉、水、塩、イースト(酵母)のシンプルな配合で作られますが、アメリカの影響を受ける日本の食パンには、砂糖やバター、牛乳、卵などが加わります。これらの副材料によって、ふんわりやわらかく風味豊かな食パンに仕上がるのですが、反面、これらの副材料がグルテンの形成を阻害してしまいます。窯伸びのよいふっくらと膨らんだ食パンを作るには、グルテンの形成を十分に引き出す生地作りが要となります。時間をかけて小麦粉を十分に水和させ、しっかりこねてグルテンの網目組織が完成した生地は、なめらかで弾力があり、表面はすべすべとして光沢のあるものになります。

食パン作りの面白さは、材料の配合によってさまざまな味わいを作り出せること。だからこそ、材料のこと、使う道具のこと、そして各工程のことをしっかり理解することが大切です。

[ 角食パン ]
型に入れて蓋をして焼く四角いパン。

[ 山食パン ]
型に蓋をしないで焼く山形のパン。

# 自分が作った食パンを知る

焼き上がった食パンの全体とスライスした断面を見ると、
自分がこの食パンをどのように作ったかを明確に知ることができます。
よかったところ、ダメだったところを熟考し、次回のパン作りに生かしていけば、
上達のスピードは速くなるはずです。

## ［ 角食パン ］

### CHECK 1
### クラスト
CRUST

上部の角が若干丸く、5mm幅くらいで白いライン＝ホワイトラインが入っていれば、発酵から焼きに入るタイミングがベストだった証し。角がカクカクして、ホワイトラインが出ていないのは、二次発酵が過発酵だったか、型に対して生地の量が多かったためです。色づきがよく、つやがあることも大切。焼きムラがあるのは、オーブンの予熱が十分でなく、焼成温度が低かった、あるいは、生地が過発酵状態で生地中の糖質濃度が下がり、焼き色がつかなかったことが考えられます。

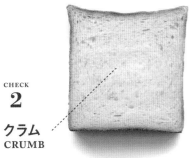

### CHECK 2
### クラム
CRUMB

蓋をして焼くため、きめは密度が詰まって細かくなります。さらに水分も蒸発できず生地内に残っているので、しっとりとしています。きめの粗い内層は、ガス抜きが不十分だったか過発酵、あるいは型に対して生地量が少なかったことが考えられます。1斤型といっても、メーカーによって容量が微妙に違っているので、お手持ちの型の大きさを確認してください。しっとりとした生地は、中心部を指で押し、凹んだ部分の戻りに時間が数秒かかるくらいの弾力が理想です。

## ［ 山食パン ］

### CHECK 1
### クラスト
CRUST

乾燥気味のパリッとしたクラストで、窯伸びが順調に進めば、山の付け根にホワイトラインが入り、その部分が裂けたようになっています。さらに、複数の山が同じ大きさであることが大切。不揃いになっているのは、分割が正確でなかった、成形時の力の入れ加減やガスの抜き具合などに差があった、生地の向きを間違えて型に入れた、などが考えられます。側面が凹む腰折れ現象、ケーブインが起こるのは、焼成不足か過発酵が原因となります。

### CHECK 2
### クラム
CRUMB

蓋をしないで焼くため、生地は上へ上へとのびのびと膨らみます。その結果、気泡は縦に伸び、ところどころに大きな気泡もあって、きめは粗めになります。さらに、水分が適度に蒸発して火通りもよいので、ふんわりとして軽い感じのクラムに仕上がります。発酵が不十分だと、焼成時に上部の生地だけが持ち上がり、下部のクラムが目詰まりする原因となります。

# 道具を知る

家庭でおいしく美しい食パンを作るために、揃えておきたい道具を紹介します。
一度購入すると長く使えるものが多いので、手になじんで使いやすいものを選んでください。

## A ボウル

直径20cm前後のボウル。材料を入れると縁までいっぱいになるような小さいボウルでは、その中で混ぜたり折り込んだりする作業ができません。少し大きめのボウルを用意してください。

## B デジタルスケール

0.1g単位ではかれる微量計モードがついた、デジタル式のものが便利です。

## C オーブン用手袋（または軍手）

5本の指が自由に動く手袋タイプが作業しやすく効率的。軍手の場合は、綿100%で分厚いものを二重にして使います。

## D 厚手のポリシート

生地に被せて乾燥を防ぎます。よく使われる濡れ布巾は、気化熱で生地温度を下げてしまう場合があります。さらに、生地にくっつくとはがしにくく、傷ついた生地はリカバリーも効きません。表面が乾かないように覆うだけでよいので、くっついてもはがしやすく、丈夫で使い回しもできる厚手のポリシートを使います。本書では、漬物用ポリ袋を裁断してシート状にしています。

## E 保存容器

生地を発酵させるときに使う、ポリプロピレン製の半透明の保存容器。縦156×横156×高さ83mm、内容量 1100mlが本書で作る食パンの生地量に最適なサイズです。

## F オーブンペーパー（クッキングシート）

シリコン樹脂加工を施した紙。焼き上がったパンを取り出しやすいように、型に敷き込みます。本書では「モーンブロート」(p.184～189) で使用。

## G めん棒

生地を均一に伸ばして成形するときに使います。木製の麺棒は、使用後に決して水洗いしないこと。日々のケアは濡れ布巾で汚れを拭き取り、陰干しでしっかり乾かします。

## H 刷毛

生地についた余分な打ち粉を払うために使います。ある程度の"しなり"があるものを選びましょう。毛先を立てて粉を払う

と生地に傷をつけるので、毛先は少し寝かせて使います。また、生地に押しつけないようにしてください。

## I 食パン型（蓋付き）

蓋をすれば角食パン、蓋をしなければ山食パンが焼けます。本書では、内寸縦195×横95×高さ95mmの1斤用を使います。

### 型紙について

食パン型は製菓用の型と比べて地厚になっているので、数度使用して型慣れしてくると、正方形に近い小さい面は、型紙が届いていなくても生地や具材が張り付きにくくなる。張り付いたとしても、ナイフをそっと刺し込めばすぐにはがれる。型紙は、面の広い左右の横面と底面がカバーできていればよい。ただし、取り出しやすさを考えて、型の高さより2～3cmの余裕を持って用意すると、焼成後の食パンが取り出しやすい。

❶ 型を逆さにしてオーブンペーパーを被せ、型の辺に沿って底面、側面を折る。
❷ ペーパーを広げ、折り筋に沿って折り目をつけ、ひと回り大きくカットする。
❸ 長辺と直角に4か所切り込みを入れる(a)。
❹ 型にセットし、外側でペーパーが重なるように折り込む。

a

切り込み

## J 製菓用カップ型

生地の上にポリシートをかぶせるときに、生地に貼りつかないようにするために背の高い製菓用のカップ型を使用します。

## K デジタルタイマー

発酵時間やベンチタイム、焼成時間をはかるときに使います。数字がはっきり表示されるデジタルのものがおすすめです。

## L 茶こし

打ち粉を均等に打つために用います。生地に粉を打つときは、持ち手を左右に振るのではなく、反対側の手にトントンと軽く当てながら粉をふり落とします。打ち粉のほとんどが生地に含まれてしまうので、その量が最小で済むように振りましょう。

## M 泡立て器

ワイヤーの本数が多く、太くて弾力のあるものがおすすめ。25cm長さくらいのものが扱いやすいです。

## N 木べら

小麦粉と水をやさしく混ぜるための道具です。ゴムべらはボウルの側面でつっぱり、混ぜるときに生地に力を加えてしまいます。

## O 製菓用温度計

水温や生地の温度をはかるときに使います。生地へのダメージが少なく、芯温が瞬時にはかれて数字も読みやすい、デジタル表示の温度計がおすすめです。

## P カード（スケッパー）

生地をすくう、まとめる、カットするなど、指先や手の延長のように繊細な作業ができる道具。利き手になじみ、ある程度の"しなり"があり"かたさ"も感じるものを選びましょう。

### 番外編

## 霧吹き

山食パンの焼成前、生地に霧を吹きかけて表面の焦げを防ぎます。生地に落ちた水滴が負担にならないように、きめ細かい霧が噴射できるタイプがおすすめです。

## クーラー

焼きたての食パンを、蒸れないように冷ますために使う脚付きの網です。皿などの上に直接置くと、底の部分から熱が抜けず、湿気が溜まってしまいます。

# 作り方の流れを知る

食パンはどのように作るのでしょうか。ここでは作り方の流れに沿って、
レシピの用語や作業工程のポイントを紹介します。
一つ一つの作業の意味を知ることは、上達への近道です。

## 作業の流れ

準備する → 生地をこねる → 一次発酵させる → 分割する・成形する → 二次発酵させる → 焼成する

## パンを作るときの環境

### 準備する

食パンを作るときの作業場の環境は、室温は20〜25℃、湿度は50〜70%が理想です。生地は20℃より低くなると発酵が進みにくく、27℃以上になると膨らみ過ぎてしまいます。食パン作りで最初にすることは、その日の気温と湿度のチェック！ この温度・湿度から外れていたら、エアコンや加湿器などで調整しましょう。なお、レシピ中に多出する「室温」は、25℃を想定しています。

### 材料と道具を揃える

材料と道具は、作業を始める前に、材料の計量を済ませ、道具は清潔な状態にして1か所にまとめておきましょう。計量は、0.1g単位ではかれるスケールで正確にします。特に塩とイーストは0.1gの誤差が生地の発酵、焼き上がりの食感、風味に大きく影響するので要注意です。微量計モードがないスケールの場合は、多い量を減らして必要量に合わせるのではなく、少ない量から増やして合わせるようにしてください。使用量が同じ1gでも、0.9gから1gになった重さと、2gから1g（実際は1.9g）になった重さとでは、その差が重大です。

小麦粉は、冷蔵庫で保存している場合は室温に戻し、水は適正温度（「水の調温」参照）に調温します。

## ベーカーズパーセント

ベーカーズパーセントとは、使用する小麦粉の総量を100%としたとき、他の材料がその粉に対して何割（%）かを表したものです。パンの材料で最も多い小麦粉を100としておくと、大量の生地から少量の生地まで、簡単な掛け算をするだけで必要なすべての分量を出すことができます。例えば塩1.8%とある場合、小麦粉300gのときは300（g）×0.018＝5.4（g）となります。

本書では家庭で1回に作りやすい粉の基本量を300gとして、材料には各材料をg表記とベーカーズパーセントの両方で掲載しています。作る量を変えたいときは、このベーカーズパーセントを活用してください。

## 水の調温

生地がこね上がったときの温度「こね上げ温度」は、発酵時間に影響を与えます。こね上げ温度は、室温や材料の温度、こねている間に生じる摩擦熱などによって左右されますが、特に粉に加える水（仕込み水）の温度は、生地そのものの温度に大きく影響を与えます。つまり、水温を調整するのは、こね上げ温度をイーストが働きやすい温度にするためです。何℃にするかは、粉温、室温、こねている間の生地の温度変化を知ることによって方程式で求めることができます。

3（こね上げ温度－こねている間の上昇温度）－（室温＋粉温）＝水温
例：3（20－3）－（25＋24）＝2℃
＊本書では「こね上げ温度」は20℃、「こねている間の上昇温度」は3℃を仮定しています。

室温の下がる冬場は粉の温度も低くなるので、温かい仕込み水を使用します。けれど、イーストは60℃以上になると死滅してしまうので、高温の湯を加えるわけにはいきません。そのような場合は、生地をこねるボウルを湯煎で温めて生地温度の調節をします。一方、夏場は室温も粉の温度も高くなるため温度の低い水を使用しますが、水温を低くしてもこね上げ温度が高くなる場合は、粉を冷蔵庫で冷やしたり、ボウルの周りを氷水で冷やして生地温度を調整します。

## 生地をこねる

### 混ぜる

　糖類を加えて混ぜ溶かした水や牛乳などの液体に小麦粉をふり入れ、木べらでゆっくり混ぜます。初めは中央で小さな円を描くように混ぜ、だんだん大きく混ぜていきます。シャバシャバとした水気が見えなくなったらカードに持ち替え、粉に水分がムラなく混ざるように、練らずに切り混ぜます。ここは粉に水分を行き渡らせる工程なので、こねずに軽く混ぜ合わせます。

### オートリーズとは

　日本で"パンの神様"と称されるレイモン・カルヴェル（1913-2005。日本に初めて本格的なフランスパンの製法を紹介した）によって考案された、パンの生地をこねる作業法です。本来は「おいしいフランスパンを焼くため」に考え出された技術ですが、今日ではパン作りに広く取り入れられています。

　食パン作りにおける一般的なオートリーズは、小麦粉と水（または牛乳などを混ぜ合わせた液体）、糖類を混ぜ合わせ、そのまま30分ほど休ませてから、イーストと塩、残りの材料を加えてこねます。小麦粉と水を先に混ぜてから休ませることで、生地の緊張が緩んで伸展性がよくなり、粉と水もよくなじんでグルテンの生成を促します（水和）。さらに、ここに糖類が加わっていることで、後に加えるイーストが速やかに発酵を始められる環境ができ上がります。この状態で再びこねると、短い時間で生地中に質の高いグルテンを作ることができます。オートリーズを行うと生地が落ち着いて成形しやすくなるとともに、伸びがよく小麦の風味豊かな生地に仕上げることができます。

　イーストを加えずにオートリーズするのは、30分置く間にイーストが活性化して発酵が始まってしまうからなのですが、本書ではこねる時間が短いため、その間にインスタントドライイーストが溶けきらない可能性があるため、あらかじめ生地の表面にふりかけておき、休ませている間に生地の水分を吸収させて溶けやすくします。グルテンの形成を抑制する塩も後から加えます。

### 生地をこねる

　オートリーズによって小麦粉の持つ力が引き出され、伸展性のよい生地になるので、生地作りで通常行われるバンバンと台に叩きつける工程をしなくても、こねるだけで質の高いグルテンが形成され、しなやかな生地になります。

### 打ち水をする

　完成直前の段階で生地が固かったり、乾燥しているように感じたら、少量の水を手ですくって加えると、パン生地が緩んでしっとりとします。打ち水は生地の状態を確認して適宜加えてください。弾力のあるしっとりとした生地であれば、打ち水の必要はありません。

### こね上げ温度

　生地のこね上げが終了したら、こね上げ温度を必ずはかります。ひとつにまとめて生地の中心部に温度計を差し込んで計測してください。本書では、こね上げ温度を少し低めの18〜22℃としています。この後の室温での予備発酵で生地温度が25℃になると想定して、低温で発酵をスタートさせます。こね上げ温度が25℃以上になってしまうと、粉と水がなじんで水和が行われる前に発酵が進んでしまうので、一次発酵の時間を短くします。設定値より温度が低い場合は、発酵時間を長めにします。なお、気温、室温でこね上げ温度が高くなりそうなら、前日から小麦粉を冷蔵庫で冷やしておくとよいでしょう。反対に低くなりそうな日は、室温を高めにします。

## 一次発酵させる

### おいしさを決める一次発酵

　一次発酵は生地を膨らませるだけでなく、発酵の工程で発生するアルコールや乳酸、酢酸などの有機酸が風味や香りとなってパンに独特の味わいを与えます。また、こねる工程で形成されたグルテンの柔軟性も増します。

　生地に加えるイーストの量を控えた本書では、予備発酵後に冷蔵庫の野菜室で6〜8時間かけて長時間低温発酵させます。一次発酵は生地中のイーストが活発に活動し、生地を膨張させ、熟成させていく時間です。この時間を長くとり、ゆっくりじっくり発酵させることでアルコールや有機酸などが生地中に多く蓄積されて、より深みのある味わいに仕上がります。

### 発酵用におすすめの容器

　生地の発酵には、適度なストレスが必要です。これはある程度のスペースの中で発酵をさせることが必要で、容器に入れずストレスがかからない状態で発酵させた場合、だら〜っと横に広がってしまいます。このような生地はボリュームがなく、よい生地にはなりません。一方、小さな容器に押し込んでしまった場合、ストレスがかかり過ぎて過発酵になってしまいます。

　理想的な生地を作るには、生地量にあった大きさの容器に入れて一次発酵を行います。発酵終了時にちょうど容器いっぱいに膨らんでいるくらいのサイズ、生地の量の約3倍の容器がベストです。材質はポリプロピレン製（プラスチック）。表面がツルツルで生地を傷つけることがなく、熱伝導率が低いので冷蔵庫の野菜室に入れても冷気が直に伝わることがありません。本書では、縦156×横156×高さ83mm、内容量1100mlのポリプロピレン製保存容器を使用しています（p.107参照）。

### 季節による室温変化と発酵時間

　ベーカリーなどでは、温度、湿度管理ができるホイロという機器で生地を発酵させていますが、家庭では、温度、湿度を一定に管理できるスペースがほぼないのが実情です。そのため、多くの人が室温で発酵させることになりますが、300gと少ない生地量は、温度変化にとても影響されやすくなります。水温や生地温度に気をつけると同時に、季節の温度の変化に敏感であることがおいしい食パンを作るうえでとても大切です。

| | 春・秋の室温<br>（15〜20℃） | 夏の室温<br>（28〜30℃） | 冬の室温<br>（10〜15℃） | エアコンのある室温<br>（20〜28℃） |
|---|---|---|---|---|
| インスタントドライイーストを使った食パンの予備発酵 | 60分 | 30分 | 90分 | 30〜60分 |
| 自家製ビール酵母を使った食パンの予備発酵 | 60分 | 40分 | 90〜100分 | 40〜60分 |
| あこ天然酵母を使った食パンの予備発酵 | 60分 | 40分 | 90分 | 40〜60分 |

## 分割する・成形する

### 分割はカードで押し切る

　生地を分割するときは、カードで押し切ります。カードは決してのこぎりのように前後に動かさないこと。生地中の気泡が抜けてしまったり、断面部分のグルテンの網目組織が壊れて、生地の膨らみが悪くなってしまいます。

　切り分ける生地の重さを均等にしたいがために、足したり減らしたりすると生地がぼこぼこになって成形が難しくなります。また、切り刻むことは生地に傷をつけることにもなるので厳禁です。分割する生地は概ね正方形をしているので、見当はつけやすいはずです。できるだけ手数少なく切り分けてください。

### ベンチタイムをとる

　ベンチタイムは生地の休憩時間。生地はこねや分割、成形で刺激を受けると、グルテンの組織が密になってコシが強くなります。このままでは成形などがしづらいので、休憩時間をはさみます。この間に発酵が少し進んで生地がふわっと膨らみ、グルテンの膜が引き伸ばされて生地が緩み、よりよい状態で次の工程へ移ることができます。

### 成形のポイント

　生地は常に発酵していきます。成形している間も発酵は進み、食パンの味そのものを変化させ、焼成時のボリュームにも影響が出てきます。常に生地の状態を見ながら作業を進めてください。成形に求められるのは、もちろん美しさですが、それとともに、いかに早く、同じ形に、生地を傷つけることなく、また乾燥させることなく成形を終えることができるかが重要です。

## 成形方法

### [ 巻き成形 ]

麺棒で生地を傷めないように伸ばし、端から均等に巻く。
巻いている間に生地の幅が広がってくるので、型より大きくならないように
注意する。基本の生地、プレーンな生地に行う。

### [ 丸め成形 ]

生地の端を寄せ集め、表面を張って丸める。
具材が入ったもの、生地が弱いもの、
引きを弱く仕上げたい場合に行う。

### [ ねじり成形 ]

棒状にした2本の生地を、クロスさせてねじり合わせる。
窯伸びしにくい生地を互いに持ち上げるようにして支える。

### [ 編み込み成形 ]

帯状に切り分けた4本の生地を四つ編みにする。
複雑に絡み合った生地が互いに支え合って膨らむ。

## 大きな気泡はつぶす

　生地の中には、発酵で形成された気泡が溜まっています。生地を成形
しているときに、この気泡が表面に風船のようにぷくっと膨らんで現れま
す。大きな気泡が出てきたら、指の腹で軽く叩いてつぶします。そのまま
残しておくと、二次発酵時にさらに膨らんで、その部分がぽこっと膨れ、
最終的には破れて焼き上がってしまいます。

## 二次発酵させる

### 発酵は型に入れて

型にオリーブ油を塗り、成形した生地を入れます。巻き成形した生地は、左右2つの生地の巻きが対称となるように入れます（中央の生地の向きは不問）。型の横を正面から見たときに、生地の巻きが左側は時計回りに、右側は反時計回りに入れると、底部分などに隙間ができず、型いっぱいにきれいに膨らみ、窯伸びもよくなります。

### 二次発酵時の環境温度

ゼロからのスタートだった一次発酵と違い、すでに発酵が始まり、発酵力が加速している生地の最終発酵、つまり二次発酵では、環境温度が多少変わっても、発酵自体が止まることはありません。もちろん、夏の室温では発酵は早まりますが、冬の室温で発酵が止まったり、遅くなったりすることはありません。

二次発酵の目的は、成形によって緊張した生地を伸展性を回復させることと、生地を熟成させて生地中に味や香りの成分を蓄えること、そして焼成時に生地が爆発的に膨らむようにすること。そのために、本書では28℃より低い室温に置いて発酵させます。

## 焼成する

### オーブンは十分予熱する

オーブンに生地を入れる時点で、庫内は指定の温度になっていなければなりません。そのためには、あらかじめオーブンを焼成温度に温めておく「予熱」が必要です。焼成の30分前、生地の二次発酵が終了する少し前くらいから始めるのがベストです。

### 角食パンと山食パン

角食パンは、型に蓋をして焼き上げます。山食パンは蓋をせず、上面が焦げないように軽く霧を吹いて焼き上げます。

### 台に落とし、型から出す

焼き上がった生地は、オーブンから出したら、型に入ったままの状態で作業台にドンと落としてショックを与え、すぐに型から取り出します。これによって、生地内部に溜まっていた水蒸気が放散され、ケーブイン（腰折れ）をある程度防ぐことができます。

ケーブインとは、パンの側面が内側に凹んでしまうことで、深い型で焼く食パンによく見られる現象です。高温で焼いたパンは冷めるまでの間に、内部に残っていた水蒸気がクラストを通って放出されます。そのため、焼き上がりは乾燥してパリッとしていたクラストが湿気って柔らかくなり、パン全体を支えることができなくなって、側面が折れるように窪んでしまいます。特に型で焼き上げる食パンは、側面と底面がふさがっているので焼成中に水蒸気が外に出にくいため、内部に多くの水蒸気が残ります。この水蒸気を少しでも早く放散するために、焼き上がったらすぐに衝撃を与え、型から出して、クーラーにのせて冷まします。

# オーブンを知る

食パンは、生地を型に入れて焼き上げるパンです。そのため、オーブン庫内の熱対流は、型に左右されます。当たり前のことですが、庫内は使う型が入る大きさであること。ただし、おいしい食パンを焼くためには、単に入るだけではなく、熱源に近すぎないことが大切です。家庭用のオーブンに型を入れてみると、庫内のスペースをほぼ占拠してしまいます。この環境だと、焼きムラができやすくなります。生地をきれいに焼き上げるためには、自分のオーブンはどこに熱の放熱口があるのか、どの辺りがいつも焦げやすいかを把握し、それに応じて、焼き上がる15分ほど前に型の向きを変えたり、焼き色がついた部分にアルミホイルを被せるなどの工夫が必要です。山食パンを焼いて、膨らんだ生地が庫内の天井に貼りついてしまうようなことがおこらないように、生地量を減らすなどの調整をしてください。

パンの焼成は温度よりも時間が大切です。設定通りの温度と時間で焼成しても焼き色が薄ければ、温度を高めに調整してください。ちょうどよい焼き色がつくまで焼成時間を延長してしまうと、生地に含まれる水分が必要以上に失われ、堅くパサついたクラムに焼き上がります。一方、焼き色が早くついた場合は、クラムに火がしっかり入らず、粉っぽく口溶けの悪いクラムに焼き上がることがあるので、設定の時間いっぱいをかけて焼けるように、温度を低めに設定します。

本書はすべて家庭用の電気オーブンで焼き上げ、その焼成温度と時間を掲載しています。一般家庭のオーブンは、基本的に熱源はガスか電気で、焼成方法は熱をファンで対流させるコンベクションタイプになります。ガスは温度の立ち上がりが早く、電気は熱の当たりが柔らかく焼きムラが少ない、などといわれますが、いずれにせよ、オーブンのクセを知り、弱点をカバーする工夫をしながら自分のオーブンを使いこなせるようになることが、食パンをおいしくきれいに焼くために何よりも求められるスキルといえます。

## タイプ別使い方のコツ

### スチームオーブン

水蒸気を加えながら焼成できるこのタイプは、ハード系の食パン作りに最適。スチーム機能を焼き始めの10分間稼働させることで、クラストは薄くパリッと焼き上がり、山の表面はパチパチとよく弾けてひびが入ります。

庫内が小さくて下火のないものも多く、扉を開けると庫内の温度が10℃ほど一気に下がってしまいます。加えて、設定温度まで上がるのに時間がかかるので、焼きムラができやすかったりします。庫内温度をリカバーしたり、下火の弱さをフォローするために、予熱の段階から天板を入れて十分に熱し、その天板の上に型を置いて焼成します。

### 電気オーブン

庫内にファンがあり熱を庫内に循環させる単機能電気オーブン。庫内の上下に熱源があることが多く、加水率の高い生地や、生地をグッと持ち上げてきめが均一でふんわりとしたクラムに焼き上げたい生地に向いています。このタイプは、稼働時間が長くなると、庫内温度が設定よりも高くなりがちなので、焼き上がりの15分前に様子を確認し、焼き色がつき過ぎていたら設定温度を10℃ほど下げて仕上げるとよいでしょう。

稼働中に、庫内温度を均一化するコンベクション機能のオン・オフが可能ならば、予熱時はオンにして庫内を素早く熱し、焼成時は機能をオフにすると、熱風の当たる部分が先に色づいたり、焦げたりすることが少なくなります。

### ガスオーブン

熱源がガスなので火力が強く、素早く予熱ができて、扉の開閉時に庫内の温度が下がってもすぐにリカバーします。このタイプは、角食パンのクラストをカリッと薄く焼き上げることが得意です。難点は、蓋をしない山食パンの焼成。熱風が強いので上部の生地が早く乾いてしまうため、膨らみたい下部の生地が押さえつけられ、行き場を失ってサイドを割るように膨らんで焼き固まってしまうケースが多々あります。これを防ぐためには、乾燥しないように生地の表面に霧吹きで霧状の水を吹きかけます。ただし、多く吹きかけてしまうと水滴が重荷になって、生地が膨らみにくくなってしまうので注意してください。

一般的に熱風を送り出すファンは庫内の奥にあるので、山食パンを焼く際に型をファンと平行に横向きに入れてしまうと、奥側に最も強い熱風が当たって、この部分が早く焼けてしまいます。全体にまんべんなく熱が当たり、均一に焼き上げるには、型をファンに対して垂直になるように入れます。

# 食パンのカット方法と保存

食パンの食べ頃は"冷めたて"。熱が完全に取れる6時間ほど経った頃に、
パン本来のふんわりもちっとした食感や小麦粉の甘みやうまみを楽しむことができます。
オーブンから出したばかりの焼きたてのパンは、余分な水蒸気が残っていて、糊化したでんぷんもまだベタベタしています。
この状態でナイフを入れると、クラムがやわらかすぎて刃との接地面が押し潰され、
水蒸気の溜まっている中心部はべたついていて切れず、
カットした面から水蒸気が必要以上に蒸発して、冷めたときにパサつく原因となります。
焼きたてのパンを食べられるのは、自家製ならではの楽しみですが、
"好みの厚さにカットして、おいしさを味わう"という意味では、しっかり冷めてからが本当の食べ頃です。

## 食パンは
## 冷めてからカットする

断面を潰さず、思い通りの厚さに切ることは、パンをおいしく食べるための大切なポイント。パンをカットするときは、まずクラストに切りたい厚さで目印になる切り込みを入れ、そのラインに沿って包丁を入れ、小刻みに前後に動かしながら下へ向かって切っていきます。この際、刃先は常にパンの外側にあるようにします。使用する包丁は、クラストが柔らかい食パンには普通の包丁を、クラストが堅いハード系の食パンには、波刃包丁を使います。

通常の食パンは、普段使っている包丁でカットする。

波刃包丁でカットするのは、クラストの堅い食パン。

イメージ通りの厚さに上手く切れない場合は、食パンをセットして、ガイド溝に包丁を入れるだけで真っ直ぐきれいに切れる「食パンカットガイド」などを利用しても。

## 食べきれないパンは
## 冷凍保存

食パンは焼き上がったその時点から、味の劣化が始まります。食べきれない分は、すぐに冷凍保存にします。冷めた食パンを好みの厚さに切り、1枚ずつラップで包み、さらに冷凍用の密閉袋に入れて冷凍庫へ。家庭用の冷凍庫は霜取り機能が稼働して温度が変動するので、できるだけ庫内の奥に入れます。冷凍庫に入れても劣化は進み、冷凍焼けもするので、2〜3週間で食べきるようにします。ちなみに、冷蔵保存は厳禁。概ね5℃に設定されている冷蔵庫内は食パンがいちばん劣化しやすい環境です。冷凍したパンは、表面に軽く霧を吹きかけて、十分に温めたオーブントースターで焼くと、ふんわりと仕上がります。

ラップと密閉袋で二重にブロックし、乾燥と臭いから守る。

# 1

# この食パンを作る！

TYPE
I

[ ふわふわ角食パン ]

TYPE
**2**

[ さくさく山食パン ]

# はるゆたか

日常食として毎日食べる食パンに求めるものは、粉の風味がシンプルにおいしく、飽きのこないプレーンな味。
それを目指して選んだ粉は、小麦の香ばしさの中に甘い香りがあり、
口当たりの柔らかい生地になる北海道産強力粉「はるゆたか」。
副材料は、生地が発酵するために機能しても個性が出るほどの量は加えない。
でき上がった生地で焼き上げるのは、しっとりふわふわ食感の角食パンとさくさく軽い食感の山食パン。

**TYPE**
**I**
## 角食パン

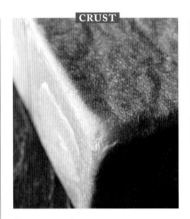

CRUST

### 均一な焼き色とホワイトライン

全体の焼き色が均一であることがまず大切。発酵不足だと生地の膨らみが蓋まで届かず、生焼けで白くなってしまいます。さらに、上辺の角が丸くなり、ホワイトラインがきれいに出ていれば完璧。おいしいパンに焼き上がっているはずです。

CRUMB

### きめが整い、しっとり

気泡が揃いきめ細かく、巻き成形の渦巻き状に気泡の流れが確認できます。しっとりとしていて、指で押した窪みはスッと消えます。加水率が高めなので、しっかり火が入ると気泡膜は半透明に焼き上がり、つや感のあるクラムになります。耳は4辺とも1mmほどで厚くはありません。

**TYPE**
**2**
## 山食パン

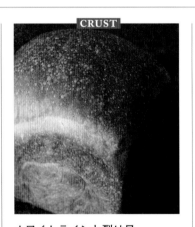

CRUST

### ホワイトラインと裂け目

きちんと発酵した生地は、山のつけ根にホワイトラインが入ります。さらに、その部分に裂けたような線ができていれば、窯伸びが順調だった証しです。

CRUMB

### 大小の気泡が入り、きめは粗め

巻き成形時の渦巻きが縦長に均一に伸びていれば、生地全体が均等に膨らんだ証拠。発酵が不十分だと、焼成時に上部の生地だけが持ち上がり、下部のクラムが目詰まりする原因となります。きめはやや粗く、大小の気泡が不規則に分散しています。トースト時のさっくりとした食感はここから生まれます。

| 材料 (1斤分) | | 分量 | ベーカーズ パーセント |
|---|---|---|---|
| 強力粉 はるゆたか | | 300g | 100% |
| **A** | はちみつ | 6g | 2% |
| | きび砂糖 | 9g | 3% |
| | 牛乳 | 90g | 30% |
| | 水 | 114g | 38% |
| インスタントドライイースト | | 0.9g | 0.3% |
| 塩（海水塩） | | 5.7g | 1.9% |
| 発酵バター（食塩不使用） | | 15g | 5% |
| 打ち粉・手粉（強力粉） | | 各適量 | |
| オリーブ油（型用） | | 小さじ1 | |

道具
- □ デジタルスケール
- □ ボウル
- □ 泡立て器
- □ 温度計
- □ 木べら
- □ カード
- □ デジタルタイマー
- □ ラップ
- □ 茶こし
- □ 保存容器（容量1100ml）
- □ ポリシート（厚手のビニール袋を切り開いたもの）
- □ 製菓用カップ型
- □ 麺棒
- □ 蓋付き1斤型（内寸195×95×95mm）
- □ 刷毛
- □ 霧吹き
- □ オーブン用手袋（または軍手）
- □ クーラー

## 作り方の流れ

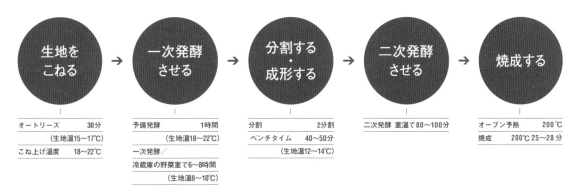

| 生地を こねる | → | 一次発酵 させる | → | 分割する・ 成形する | → | 二次発酵 させる | → | 焼成する |
|---|---|---|---|---|---|---|---|---|

| | |
|---|---|
| オートリーズ | 30分 |
| | （生地温15〜17℃） |
| こね上げ温度 | 18〜22℃ |

| | |
|---|---|
| 予備発酵 | 1時間 |
| | （生地温18〜22℃） |
| 一次発酵／ | |
| 冷蔵庫の野菜室で6〜8時間 | |
| | （生地温8〜10℃） |

| | |
|---|---|
| 分割 | 2分割 |
| ベンチタイム | 40〜50分 |
| | （生地温12〜14℃） |

| | |
|---|---|
| 二次発酵 室温で80〜100分 | |

| | |
|---|---|
| オーブン予熱 | 200℃ |
| 焼成 | 200℃ 25〜28分 |

# 生地をこねる

## 1
### 下準備

・バターは室温に置き、指で押すと凹むくらいの固さに戻す。夏季はこねているうちに軟らかくなり過ぎるので、冷蔵庫から出した冷たいバターを握りこぶしで叩きつぶしてやわらかくする。
・はるゆたかは一度ふるい、計温する。
・焼成に入る30分前に、オーブンの予熱（200℃）を始める。

## 2
### Aを混ぜ合わせる

ボウルにAを合わせる。

泡立て器で混ぜ、はちみつときび砂糖を溶かす。

## 3
### 水温を確認する

温度計で水温をはかり、適温（p.108「水の調温」参照）になっているか確認する。

# 4
## 粉を混ぜる

3のボウルにはるゆたかを加え、
水分を吸わせるように混ぜる。

1度ふったはるゆたかを一気
に入れる。

木べらで生地を底からすくい上
げるようにして混ぜる。

シャバシャバとした水気が見え
なくなるまで混ぜる。
**POINT**
粉全体に水分を浸透させ、伸びの
よいグルテンの形成を促します。

カードに持ち替える

カードでボウルの側面についた
生地をこそげて混ぜ込む。

ボウルの底に沈んだ粉をすくい
上げるようにして、練らないよ
うに切り混ぜる。

粉と水分がムラなく混ざり、
粉っぽさがなくなれば一つにま
とめる。
**POINT**
ここでは表面をなめらかにする
必要はありません。

# 5
## オートリーズを
## 30分とる

イーストを加え、
生地を休ませる。

生地の上面にイーストを振りか
ける。
**POINT**
乾燥したイーストは混ざりにく
く、ダマになってしまう場合も
あるので、生地の湿り気とオー
トリーズの時間を利用してしっ
とりさせます。

生地の表面が乾かないように
ラップをかけ、室温で30分休ま
せる（オートリーズ）。
**POINT**
混ぜただけでは粉に水分が十分
浸透していないので、生地をこ
ねる前に、粉に水分を吸収させ
るための時間をとります。

## オートリーズ終了

30分後

表面が少ししっとりすればオートリーズ終了。

オートリーズ後の生地温をはかる。
**POINT**
室内の温度によって、生地温が20℃を超えてしまわないように注意してください。ここでは15～17℃になっていること。

# 6
## イーストを生地に混ぜ込む

生地の端をつまんで引っ張り上げ、上面にのせたイーストを覆うように数回折り込む。生地でイーストを包んだら、軽く打ち粉をした作業台に取り出し、手のひらのつけ根を使って、台にすりつけながら向こうへ押し出すように混ぜる。5～6回繰り返し、生地にイーストをムラなく混ぜ込む。

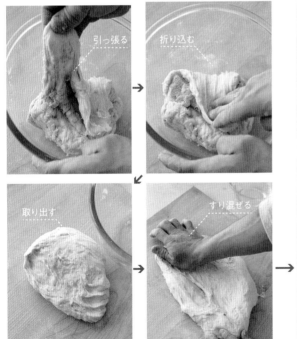

引っ張る
折り込む
取り出す
すり混ぜる

混ぜ終わり

指先で生地を四角く広げ、イーストがダマにならず均等に混ざっていることを確認する。

# 7

## バターと塩を切り混ぜる

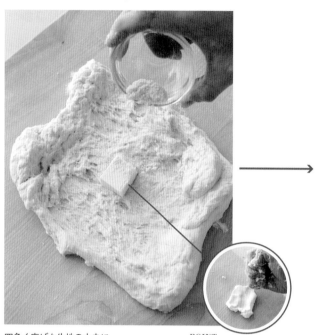

四角く広げた生地の中央に、
室温に戻したバターと塩をのせる。

**POINT**
バターは冷たい状態で握りこ
ぶしで叩いて伸ばし、指が
スッと入るくらいのやわらか
さにしてもよいでしょう。

塩の粒が大きかったり、生地がかたければ、
ごく少量の水を足す。

カードでバターを潰し広げ、そのバターを
包むように生地を折り込む。

カードで、生地とバターをザクザクと切っ
ては一つにまとめる、を繰り返し、バター
が溶けないうちに、生地に混ぜ込む。
**POINT**
カードで切ることで生地に粗い断面ができ、
そこからバターが入り込んでいきます。練
り混ぜるとバターが溶けて脂じみになります。

バターが生地全体に行き渡り、表面が少し
滑らかになって、生地の一部が台からはが
れるようになったら、ひとつにまとめる。
**POINT**
手やカード、台についた生地を丁寧に取っ
て混ぜ込みます。

# 8
## 生地をこねる

まとめた生地を手のひらのつけ根で向こうへグイッと押し出す。

生地を半折りにし、上からグッと押さえる。

表面がツルッとするまで、1〜2分繰り返す。
**POINT**
オートリーズによって伸展性のよい生地になっているので、パン生地作りで通常行われる台に打ちつける工程をしなくても、大きく窯伸びして火通りもよく、風味豊かなパンになります。

1〜2分こねた生地
（または、20回叩きつけた生地）

生地を手前から奥に折り、表面を張るように丸くまとめる。

## 生地を叩きつける場合

生地を両手で頭くらいの高さに持ち上げ、台に叩きつける。これを20回繰り返す。
**POINT**
音に関して住宅事情が許すのであれば、パン生地は作業台にバンバン叩きつけて「鍛える」と、より伸展性が強くなって伸びのよい生地ができ、ふっくらとしてきめ細かいパンに焼き上がります。叩きつける回数は20回。この数を30回にすると、引きは強くなりますが、風味は薄れ、耳がかたくなってしまいます。

# 9

## 生地の状態を確認する

こね上がった生地がかたければ
打ち水をし、
やわらかければ粉を足して調整する。

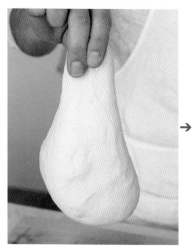

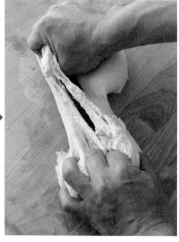

生地の端を持って持ち上げ、5秒ほどでちぎれて落ちるくらいの状態がベスト。なかなか伸びずちぎれない生地はかたく、持ち上げてすぐに落ちてしまう生地はやわらかい。

かたい生地は、指先を水に浸け、その水を生地に移す。やわらかい生地は、粉を少量加える。

生地を半分に折りたたみ、細かく引きちぎる。生地をまとめ、台にすりつけるようにして混ぜる。水が生地になじんだら、表面を張るように丸くまとめる。
**POINT**
生地を細かく引きちぎって表面積を増やすことで、水と生地が混ざりやすくなります。粉を足す場合も同様にします。

# 10

## 生地温をはかる

打ち水後

こね上げた生地の温度をはかる。

ここでは18〜22℃になっていること。
**POINT**
室内の温度により、生地温が23℃を超えないように注意。

# 一次発酵させる

## 11
### 三つ折りにする

生地を約20cm四方に伸ばし、
三つ折りを2回する。

**POINT**
ここで三つ折りにすることで生地の厚さを
均一にし、また外から加えられる力で生地
をさらに鍛えます。

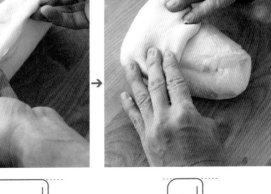

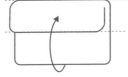

指先に手粉をつけて生地を約20cm四方に伸
ばし、生地の向こう側から1/3を手前に折
りたたみ、手前の1/3を折り重ねて三つ折
りにする。

生地を90度回して縦長に置き、同じ要領で
三つ折りにする。

## 12
### 予備発酵を1時間する

生地の合わせ目を下にして保存容器に入れ、
蓋をして、室温で予備発酵を1時間とる。予
備発酵を終了した生地の温度をはかる。こ
こでは18～22℃になっていること。

**POINT**
室内の温度が高めの場合は、生地温に注意
してください。途中で生地の温度をはかり、
23℃になりそうなときは、1時間経過して
いなくてもすぐに野菜室に入れ、一次発酵
を開始してください。

## 13
### 低温で一次発酵させる

予備発酵が終わった生地を、そのまま冷蔵
庫の野菜室に入れ、6～8時間かけて低温で
ゆっくり発酵させる。

**POINT**
10～12時間かけて長時間発酵させたい場合
は、冷蔵庫内の冷気が直接当たらない場所
に入れます。冷気にさらされて生地の温度
が必要以上に下がると、クラストに泡のよ
うな粒々の気泡ができやすくなります。

生地が容器内の9分目くらいまで膨らめば
発酵は完了。発酵後の生地温は8～10℃に
なっていること。

# 分割する

## 14

### 生地を作業台に出す

容器から生地を取り出す。

**POINT**
2分割する工程のために、保存容器に入った状態で生地の重さをはかり、次に生地を取り出した容器（蓋を含む）の重さをはかって先の数値から引き、生地のみの重さを出します。これを2で割れば、2分割した生地1個当たりの重さが出ます。

保存容器の蓋を開ける。
**POINT**
膨らんだ生地が蓋の裏にくっついている場合があり、勢いよく開けるとその生地を破ってしまいます。蓋は静かに開け、生地がくっついていれば自然とはがれるようにゆっくり持ち上げます。

生地の表面に、茶こしで打ち粉をたっぷり振りかける。

カードに打ち粉をつけ、生地と保存容器の間の隙間に差し込んでぐるっと1周し、生地を容器からはがす。

保存容器を作業台から浮かせて裏返し、生地が自然に作業台の上に落ちるのを待つ。
**POINT**
無理に取り出すと気泡が潰れ、膨らみが悪く、目の詰まった食パンになってしまいます。

## 15

### 生地を2分割する

作業台に出した生地を、カードで2等分にする。

生地の中央縦部分だけに、茶こしで打ち粉を振りかけ、カードでカットラインのあたりをつける。
**POINT**
カットする部分だけに打ち粉をします。

カットラインに沿ってカードで2等分に切る。
**POINT**
目分量で2等分になるように切り分けます。生地はスパッと押し切ります。カードをノコギリのように前後に動かしてしまうと、断面が複雑になり、二次発酵中や焼き上がりに生地がよじれる原因となります。

2分割した生地。
**POINT**
2分割した一方の生地を計量し、14で出した1個当たりの重さになるように、生地を切り取ったり、足したりして調整します。足した生地は、丸めた際に内側に入るように、生地の上面にのせます。

# 16
## 生地を丸める

生地を分割した際の切断面を
内側に折り込むようにして丸める。

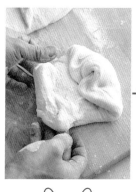

生地を縦長に置き、向こう側の
2つの角を生地の中央に向かっ
て折り込み、軽く押さえる。

手前側の角も同様に折り込む。

中央部の生地を、それぞれ左右
に引っ張って伸ばし、中央に向
かって折り込んで、軽く押さえる。

手前からふんわりと巻き込み、
合わせ目を下にして形を整える。
もう1個の生地も同様に丸める。

# 17
## ベンチタイムを
## 40〜50分とる

乾燥しないように
ポリシートで覆い、
室温で40〜50分休ませる。

40〜50分後

カードを使って、生地を天板の
上に移す。
**POINT**
移動などを考慮して、あれば
バットやトレーなどに移しま
すが、サイズ的には天板でOK。
特別なものを用意する必要はあ
りません。天板には打ち粉をし
たり、油を塗ったりせず、生地
を直接のせます。

乾燥しないようにポリシートで
覆い、室温でベンチタイムを40
〜50分とる。
**POINT**
ポリシートが生地に触れて貼り
つかないように、製菓用カップ
型などを置きます。

ベンチタイム終了。
**POINT**
生地が緩んで、一回り大きくなっ
ていればOK。室温が高めの場合
は、生地温に注意してください。
途中で生地の温度をはかり、12
〜14℃になっていたら、設定時
間が経っていなくても次の作業
に進んでください。

# 成形する

## 18
## ガスを抜く

生地内に溜まったガスを、
手と麺棒で
押すつぶすように抜く。

**POINT**
発酵によって発生した炭酸ガス
や空気を抜き、大きな気泡を小
さくして全体に分散させること
で、グルテンが強化され、イー
ストの活動に必要な新しい空気
が取り込まれ、焼き上がりのき
めも細かくなります。

作業台に茶こしで打ち粉を振る。

生地を合わせ目側が上になるよ
うに作業台に移し、手で中央か
ら外側へと軽く押さえてガスを
抜く。
**POINT**
まず手で大きく膨らんだ気泡を
つぶします。

麺棒に粉(打ち粉・手粉用の強
力粉)をつけ、生地の上を中央
から上、中央から下というよう
に転がし、残っているガスを潰
しながら、長さ20cmくらいの楕
円形に伸ばす。
**POINT**
三つ折りにしたとき、端から生
地が飛び出さず内側に納まるよ
うに、楕円形にします。

## 19
## 三つ折りにする

三つ折りを1回する。

**POINT**
三つ折りの幅が、保存容器の幅より
少し狭くなるように折りたたみます。

手で生地を軽く押さえ、残っているガスを
抜く。

生地を90度回して横長に置く。指先に手粉
をつけて、生地の向こう側から1/3を手前に
折りたたむ。

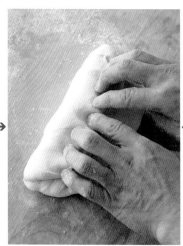
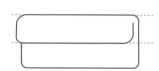

折った生地の合わせ目をしっかり閉じる。

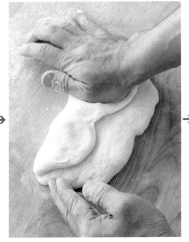

折った部分を手のひらのつけ根でギュッと
押さえる。
**POINT**
厚みが均一になるように押さえ、粗い気泡
が出てくれば潰します。

合わせ目

手前の1/3を折り重ねて三つ折りにし、合わ
せ目を上にして、指でつまむようにして
しっかり閉じる。

大きな気泡を残さないように押さえる。

# 20
## 形を整える

もう一度めん棒をかけて粗い気泡を抜き、
平らにならしながら伸ばす。

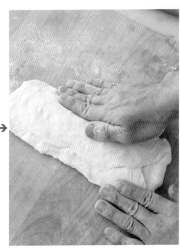

生地を90度回して縦長に置き、粉をつけた
めん棒を転がして長さ25cmくらいに伸ばす。
**POINT**
粗い気泡が出てくれば潰し、厚さを均一に
します。

生地の厚さや気泡の有無を確認する。
**POINT**
めん棒で伸ばした生地の端には細かい気泡
が溜まりやすいので、あれば手のひらで押
して潰します。

# 21

## 生地を巻く

生地をくるくると巻き、
巻き成形の俵形にする。

**POINT**

巻き始めに軸を作ることで、過度な力をかけずにくるくると巻くことができます。また、焼き上がった生地の中央に大きな気泡の穴が残るようなことも少なくなります。

向こう側の角を三角形に折り込む。

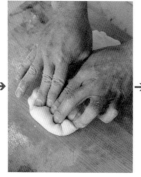

三角形の角を手前に折り込み、合わせ目を指先でしっかり閉じる。折り重ねた生地の部分を手のひらで押さえ平らにする。

**POINT**

この部分が巻き成形の芯になります。

表面が張るように、左右の親指で生地を軽く締めながら、向こう側から手前に向かって転がすように巻く。

巻き終わり。

**POINT**

きつく巻き過ぎると表面の生地が切れたり、発酵に時間がかかったりするので、あまり負荷をかけずに巻いていきます。

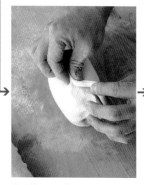

巻き終わりを指でつまんでしっかり閉じる。

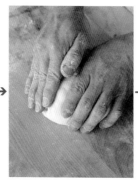

合わせ目を下にして、手のひらで押さえて形を整える。

巻き成形で俵形にした生地。

## 二次発酵させる

# 22
## 型に油を塗る

型に刷毛でオリーブ油を
薄く塗る。
POINT
型離れをよくするために、
オリーブ油を塗ります。

型にオリーブ油を入れ、刷毛で
底面に塗り広げる。

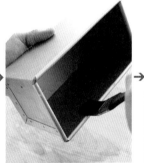

底面の油をそのまま型の側面に
塗り広げる。底から上に向かっ
て塗る。
POINT
刷毛を上から下に向かって動か
すと、底面の角に油が溜まって
しまいます。

角食パンの場合は、蓋にもオ
リーブ油を塗る。

# 23
## 生地を型に入れる

成形した2個の生地を型に入れ
る。

巻き終わりを下にして、生地の
巻きが向かって左側は時計回り
に、右側は反時計回りになるよ
うに型に入れる。

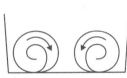

POINT
型内でいっぱいになった生地が
上に向かって伸びるように、生地
の向きは内巻きにして入れます。

生地と生地の間をあけ、生地と
型の側面との間も隙間をあけて
入れる。生地を上から軽く押さ
え、型になじませる。

# 24
## 二次発酵させる

型に入れた生地を、
室温で80～100分かけて
発酵させる。

生地が乾燥しないように型ごと
ポリシートで覆い、室温で80～
100分かけて発酵させる。

80～100分後

POINT
型の高さの8分目（膨
らんだ生地のいちばん
高いところは9分目）
まで膨らめば終了。季
節によって室温が変わ
るので、生地の状態を
確認しながら発酵時間
を調整してください。

二次発酵終了。

# 焼成する <sup>TYPE</sup> I ［角食パン］

## 25
### 型に
### 蓋をする

焼き上がりが四角くなるように、型に蓋をする。

## 26
### 200℃で
### 25〜28分焼く

オーブンは焼成に入る30分ほど前から200℃に予熱しておく。オーブンに入れ、200℃で25〜28分焼く。

**POINT**
焼成時間は、オーブンのクセに合わせて調整してください。

焼き上がった角食パン。

## 27
### 台に打ちつける

オーブンから取り出して蓋をはずし、10cmほどの高さから作業台の上に型ごと1〜2度打ちつける。

**POINT**
台に打ちつけて衝撃を与えることで、生地の内部に充満している水蒸気を外へ放出し、冷めてからパンの側面に起こる腰折れを防ぎます。

## 28
### クーラーで冷ます

型からすぐに取り出す。

**POINT**
型に入れたままにすると、余熱で火が入ってしまいます。さらに、生地内の水蒸気が抜けず、型に接している部分が湿気ってしまいます。

クーラーにのせて、室温で熱が完全に取れるまで冷ます。

## 焼成する <sup>TYPE</sup>2 ［山食パン］

### 25
生地に
霧を吹く

生地の表面に、軽く霧を吹く。
**POINT**
霧吹きを生地から少し離し、斜め
上に向けて1〜2回霧を吹きます。

### 26
200℃で
25〜28分焼く

オーブンは焼成に入る30分ほ
ど前から200℃に予熱しておく。
オーブンに入れ、200℃で25〜
28分焼く。
**POINT**
焼成時間は、オーブンのクセに
合わせて調整してください。

焼き上がった山食パン。

### 27
台に打ちつける

オーブンから取り出したら、10cmほどの高
さから型ごと作業台の上に1〜2度打ちつける。
**POINT**
台に打ちつけて衝撃を与えることで、生地
の内部に充満している水蒸気を外へ放出し、
冷めてからパンの側面に起こる腰折れを防
ぎます。

### 28
クーラーで冷ます

型からすぐに取り出す。
**POINT**
型に入れたままにすると、余熱で火が入っ
てしまいます。さらに、生地内の水蒸気が
抜けず、型に接している部分が湿気ってし
まいます。

クーラーにのせて、室温で熱が完全に取れ
るまで冷ます。

# 型のサイズ

普段スーパーマーケットなどで見かける、大手メーカーの食パンの1斤は、
3斤以上の長細い型で焼いた食パンを切り出した1斤分のため、
1斤型で焼いた1斤とは風味や食感が微妙に変わります。

### [ 正角1斤型 ]

別名キューブ型ともいう。サイコロのように4辺が同じ長さの面で囲まれて、高さが直角に立ち上がっているのが特徴。型の側面から芯までの距離が1斤型より離れているため、生地内の水分が逃げにくく、しっとりと仕上がる。高加水での仕込みの場合、この型は高さが垂直に立ち上がっているため、発酵中や焼き上がり時に生地自体の重みで気泡が潰れることがあるので、時間をかけてしっかり焼成すること。丸め成形か巻き成形で、1〜2山が型への収まりにちょうどよい。正方形の型なので、巻き成形で仕上げた場合、スライスする方向で食感が変わる。巻きの渦に直角に切ると、きめが細かいクラムに。渦に沿って切ると、渦に巻いた気泡を切断することになるのできめが粗くなり、トーストするとザクザクとしたと食感になる。

### [ 1斤型 ]

本書で使用した型。型の側面から芯までの距離が近く、生地が乾きやすいので、適度に加水した生地作りをする。型の高さが高すぎないので、ゆっくり発酵させるタイプの生地も、加水率の高い生地も、生地自体に負担をあまりかけることなく発酵〜焼成できる。同じ1斤でも、正角型と比べて高さがないので、庫内の狭いオーブンでも山食パンを焼くことができるのも利点。丸め成形か巻き成形で、2〜3山が型への収まりにちょうどよい。

＊高さのある型の場合、それだけ生地を膨らませることが必要になるため、ゆっくり発酵タイプや高い加水率のタイプだと、底面部分の生地に負担や荷重がかかり、気泡が潰れやすくなる。また底面が過発酵になりやすい。

### [ 1.5斤型 ]

1斤型をさらに大きくした型。型の側面から芯までの距離が遠いため、生地内の水分を保持したまま焼き上げることができる。生地作りでは過度な加水をすると、目安の発酵時間になっても高さが足りず、高さを出すために長く発酵させると、過発酵状態になってしまうリスクがある。また、保持している水分を生地自体が支えきれず、腰折れが起こりやすくなる。これを防ぐには、オーブンの予熱を十分にして、焼成時間を長めにとり、しっかり焼き上げることが大切。丸め成形か巻き成形で、3〜4山が型への収まりにちょうどよい。

# 2

# 好みの食パンを作る！

「しっとりもちもち」「さっくりふんわり」「こっくりふわふわ」。
ひと口に食パンといえども、使う小麦粉、原材料の配合、発酵方法、焼成法などの違いで、
見た目、香り、味わい、食感は千差万別。
シンプルだからこそ好みがはっきりしている食パンの世界。
自分好みにこだわって作ってみましょう。

TYPE
I

[ もっちり角食パン ]

TYPE
2

[ ハード山食パン ]

TYPE
3

[ ホテルブレッド ]

# LESSON 2 — TYPE I

## もっちり角食パン

# スーパーキング

おいしく炊き上がった白いご飯のように、もっちりとした食感と、しっとりした口触り、
毎日食べても飽きない淡泊な味を目指した食パン。
しなやかで弾力があり、引きがしっかり出て加水も多くできる最強力粉「スーパーキング」を
もっちり食感の柱とし、しっとり感と歯切れのよさを出すために米粉を加えます。
トーストした際にお煎餅のような香ばしさが楽しめます。

**CRUST**

### 濃いめの焼き色と均等な膨らみ

米粉を配合しているため、濃いめの焼き色になります。湯種を加えた生地はやわらかく、腰折れしやすいので、しっかり焼き込むことが大切です。さらに、分割した3つの生地が均等に膨らんでいること。不均等なのは、どこかが生焼けだったり、焼き過ぎになっているのが原因です。

**CRUMB**

### ご飯のような白さときめ細かさ

米粉の色味が出てくるので、炊き上がったご飯のような白さとみずみずしさがあります。気泡は小麦粉のみで作った食パンより細かく、米粉のあっさりとした香りが小麦粉の蒸れ香を抑える働きをします。

湯種

| 材料 (1斤分) | | 分量 | ベーカーズパーセント |
|---|---|---|---|
| 最強力粉　スーパーキング | | 255g | 85% |
| 湯種 | 米粉(グルテンなどが添加されていないもの) | 45g | 15% |
| | 塩(白い海水塩) | 2.4g | 0.8% |
| | グラニュー糖 | 15g | 5% |
| | 熱湯 | 60g | 20% |
| A | 牛乳 | 120g | 40% |
| | 水 | 45g | 15% |

| | 分量 | ベーカーズパーセント |
|---|---|---|
| インスタントドライイースト | 0.9g | 0.3% |
| 塩(白い海水塩) | 3g | 1% |
| バター(食塩不使用) | 12g | 4% |
| 打ち粉・手粉(強力粉) | 各適量 | |
| オリーブ油(型用) | 小さじ1 | |

＊スーパーキングと米粉を合わせた300gを100%としています。

**道具**　「基本の食パン」と同様(p.119参照)。

## 作り方の流れ

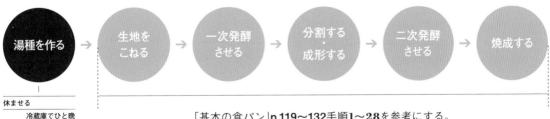

湯種を作る → 生地をこねる → 一次発酵させる → 分割する・成形する → 二次発酵させる → 焼成する

休ませる
冷蔵庫でひと晩

「基本の食パン」p.119〜132手順1〜28を参考にする。
ただし、生地は3分割にする。

# 湯種を作る

## 1
### 前日に湯種を作る

ボウルに米粉、塩、グラニュー糖を入れ、熱湯を注いで泡立て器でしっかり混ぜる。ラップをかけて冷まし、粗熱が取れたら冷蔵庫に入れ、一晩休ませる。
**POINT**
湯種には煮立った湯を使います。高温で米粉をこねて、でんぷんをしっかり糊化することが重要です。湯温が低いと、湯種が柔らかくなり、生地に混ぜづらくなります。冷蔵庫内の冷気が直接当たらない場所に入れます。

全体に湯がかかるように一気に回しかけ、湯の温度が下がらないうちに泡立て器で混ぜ合わせる。生地がまとまってくればよい。こね上がりの温度は60℃が目安。

でき上がったばかりの湯種はぼろぼろとしているが、ひと晩休ませると粉に水分がなじみ、もったりとする。

# 生地をこねる

## 2
### 下準備

・バターは室温に置き、指で押すと凹むくらいのかたさに戻す。夏季はこねているうちにやわらかくなり過ぎるので、冷蔵庫から出した冷たいバターを握りこぶしで叩きつぶしてやわらかくする。
・スーパーキングは一度ふるい、計温する。
・焼成に入る30分前に、オーブンの予熱（200℃）を始める。

## 3-4
### Aを混ぜ合わせる〜水温を確認する

「基本の食パン」
p.119手順2〜3と同様にする。

## 5
### 粉と湯種を混ぜる

4のボウルに粉を加え、冷蔵庫から出した湯種を加え、水分を吸わせるように混ぜる。

1度ふるったスーパーキングを一気に入れる。

湯種を冷たいまま加える。

木べらで生地を底からすくい上げるようにして、水気が見えなくなるまで混ぜる。
**POINT**
粉全体に水分を浸透させ、伸びのよいグルテンの形成を促します。

カードに持ち替え、ボウルの底に沈んだ粉をすくい上げるようにして、練らないように切り混ぜる。粉と水分がムラなく混ざり、粉っぽさがなくなればひとつにまとめる。
**POINT**
ここでは表面をなめらかにする必要はありません。

## 6
### オートリーズを30分とる

生地の上面にイーストを振り、ラップをかけて室温に30分置いて休ませる（オートリーズ）。生地温をはかり、15〜17℃になっていること。
**POINT**
室内の温度によって、生地温が20℃を超えてしまわないように注意してください。超えそうなときは、ボウルの周りを冷やして生地温を調整します。

# 7
## イーストを
## 生地に混ぜ込む

「基本の食パン」
p.121手順6と同じ要領で、
イーストを生地に混ぜ込む。

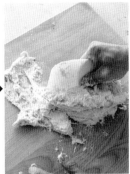

生地の端をつまんで引っ張り上げ、上面にのせたイーストを覆うように折り込む。

軽く打ち粉をした作業台に生地を取り出し、手のひらのつけ根を使って、台にすりつけながら向こうへ押し出すように混ぜる。

5〜6回繰り返し、生地にイーストをムラなく混ぜ込む。指先で生地を四角く広げ、イーストがダマにならず均等に混ざっていることを確認する。
**POINT**
湯種を加えた生地はやわらかいので、手で伸ばし、カードでまとめるように進めるとよい。

# 8-9
## バターと塩を切り混ぜる〜生地をこねる

「基本の食パン」 p.122〜123手順7〜8と同様にする。

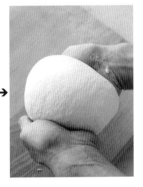

# 10-11
## 生地の状態を確認する〜
## 生地温をはかる

「基本の食パン」
p.124手順9〜10と同様にする。

こね上げた生地

ここでは18〜22℃になっていること。

## 一次発酵させる

### 12-13
### 三つ折りをする〜
### 予備発酵を1時間する

「基本の食パン」**p.125手順11〜12と同様**にする。

### 14
### 低温で
### 一次発酵させる

三つ折りにした生地を合わせ目を下にして保存容器に入れ、蓋をして予備発酵させる。

予備発酵が終わった生地を、そのまま冷蔵庫の野菜室に入れ、6〜8時間かけて低温でゆっくり発酵させる。

生地が容器内の9分目くらいまで膨らめば発酵は完了。発酵後の生地温は8〜10℃になっていること。

## 分割する

### 15
### 生地を作業台に出す

「基本の食パン」**p.126手順14と同様**にする。

**POINT**
3分割する工程のために、保存容器に入った状態で生地の重さをはかり、次に生地を取り出した容器（蓋を含む）の重さをはかって先の数値から引き、生地のみの重さを出しておきます。

保存容器の蓋を開ける。

生地の表面に、茶こしで打ち粉をたっぷり振りかける。

カードに打ち粉をつけ、生地と保存容器の間の隙間に差し込んでぐるっと1周し、生地を容器からはがす。

保存容器を作業台から浮かせて裏返し、生地が自然に作業台の上に落ちるのを待つ。

## 16
### 生地を3分割する

作業台に出した生地を、カードで3等分にする。
**POINT**
**15**で算出した生地の重量を3で割った数値
が、生地1個分の重さになります。

カットの仕方

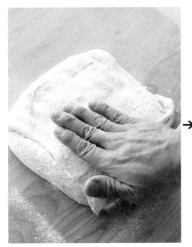

生地の上面に茶こしで打ち粉を振りかけ、
手のひらで生地を軽く押さえ、厚さを均一
にする。

カードで生地上面にカットラインのあたり
をつけてから、3等分に切る。
**POINT**
生地はスパッスパッと押し切ります。

生地を丸めやすいように、四角形に近い形
に切り分ける。
**POINT**
目分量で3等分になるように切り分けます。

生地の重さをはかり、3個がほぼ同じ重さ
（約180g）になるように調整する。
**POINT**
生地を切り取ったり、足したりして調整し
ます。足した生地は、丸めた際に内側に入
るように、生地の上面にのせます。

## 17
### 生地を
### 丸める

「基本の食パン」p.127
手順**16**を参照する。

生地の形を整え、縁を上面に折
り込むようにしてまとめる。

合わせ目を下にして、表面を張
るようにしてふんわりと丸める。
残り2個の生地も同様に丸める。

# 成形する

## 18
### ベンチタイムを40〜50分とる

「基本の食パン」p.127手順17と同様にする。

## 19
### ガスを抜く

「基本の食パン」p.128手順18と同様にする。

## 20-22
### 三つ折りにする〜形を整える〜生地を巻く

「基本の食パン」p.128〜130手順19〜21と同様にする。

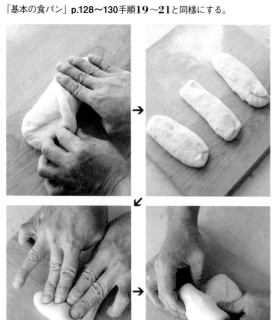

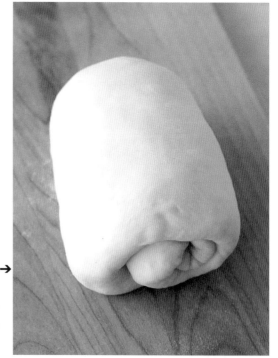

# 二次発酵させる

## 23
### 型に油を塗る

「基本の食パン」
p.131手順22と同様にする。

## 24
### 生地を型に入れる

成形した3個の生地を
型に入れる。

最初に俵形にした生地

**POINT**
成形の際いちばん最初に巻いて
俵形に成形した生地を、中央に入
れます。

巻き終わりを下にして、生地の
巻きが向かって左側は時計回り
に、右側は反時計回りになるよ
うに、中央の生地は好みの向き
で入れる。

生地を上から軽く押さえ、型に
なじませる。

## 25
### 二次発酵させる

型に入れた生地を、
室温で80〜100分かけて
発酵させる。

生地が乾燥しないように型ごと
ポリシートで覆い、室温で80〜
100分かけて発酵させる。

二次発酵終了。

**POINT**
型の高さの8分目(膨
らんだ生地のいちば
ん高いところは9分
目)まで膨らめば終
了です。季節によっ
て室温が変わるので、
生地の状態を確認し
ながら発酵時間を調
整してください。

# 焼成する

## 26-29
### 型に蓋をする〜
### 200℃で
### 25〜28分焼く〜
### 台に打ちつける〜
### クーラーで冷ます

「基本の食パン」
p.132手順25〜28と同様にする。

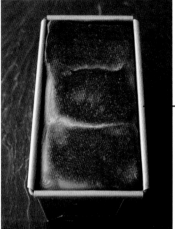

焼き上がりが四角くなるように、
型に蓋をする。

焼成に入る30分程前から200℃に予熱して
おいたオーブンに入れ、25〜28分焼く。

**POINT**
焼成時間は、オーブ
ンのクセに合わせて
調整してください。

蓋を外し、10cmほど
の高さから作業台の
上に型ごと1〜2度
打ちつけ、型からす
ぐに取り出してクー
ラーにのせて冷ます。

143

TYPE

# 2 ハード山食パン

# ミナミノカオリ

噛みしめると粉の旨味が広がる、フランスパンのようなリーンなハード系食パン。
香り豊かな九州産強力粉「ミナミノカオリ」と全粒粉を使い、
水と合わせた状態でひと晩発酵させるポーリッシュ法で、不安定な発酵力を安定させ、
リーンな生地でも窯伸びのよい、ふっくらと膨らむ山食パンに仕上げます。

**CRUST**

### ひび割れと薄めの焼き色

つやのある上面にはヒビが入っています。焼き上がりにパチパチと皮が弾ける音がして、冷めていくうちにヒビ割れができるのは、すべての工程が順調に進んだ証です。配合する糖分が少ないので、焼き色は薄め。色濃くなるまで焼くと小麦や発酵のよい香りが抜けてしまうので、焼き過ぎには注意します。

**CRUMB**

### しっとりとして、きめは粗め

ほどよくしっとりしてきめは粗め、ハード系特有のコシがあります。全粒粉を配合すると、常在菌の影響で発酵速度が少々早まるので、発酵の見極めを誤ると生地の上部に気泡が溜まり、焼き上がりに大きな穴ができてしまいます。生地が順調に発酵しているかを適宜確認し、発酵不足、発酵過多に注意してください。

ポーリッシュ種

| 材料 (1斤分) | 分量 | ベーカーズパーセント |
|---|---|---|
| 強力粉　ミナミノカオリ | 150g | 50% |
| ポーリッシュ種 | | |
| 　九州産強力粉　ミナミノカオリ | 75g | 25% |
| 　全粒粉(製パン用) | 45g | 15% |
| 　グラハム粉 | 30g | 10% |
| 　塩(岩塩) | 2.7g | 0.9% |
| 　インスタントドライイースト | 0.3g | 0.1% |
| 　水 | 150g | 50% |

＊ミナミノカオリ、全粒粉、グラハム粉を合わせた
　300gを100%としています。
＊エビアンなら水全量を置き換える。

| | | 分量 | ベーカーズパーセント |
|---|---|---|---|
| **A** | モルトエキス | 1.5g | 0.5% |
| | グラニュー糖 | 18g | 6% |
| | 水* | 45g | 15% |
| | (コントレックス) | (24g) | (8%) |
| | (水道水) | (21g) | (7%) |
| | インスタントドライイースト | 0.6g | 0.2% |
| | 塩(岩塩) | 3g | 1% |
| | ショートニング | 9g | 3% |
| | 打ち粉・手粉(強力粉) | | 各適量 |
| | オリーブ油(型用) | | 小さじ1 |

**道具**　「基本の食パン」と同様(p.119参照)。

## 作り方の流れ

ポーリッシュ種を作る → 生地をこねる → 一次発酵させる → 分割する・成形する → 二次発酵させる → 焼成する

発酵　室温で3時間
休ませる
　　　冷蔵庫でひと晩

「基本の食パン」p.119〜131、133手順1〜28を参照にする。
ただし、生地は3分割にする。

# ポーリッシュ種を作る

## 1

### 前日にポーリッシュ種を作る

ポーリッシュ種の材料を混ぜ、
密閉容器に入れて
室温で3時間かけて発酵させ、
冷蔵庫に移してひと晩休ませる。

**POINT**

ポーリッシュ種は、使用する小麦粉と同量の粉（強力粉＋全粒粉＋グラハム粉）と水、少量のイーストと塩を合わせて作ります。室温で発酵させた後、冷蔵庫で長時間休ませることで、生地の伸びがよくなり、小麦粉の風味も最大限に引き出すことができます。さらに、外皮ごと製粉するため硬い部分のある全粒粉を長時間水に浸けて芯までやわらかくする工程でもあります。

ボウルに粉類を入れて分量の水を加え、木べらで粉っぽさがなくなるまで混ぜる。

**POINT**

この段階で塩を加えて、発酵力の強い全粒粉、グラハム粉の発酵の過度な進行を抑制します。

ペースト状の種を保存容器に移し、蓋をして室温で3時間かけて発酵させる。気泡が確認できれば発酵している。そのまま冷蔵庫へ入れ、一晩休ませる。

**POINT**

冷蔵庫内の冷気が直接当たらない場所に入れます。

# 生地をこねる

## 2

### 下準備

・ミナミノカオリは
　一度ふるい、計温する。
・焼成に入る30分前に、
　オーブンの予熱
　（200℃）を始める。

## 3

### Aを混ぜ合わせる

水にモルトとグラニュー糖を
混ぜ溶かす。

**POINT**

イーストの働きを促すモルトとグラニュー糖を水に溶き混ぜます。

**POINT**

粘度の強いモルトは、あらかじめ水に溶いておきます。泡立て器を使うとワイヤーに絡まって混ぜづらく、指を使うと手早くなじみます。

ボウルの底にモルトを塗りつけるように入れ、水（コントレックス＋水道水）を加え、指先で混ぜて溶き伸ばす。

グラニュー糖を加え、泡立て器で溶き混ぜる。

## 4

### 水温を確認する

温度計で**3**の水温をはかり、適温（p.108「水の調温」参照）になっているか確認する。

## 5

### 粉とポーリッシュ種を混ぜる

**4**のボウルに
冷蔵庫から出した
ポーリッシュ種を加え、
粉を加えて
水分を吸わせるように混ぜる。

冷蔵庫から出したポーリッシュ種を、冷たいまま入れる。

1度ふるったミナミノカオリを一気に入れる。

木べらで底からすくい上げるようにして、水気が見えなくなるまで混ぜ、カードに持ち替えて、練らないように切り混ぜる。ムラなく混ざり、粉っぽさがなくなればひとつにまとめる。

# 6-7
## オートリーズを30分とる〜イーストを生地に混ぜ込む

「基本の食パン」p.120〜121手順5〜6と同じ要領で、イーストを生地に混ぜ込む。

イーストを生地の上に振る。

ラップをかけて室温に30分置いて休ませる（オートリーズ）。生地温が15〜17℃になっていること。

生地の端をつまんで引っ張り上げ、上面にのせたイーストを覆うように折り込む。

ポーリッシュ種を加えた生地は柔らかいので、手で伸ばし、カードでまとめるように進めるとよい。

# 8-9
## ショートニングと塩を切り混ぜる〜
## 生地をこねる

「基本の食パン」p.122〜123手順7〜8と同じ要領で、イーストを生地に混ぜ込む。ただし、バターではなくショートニングを使う。

# 10-11
## 生地の状態を確認する〜
## 生地温をはかる

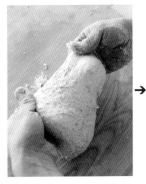

「基本の食パン」p.124手順9〜10と同様にする。

# 一次発酵させる

# 12-14
## 三つ折りをする〜
## 予備発酵を
## 1時間する〜
## 低温で
## 一次発酵させる

「基本の食パン」
p.125手順11〜13と同様にする。

三つ折りにした生地を合わせ目を下にして保存容器に入れ、蓋をして予備発酵させる。

予備発酵が終わった生地を冷蔵庫の野菜室に入れ、6〜8時間かけて低温で一次発酵させる。

発酵後の生地温は8〜10℃になっていること。

# 分割する

## 15
### 生地を作業台に出す

「基本の食パン」
p.126手順14と同様にする。

**POINT**
3分割する工程のために、保存容器に入った状態で生地の重さをはかり、次に生地を取り出した容器（蓋を含む）の重さをはかって先の数値から引き、生地のみの重さを出しておきます。

## 16
### 生地を3分割する

作業台に出した生地を、カードで3つに分ける。

**POINT**
型に入れたときに中央になる生地は、左右の生地より10〜15gほど多く分割します。同量にすると、二次発酵中に両側から押され、状況によっては左右の生地が覆い被さるように膨らみ、中央が沈んで焼き上がってしまいます。左右の生地より大きければ、これを防ぐことができます。

カットの仕方

生地の上面に茶こしで打ち粉を振りかけ、手のひらで生地を軽く押さえ、厚さを均一にし、カードで3分割する。生地を丸めやすいように、四角形に近い形に切り分ける。

生地の重さをはかり、中央の生地が10〜15g多くなるように調整する。

**POINT**
生地を切り取ったり、足したりして調整します。足した生地は、丸めた際に内側に入るように、生地の上面にのせます。

## 17
### 生地を丸める

「基本の食パン」
p.127手順16を参照する。

## 18
### ベンチタイムを40〜50分とる

「基本の食パン」
p.127手順17と同様にする。

# 成形する

## 19
### ガスを抜く

「基本の食パン」
p.128手順18と同様にする。

## 20-22
### 三つ折りにする〜形を整える〜生地を巻く

「基本の食パン」
p.128〜130手順19〜21と同様にする。

**POINT**
生地は成形している間も少しずつ発酵しています。3個の生地が均一に膨らみ、きれいな山形になるように、生地量の多い中央に入れる生地から成形します。

# 二次発酵させる

## 23
### 型に油を塗る

「基本の食パン」
p.131手順22と同様にする。

## 24
### 生地を型に入れる

成形した3個の生地を
型に入れる。

大

**POINT**
生地量が多く、いちばん最初に
成形した生地を中央に入れます。

巻き終わりを下にして、生地の
巻きが向かって左側は時計回り
に、右側は反時計回りになるよ
うに、中央の生地は好みの向き
で入れる。

生地を上から軽く押さえ、型に
なじませる。

## 25
### 二次発酵させる

型に入れた生地を、
室温で80〜100分かけて
発酵させる。

生地が乾燥しないように型ごと
ポリシートで覆い、室温で80〜
100分かけて発酵させる。

二次発酵終了。

**POINT**
型の高さの8分目(膨
らんだ生地のいちばん
高いところは9分目)
まで膨らめば終了です。
季節によって室温が
変わるので、生地の
状態を確認しながら
発酵時間を調整して
ください。

# 焼成する

## 26-29
### 生地に霧を吹く〜
### 200度で
### 25〜28分焼く〜
### 台に打ちつける〜
### クーラーで冷ます

「基本の食パン」
p.133手順25〜28と同様にする。

熱源に近い上面が焦げないよう
に、軽く霧を吹く。

焼成に入る30分程前から200℃に予熱した
オーブンに入れ、25〜28分焼く。

**POINT**
焼成時間は、オーブ
ンのクセに合わせて
調整してください。

10cmほどの高さから
作業台の上に型ごと1
〜2度打ちつけ、型か
らすぐに取り出して
クーラーにのせて冷
ます。

TYPE

3 ホテルブレッド

# メルベイユ＆タイプ ER

バターも卵もたっぷり、生クリームにアーモンドパウダーも加えた、ほんのり甘いリッチな食パン。
引きが少なくふんわりとした食感に仕上げるため、メインの粉はフランス産準強力粉「メルベイユ」を使用。
さらにアーモンドパウダーを少量加え、そのまま食べても、トーストしても贅沢な味と香りが維持できる配合にしました。
リッチな生地で作る食パンのような大型パンは低温で焼成しますが、
中心部に火が入りにくいので、時間をかけてじっくり焼き上げます。

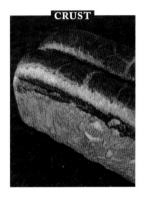
**CRUST**

### 濃いめの焼き色と均等の膨らみ

低温で時間をかけて焼き上げるため、焼き色は濃いめになります。さらに、ドリュールを塗るので、上面にはツヤツヤとした光沢があります。縦2列の成形は片方の生地に寄りかかって発酵しやすく、形がいびつになります。きれいな膨らみを作るには、2つの生地を均一に分割し、均等に成形することが大切です。

**CRUMB**

### 厚めの耳と気泡の流れ

耳は厚く、2mmほどになります。生地を型に縦方向で入れるため、断面には渦巻き状の気泡の流れと縦方向への膨らみが確認できます。成形が不均等だと、左右の生地の気泡のサイズと流れが不揃いになります。生地を触るとバターのしっとり感があり、コシは弱めですがやわらかい弾力があります。

### 材料 (1斤分)

| 材料 | 分量 | ベーカーズパーセント |
|---|---|---|
| 準強力粉 メルベイユ | 210g | 70% |
| 準強力粉 タイプER | 90g | 30% |
| アーモンドパウダー | 15g | 5% |
| A グラニュー糖 | 36g | 12% |
| 全卵 | 53〜55g(1個分) | 約18% |
| 卵黄 | 18〜20g(1個分) | 約6.5% |
| 牛乳 | 96g | 32% |
| 生クリーム（乳脂肪分40%） | 48g | 16% |
| インスタントドライイースト（耐糖性タイプ） | 0.9g | 0.3% |

| 材料 | 分量 | ベーカーズパーセント |
|---|---|---|
| 塩（海水塩） | 4.5g | 1.5% |
| 発酵バター（食塩不使用） | 75g | 25% |
| 打ち粉・手粉（準強力粉） | 各適量 | |
| オリーブ油（型用） | 小さじ1 | |

**ドリュール**

| | 分量 |
|---|---|
| 全卵 | 53〜55g(1個分) |
| 牛乳 | 20g |
| 塩 | ひとつまみ |

**道具** 「基本の食パン」と同様(p.119 参照)。

## 作り方の流れ

**生地をこねる** → **一次発酵させる** → **分割する・成形する** → **二次発酵させる** → **焼成する**

**生地をこねる**

「基本の食パン」p.119〜124 手順2〜10と同様にする。ただし、Aの材料は材料表の表記順に混ぜ合わせ、バターは冷たいものを使う。

**一次発酵させる**

| | |
|---|---|
| ベンチタイム | 15分 |
| 予備発酵 | 1時間 |
| | (生地温18〜22℃) |

一次発酵／
冷蔵庫の野菜室で6〜8時間
(生地温8〜10℃)

**分割する・成形する**

| | |
|---|---|
| 分割 | 2分割 |
| ベンチタイム | 40〜50分 |
| | (生地温12〜14℃) |

**二次発酵させる**

二次発酵 室温で80〜100分

**焼成する**

| | |
|---|---|
| オーブン予熱 | 190℃ |
| 焼成 | 190℃ 20分 |
| | 180℃ 10〜13分 |

# 生地をこねる

## 1
### 下準備

・メルベイユとタイプERを合わせて一度ふるい、計量する。
・焼成に入る30分前に、オーブンの予熱（190℃）を始める。

## 2-3
### Aを混ぜ合わせる〜水温を確認する

「基本の食パン」
p.119手順2〜3と同様にする。

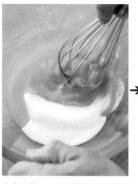

泡立て器でAを材料表の記載順に混ぜ合わせる。

グラニュー糖が溶けたら、温度計で水温をはかり、適温（p.108「水の調温」参照）になっていることを確認する。

## 4-5
### 粉を混ぜる〜オートリーズを30分とる

「基本の食パン」
p.120手順4〜5と同様にする。

3に1度ふるったメルベイユとタイプERを一気に入れ、アーモンドパウダーを加える。

粉と水分がムラなく混ざり、粉っぽさがなくなればひとつにまとめる。

イーストを振りかけ、ラップをかけて30分休ませる（オートリーズ）。終了したら、生地温をはかる。15〜17℃になっていること。

## 6
### イーストを生地に混ぜ込む

「基本の食パン」p.121手順6と同様にする。

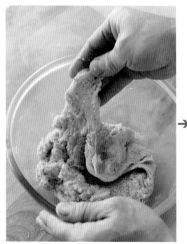

生地でイーストを覆うように折り込む。

打ち粉をした台に取り出し、すり混ぜる。

生地がやわらかいので、カードでまとめる。

## 7-10

### バターと塩を切り混ぜる〜生地をこねる〜
### 生地の状態を確認する〜生地温をはかる

「基本の食パン」p.122〜124手順7〜10と同様にする。

**POINT**
バターは冷たい状態で握りこぶしで叩いて伸ばし、指がスッと入るくらいのやわらかさにしてのせます。

こね上げた生地。温度計でこね上げ温度をはかり、18〜22℃になっていることを確認する。

# 一次発酵させる

## 11
### ベンチタイムを
### 15分とる

生地を合わせ目を下にしてボウルに戻し入れ、ラップをかけて室温でベンチタイムを15分とる。

ベンチタイムを終了した生地。

## 12
### 生地を
### 作業台に出す

生地の表面に茶こしで打ち粉を振り、カードで生地をボウルからはがす。ボウルを逆さにして、生地が自然に作業台に落ちるのを待つ。

打ち粉をつけたカードを生地とボウルの隙間に差し込んでぐるっと1周し、生地をボウルからはがす。

## 13
### 生地を丸める

四方から生地を寄せて丸める。

 → 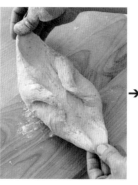 →

生地の左右を引っ張って伸ばし、中央に向かって折り込んで軽く押さえる。

上下の生地も同様に折り込む。

生地を四方から寄せてまとめ、合わせ目をつまんでしっかり閉じる。生地を裏返し、表面を張るようにして丸く形を整える。

## 14-15
### 予備発酵させる〜
### 低温で
### 一次発酵させる

「基本の食パン」
**p.125手順12〜13と同様にする。**

 →  →

生地を合わせ目を下にして保存容器に入れ、上から軽く押さえる。蓋をして室温で1時間予備発酵させる。予備発酵を終了した生地温は18〜22℃になっていること。

予備発酵が終わった生地をそのまま冷蔵庫の野菜室に入れ、6〜8時間かけて低温でゆっくり発酵させる。

一次発酵終了。発酵後の生地温は8〜10℃になっていること。
**POINT**
この生地はあまり膨らみません。容器内の8分目くらいまで膨らめば発酵は完了です。

## 分割する

## 16-17
### 生地を
### 作業台に出す〜
### 生地を2分割する

「基本の食パン」
**p.126手順14〜15と同様にする。**

 →  →

生地の表面に茶こしで打ち粉を振ってカードで生地を容器からはがし、容器を逆さにして自然に作業台の上に落ちるのを待つ。

手のひらで軽く押さえて厚さを均一にする。

カードで2等分に切る。
**POINT**
生地を何度も切ったり足したりしないように、できるだけ手数少なく2分割します。

## 18
### ベンチタイムを40～50分とる

乾燥しないように
ポリシートで覆い、
室温で40～50分休ませる。
**POINT**
冷蔵庫での一次発酵後の生地は、バターや糖分の配合量が多いため固く締まっています。これを40～50分かけて室温に戻し、やわらかい生地にします。折り込んだり丸めたりしないのは、平らで薄い方が均一に戻せるから。丸めたりすると外側と中心部の生地温に差ができてしまい、成形、二次発酵が均一に進まなくなります。

分割した生地を手のひらで軽く押さえて平らにし、厚さを均一にする。

カードを使って天板に移し、乾燥しないようにポリシートで覆い、室温でベンチタイムを40～50分とる。
**POINT**
ポリシートが生地に貼りつかないように注意してください。

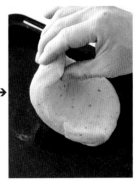

ベンチタイム終了。
**POINT**
手でふにゃりと曲がるくらいの柔らかさになればOKです。途中で生地の温度をはかり、12～14℃になっていたら、設定時間が経っていなくても次の作業に進んでください。

## 成形する

## 19
### ガスを抜く

「基本の食パン」
**p.128手順18**と同様にする。

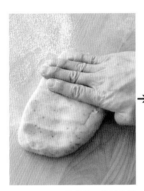

打ち粉をした作業台に生地を置き、手で中央から外側へと軽く押さえてガスを抜く。

粉をつけためん棒を転がし、粗い気泡を抜きながら厚さを均一にし、長さ15cmくらいの楕円形に伸ばす。

## 20
### 生地を折り込む

生地を横長に置き、
上側と下側の生地が
中央で1cmほど重なるように
折り込む。

生地を横長に置く。向こう側から1/4強を手前に折り込み、折った生地の部分を手のひらで押さえてとめる。

手前側の1/4強を中央部で1cmほど重なるように折り込む。折った生地の部分を手のひらで押さえてとめる。

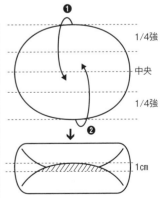

# 21
## 形を整える

麺棒をかけて粗い気泡を抜き、厚さを均一にする。

麺棒に打ち粉をつけて横長に置いた生地の上を転がし、厚さを均一にする。

生地を90度回してめん棒をかけ、18cm四方に伸ばす。

# 22
## 生地を巻く

生地を筒状に巻く。

巻き始めは、向こう側を1cmほど折るようにして一巻きする。
**POINT**
この部分が巻き成形の芯になります。

生地の端を持ち上げて、左の親指を差し込んで生地を内側へ軽く押し込みながら手前に折り込むようにして巻き、巻いた生地の端を手のひらのつけ根で押さえて閉じる。

手前の端まで同じ要領で巻く。

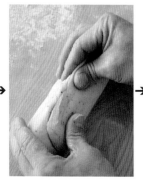

合わせ目を上にし、指でつまんでしっかり閉じる。

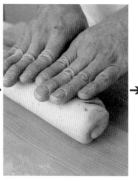

生地の中央に両手の指を置き、左右両端に向かって動かしながら転がして長さ20cmの筒状に形を整える。

巻き成形で筒状にした生地。

# 二次発酵
させる

## 23
### 型に油を塗る

「基本の食パン」
**p.131手順22**と同様にする。

型にオリーブ油を入れ、刷毛で
底面に塗り広げる。

底面の油を側面に塗り広げる。
底から上に向かって塗る。

## 24
### 生地を
### 型に入れる

成形した2つの生地を
型に入れる。

生地の巻きがハの字になる向き
で型に入れる。

**POINT**
型内に隙間ができないように、
巻きの向きは、向かって左側の
生地は時計回り、右側の生地は
反時計回りになるように入れます。

巻き終わりを下にして、型に対
して縦方向に入れる。

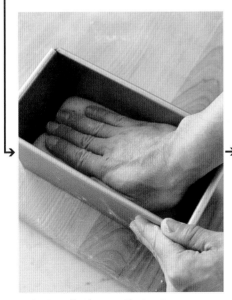

生地を上から軽く押さえ、型になじませる。

型に入れた生地。

**POINT**
型に縦方向で入れた生地は、
横方向で入れた場合と比べ
て二次発酵や焼成時に型か
ら浮きやすくなります。そ
れを防ぐために、手で押さ
えて型に密着させます。

## 25
### 二次発酵させる

型に入れた生地を、
室温で80〜100分かけて
発酵させる。

生地が乾燥しないように型ごと
ポリシートで覆い、室温で80〜
100分かけて発酵させる。

二次発酵終了。

**POINT**
型の高さの7分目ま
で膨らめば終了です。
季節によって室温が
変わるので、生地の
状態を確認しながら
発酵時間を調整して
ください。

## 焼成する

## 26
### ドリュールを塗る

ドリュールの材料を
よく混ぜ合わせ、一度こす。
これを生地の表面に
刷毛で薄く塗る。
**POINT**
ドリュールは、生地の溝に溜
まって液だれするほどは塗らな
いように。また、型の側面にも
つけないように注意してくださ
い。窯伸びの邪魔をしたり、先
に焦げてパンに焦げ臭がついて
しまいます。

## 27
### 190℃で20分、
### 180℃で
### 10〜13分焼く

焼成に入る30分ほど前から
190℃に予熱しておいた
オーブンに入れて
20分焼き、
焼成温度の設定を
180℃に下げて、
さらに10〜13分焼く。
**POINT**
180℃に下げてからの焼
成時間は、オーブンのク
セに合わせて調整してく
ださい。

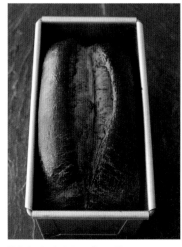

焼き上がったホテルブレッド。

## 28-29
### 台に打ちつける〜
### クーラーで冷ます

「基本の食パン」
**p.133手順27〜28**と同様にする。

オーブンから取り出したら、作
業台の上に10cmほどの高さから
型ごと1〜2度打ちつける。

型からすぐに取り出し、クー
ラーにのせて、室温で熱が完全
に取れるまで冷ます。

## "耳"を好みの厚さに焼く

おいしい食パンは"耳"もおいしいものです。
このパンの耳、白いご飯と同じように、ひとりひとりに「コレが好き!」という
こだわりの厚さと食感があるように思います。
家庭で作る食パンだからこそ、耳まで好みになるように工夫してみるのも楽しいです。

| [ 薄い耳 ] | [ 通常の耳 ] | [ 厚い耳 ] |
|---|---|---|
| 厚さ1mm未満 | 厚さ1～1.2mm | 厚さ1.2～1.5mm |

[ 薄い耳 ]

焼成温度と時間
210℃20分→180℃15分

工程
高温で焼き始めて一気に耳を作り、
その後、焼成温度を落として
生地内の水分をできるだけ逃さないように
じっくり焼く。

特徴
薄い耳は焼成後に腰折れしやすいが、
クラストとクラムの一体感と、
しっとりした食感が楽しめる。

[ 通常の耳 ]

焼成温度と時間
200℃25～28分

工程
本書の基本となる、おすすめの焼き方。

特徴
特有の引きの強さと、パリパリ、
ザクザクッとした歯応えが楽しめる。

[ 厚い耳 ]

焼成温度と時間
200℃25分→190℃10分

工程
「基本の食パン」とほぼ同様に進め、
最後に焼成温度を落として、
耳周辺の水分を完全に飛ばすイメージで
焼き上げる。

特徴
基本の生地よりも、ハード食パンや
準強力粉を使用する食パンにおすすめの厚さ。
パリッとかたい耳になるので、
薄めにスライスして軽くトーストすると
おいしさが引き立つ。

# 粉を知る、粉を選ぶ

好みの食パンを作るには、どのような小麦粉を選べばよいか。
そして、選んだ小麦粉の持ち味を生かすにはどうすればよいか。そのヒントを探す粉比べ。
製菓材料店で入手できる小麦粉に、少量の糖類と油脂を加えた配合で焼き上げた食パンの特徴を紹介します。

## 基準となる配合 (ワンローフ山食パン1斤分)

| | 分量 | ベーカーズ パーセント |
|---|---|---|
| 小麦粉 | 300g | 100% |
| 水 | | 推奨加水率 |
| インスタント ドライイースト | 1.2g | 0.4% |
| 塩(海水塩) | 6g | 2% |
| バター(食塩不使用) | 9g | 3% |

＊小麦粉の性質によって吸水率が異なるので、各粉の推奨加水率を確認してください。

＊「北海道産準強力粉タイプER」は、ブレンド用として使うため、この項に加えていません。

＊粉の比較は著者個人の感想です。

**VOICE**

ここでは、それぞれの小麦粉に推奨の加水量(%)を入れましたが、たんぱく質と灰分の含有量の表記はしていません。その理由は以下の通り。

たんぱく質の含有量は、そのまま読んでもグルテンの量とイコールとはならないため、加水量の指標にはなりにくい。灰分は外皮や胚芽部分に含まれるミネラル分を指しますが、これを見て自分の好みの粉か、自分に合う粉かなどを考えているのは、プロかプロを目指す方くらいではないかと思うのです。さらに、灰分が高いと二次発酵の際に生地がダレやすくなりますが、これは30℃以上で1時間ほど発酵させる食パンや、高さを求めるパンの仕上がりに影響が出てくることで、今回の作業工程では室温で二次発酵をさせるため、それほど心配することではないと思っています。

数値よりも、数値では表せない部分。黄色い粉は甘みがあってうまみも強く、もっちりとして香りも甘く焼き上がるが、香ばしさは乏しい。灰色に近い粉は、小麦の香ばしさと複雑な雑味があり、力強くてうまみも濃く、みずみずしいが、甘みは薄い。この2つの間にあるのが白い粉。といったような、見た目で判断できる、ざっくりとしたベクトルを知っていた方が役に立つかな、と思っています。

## 強力粉
### (国産小麦)

### はるゆたか

| 推奨加水率 | 67% |
|---|---|

北海道産小麦を使用。クラムはふんわりしっとりとし、国産小麦粉ならではのもっちりとした食感はあるものの、引きは強すぎず、ソフト感のある食パンになる。窯伸びはそこそこだが、焼きたてやトースト時の小麦らしい香ばしい香りは強く、バランスのよい食パンに仕上がる。

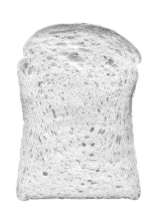

### キタノカオリ

| 推奨加水率 | 70% |
|---|---|

北海道産小麦を使用。クラストはカリッとかために焼き上がり、焼き菓子のような甘い香りが特徴で、うまみが強い。クラムはトップクラスのもっちり感がある。国産小麦粉としてはたんぱく質含有量が多く、発酵のピークタイムも長いので、国産の気難しさがなく、扱いやすい。こねているときは、粘土のようなややかたい感触がある。窯伸びはよい。

### テリア特号

| 推奨加水率 | 56% |
|---|---|

岩手県産南部小麦を使用。小麦らしい風味とうまみがあり、後味はすっきりとしている。たんぱく質含有量は少ないが、ゆっくりと時間をかけて水和させると、小麦の香ばしさとうまみを引き出すことができる。シンプルでリーンな配合、油脂たっぷりのリッチな配合、両極の生地作りに向いている。

## ミナミノカオリ

推奨加水率　　　　67%

九州産小麦を使用。クラストは軽めでサクッと焼き上がり、クラムはやわらかくふんわりと焼き上がる。小麦の香ばしさが際立ち、ほんのり甘くすっきりとした後味が特徴。全粒粉のカンパーニュなど香ばしいリーンなパンを好む方におすすめ。窯伸びはよく、サックリとした歯切れとソフトな食感のパンに仕上がる。

## ゆめかおり

推奨加水率　　　　66%

長野県産小麦を石臼で製粉。石臼挽きならではの灰色の粉で、小麦の深い風味とどっしりとした食味が特徴。配合率100%にすると個性が突出し過ぎるため、ベースとなる粉に10〜30%ほど混ぜて使うのがおすすめ。たんぱく質含有量の少ない国産小麦粉は吸水率が低く生地がベタつくため、手早い作業が求められる。窯伸びは弱い。

## ゆめちから

推奨加水率　　　　72%

北海道産小麦を使用。国産小麦粉の中では断トツにたんぱく質含有量が多く、引きやもっちりとした食感が強く感じられる。食味はあっさりとしていて、どんな料理にも寄り添い、毎日飽きずに食べられる食パンといえる。生地は粘土のようにややかためにこね上がるので扱いやすく、外国小麦に劣らないボリューム感が出る。

## ゆきちから

推奨加水率　　　　72%

岩手県産小麦を使用。小麦らしい香ばしい香りと、みずみずしい味が特徴。クラストはパリッとして軽い食感。クラムは白くふんわりと焼き上がり、粘りは少なくあっさりした食味。白いご飯で言えば、おかずを引き立てるササニシキのような感じで、食べ飽きしない食パンに仕上がる。

## ハナマンテン

推奨加水率　　　　60%

長野県産小麦を使用。うまみが強く、焼きたての甘い香りが特徴。発酵のピークタイムが短く、最適なタイミングを見極めにくい。発酵を切り上げるタイミングが悪いと、焼き色がつきにくい生地になってしまう。工程を少し早めに進めるように気をつける。

## コンチェルト

推奨加水率　　　　62%

北海道産小麦をブレンドして使用。少し黄色みがかった粉色で、クラストはカリッと香ばしく、クラムはもっちりとした食感に焼き上がる。加水率は低めだが、リーンな配合でもリッチな配合でも作りやすく扱いやすい粉。

## 最強力粉
### （外国産小麦）

### スーパーキング

| 推奨加水率 | 75% |
|---|---|

カナダ・アメリカ産を主体とする小麦を使用。たんぱく質含有量がとても多く、窯伸びに非常に優れ、よく膨らんでボリュームが出るので、角食パンよりは山食パンに向いている。ふんわりとして適度な弾力があり、味わいはあっさりしている。全粒粉などたんぱく質含有量の低い個性的な粉と合わせると、その持ち味を引き立てる働きをする。

## 強力粉
### （外国産小麦）

### スーパーカメリア

| 推奨加水率 | 73% |
|---|---|

カナダ・アメリカ産を主体とする小麦粉を使用。クラムは小麦粉の中でも抜きん出たきめの細かさ。ふんわりしっとりして口溶けのよい、真っ白いパンに仕上がる。クラストは軽くサクサクとした食感。窯伸びはよい。

### レジャンデール

| 推奨加水率 | 66% |
|---|---|

カナダ・アメリカ産を主体とする小麦を使用。灰分が多いため、全粒粉のような香りとうまみが特徴。一次発酵後の分割・成形で生地が少しべたつくので、丁寧に作業するとよい。風味のあっさりした粉に10〜30%混ぜて使ってもよい。

### ベルムーラン

| 推奨加水率 | 72% |
|---|---|

カナダ・アメリカ産を主体とする小麦を使用。クラストはカリッと香ばしく、クラムはしっとりもちっとして、小麦のうまみ、甘みが感じられる。吸水性がよいので、打ち水の必要性があまりなく、初心者にも無理なくおいしい食パンが焼ける。

### フェリーチェ

| 推奨加水率 | 65% |
|---|---|

カナダ・アメリカ産を主体とする小麦を使用。初心者でも扱いやすく、ふっくらと膨らんだボリュームのある食パンに仕上がる。カリッとしたクラストとふわふわのクラムは、毎日食べても飽きない魅力がある。

## 準強力粉
（フランス産小麦）

### メルベイユ

| 推奨加水率 | 54% |
| --- | --- |

フランス産小麦を使用。うまみがかなり強く、濃いクリーム色のクラムになる。角食パンより焼き色を濃く仕上げられる山食パンにすると、その特徴を生かせる。長時間かけて水和させることで、小麦のうまみ、甘みが際立ったクラムに仕上がる。引きの弱さを利用して、油脂たっぷりの配合でサックリとした歯応えの菓子パンのようなパン作りにも合う。

### ラ・トラディション・フランセーズ

| 推奨加水率 | 57% |
| --- | --- |

フランス産小麦を使用。伝統的なバゲットを作るために開発された粉。カリカリとして香ばしいクラストと、粉の甘みが感じられる、サクッとして引きの軽いクラムに仕上がる。吸水が遅いので、水分をやや多くして仕込み、ベンチタイムをしっかりとって生地の状態をよく確認すること。打ち水の量は控える。

## 粉チャート

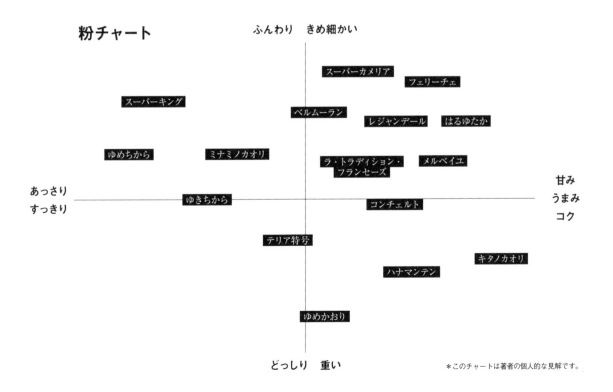

＊このチャートは著者の個人的な見解です。

# LESSON
# 3

## 自家製酵母で
## 食パンを作る!

# ゆめちから&タイプ ER

ホップから起こした種は食パンに向いている、と言われています。
それは、気泡が爆発的に膨らみ重い生地でもよく窯伸びするため。
型に入れて生地を縦に伸ばしながら焼成する食パンにはホップ種は最適です。
けれど、ホップ種を仕込み、継いでいくのはベーカリー級の労力が必要です。
そこでおすすめなのが、ホップが主原料となるビールで仕込んだ種。
北海道産の強力粉「ゆめちから」と準強力粉「タイプER」をブレンドした粉で、
ホップ由来の豊かな香りとさわやかな苦み、深みのあるうまみを引き立てます。

**CRUST**

## つやがよく
## バランスのよい窯伸び

つやのあるきれいなきつね色。
高さは出ないが、全体がバランスよく膨らむ。

**CRUMB**

## 縦伸びした気泡と
## しっとり感

縦によく伸びた大小の気泡が散在しキメは粗めだが、ほどよくしっとりとして弾力がある。イースト臭はなく、ビールの香りがほのかに香る。

ポーリッシュ種

| 材料(1斤分) | 分量 | ベーカーズパーセント |
|---|---|---|
| 強力粉　ゆめちから | 135g | 45% |
| 準強力粉　タイプER | 90g | 30% |
| ポーリッシュ種 | | |
| 　強力粉　ゆめちから | 75g | 25% |
| 　塩(海水塩) | 1.5g | 0.5% |
| 　水 | 45g | 15% |
| 　ビール酵母液(p.169参照) | 30g | 10% |
| A　モルトエキス | 1.5g | 0.5% |
| 　和三盆糖 | 15g | 5% |

| | 分量 | ベーカーズパーセント |
|---|---|---|
| A　水* | 60g | 20% |
| 　(コントレックス) | (30g) | (10%) |
| 　(水道水) | (30g) | (10%) |
| ビール酵母液 | 45g | 15% |
| 塩(海水塩) | 3.9g | 1.3% |
| バター(食塩不使用) | 9g | 3% |
| 打ち粉・手粉(準強力粉) | 各適量 | |
| オリーブ油(型用) | 小さじ1 | |

＊エビアンなら水全量を置き換える。
＊ゆめちからとタイプERを合わせた300gを100%としています。

道具　「基本の食パン」と同様(p.119 参照)。

## 作り方の流れ

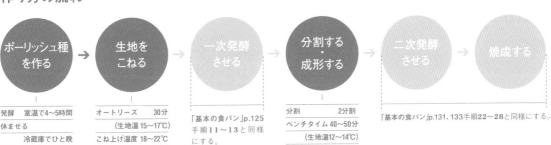

| ポーリッシュ種を作る | → | 生地をこねる | → | 一次発酵させる | → | 分割する・成形する | → | 二次発酵させる | → | 焼成する |
|---|---|---|---|---|---|---|---|---|---|---|

発酵　室温で4〜5時間
休ませる
　　　冷蔵庫でひと晩

オートリーズ　30分
(生地温 15〜17℃)
こね上げ温度 18〜22℃

「基本の食パン」p.125
手順11〜13と同様にする。

分割　2分割
ベンチタイム 40〜50分
(生地温12〜14℃)

「基本の食パン」p.131、133手順22〜28と同様にする。

# ポーリッシュ種を作る

## 1
### 前日に
### ポーリッシュ種を作る

ポーリッシュ種の材料を混ぜ、
保存容器に入れて室温で
4〜5時間かけて発酵させ、
冷蔵庫に移してひと晩休ませる。

ポーリッシュ種の材料。

ボウルに材料を入れ、木べらで
粉っぽさがなくなるまで混ぜる。

ペースト状の種を保存容器に移
し、蓋をして室温で4〜5時間か
けて発酵させる。気泡が確認で
きれば発酵している。そのまま
冷蔵庫へ入れ、一晩休ませる。
**POINT**
冷蔵庫内は、冷気が直接当たら
ない場所に入れます。

# 生地をこねる

## 2
### 下準備

・バターは室温に置き、
　指で押すと凹むくらいのかたさに戻す。
　夏季はこねているうちに
　バターがやわらかくなり過ぎるので、
　冷蔵庫から出した冷たいものを
　握りこぶしで叩きつぶして
　やわらかくする。
・ゆめちからとタイプERを合わせて
　一度ふるい、計温する。
・焼成に入る30分前に、
　オーブンの予熱（200℃）を始める。

## 3
### Aを
### 混ぜ合わせる

水にモルトと和三盆糖を
混ぜ溶かす。

ボウルの底にモルトを塗りつけ
るように入れ、水（コントレッ
クス＋水道水）を加え、指先で
混ぜて溶き伸ばし、和三盆糖を
加えて泡立て器で混ぜる。

**POINT**
粘度の強いモルトは、あらかじ
め水に溶いておきます。泡立て
器を使うとワイヤーに絡まって
混ぜづらく、指を使うと手早く
なじみます。

## 4
### 水温を確認する

温度計で水温をはかり、適温
（p.108「水の調温」参照）になっ
ているか確認する。

## 5
### ポーリッシュ種と粉
### を混ぜる

4に冷蔵庫から出した
ポーリッシュ種と粉、
ビール酵母液を加え、
水分を吸わせるように混ぜる。

冷蔵庫から出したポーリッシュ
種を、冷たいまま入れる。

ふるった粉を加え、ビール酵母
液を加える。

木べらで水気が見えなくなる
まで混ぜ、カードに持ち替え
て、練らないように切り混ぜる。
粉っぽさがなくなれば一つにま
とめる。
**POINT**
ここでは表面をなめらかにする
必要はありません。

# 6-11
## オートリーズを30分とる〜生地温をはかる

「基本の食パン」p.120〜124手順5〜10と同様にする。ただし、オートリーズの際、生地にイーストを振りかける必要はない。
オートリーズ後の生地は15〜17℃になっていること。そこに、バターと塩を混ぜ込む。

打ち水をした生地。こね上げ温度が18〜22℃になっていること。

# 一次発酵させる

# 12-14
## 三つ折りにする〜予備発酵を1時間する〜低温で一次発酵させる

「基本の食パン」p.125手順11〜13と同様にする。

三つ折りにした生地を合わせ目を下にして保存容器に入れ、蓋をして予備発酵を1時間させる。

予備発酵が終わったらそのまま冷蔵庫の野菜室に入れ、6〜8時間かけて低温で一次発酵させる。

発酵後の生地温は8〜10℃になっていること。

## 分割する

### 15-18
### 生地を
### 作業台に出す〜
### ベンチタイムを
### 40〜50分とる

「基本の食パン」p.126〜127
手順14〜17と同様にする。

保存容器から生地を取り出す。

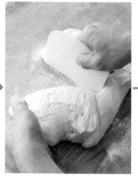

カードで生地を2等分に切る。

分割した生地を丸めて天板にのせ、乾燥しないようにポリシートで覆い、室温でベンチタイムを40〜50分とる。

## 成形する

### 19
### 生地を丸める

生地を丸め直す。

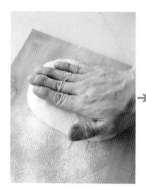

打ち粉を軽くした作業台に生地を合わせ目側が上になるように移し、手で中央から外側へと軽く押さえてガスを抜く。

四方から生地を寄せてまとめ、合わせ目をつまんでしっかり閉じる。

生地を裏返し、表面を張るようにして丸く形を整える。

## 二次発酵させる〜焼成する

### 20-26
### 型に油を塗る〜
### クーラーで冷ます

「基本の食パン」p.131、133
手順22〜28と同様にする。

丸めた2個の生地を、オリーブ油を塗った型に入れる。

型の高さの8分目まで膨らめば二次発酵終了。

焼成に入る30分ほど前から200℃に予熱しておいたオーブンに入れ、25〜28分焼く。

# 自家製ビール酵母

ビールの中に存在する酵母を培養し、自家製酵母液を作ります。
原料のビールは、無濾過、非加熱処理で、酵母が生きているものを使います。
ラベルに「酵母入り」の表記があればOK。クラフトビールや地ビールがおすすめです。
発酵力を安定させるためのプルーンを加え、7日間ほどかけて酵母液を起こします。
プクプクと泡立ち、ビール独特の香りから麦の甘い香りへと変化していく過程を楽しんでください。

| 材料 (でき上がり分量 約150〜160ml) | 分量 |
|---|---|
| ビール(無濾過、非加熱処理のもの) | 350g |
| ドライプルーン | 50g |
| はちみつ | 5g |

### 道具
- ☐ デジタルスケール
- ☐ 保存容器(容量約500ml)
- ☐ 鍋(保存容器が浸かるサイズ)
- ☐ トング(または菜箸)
- ☐ キッチンペーパー

⚠ 人の手や調理道具、空気中には無数の菌が存在しています。保存瓶の中が雑菌の温床にならないように、以下の事項は厳守してください。
手：保存瓶に触れるときは、その前に必ずせっけんで洗う。
キッチンペーパー：瓶はキッチンペーパーで拭く。布巾は洗いたてでも使わないこと。
撹拌：スプーンなどは使わず、瓶を振り、揺すって撹拌する!

⚠ 「室温」は人が快適に生活できる温度帯です。酵母にとって人が生活する常温の部屋が発酵に適した環境です。ただし、ほこりが舞うベッドルームなどはNG。冷房、暖房機器に近すぎるのもアウト。特に直射日光が当たると、紫外線で殺菌されてしまうので厳禁です。

## 下準備

保存瓶の本体と蓋を台所用洗剤で洗って鍋に入れ、瓶全体が浸かるまで水を入れて強火にかける。沸騰したら中火にし、湯の表面が波立ち、グツグツ沸く状態(90℃以上)で5分ほど加熱する。このとき、トングの先を浸けて同時に煮沸する。煮沸が終わったら、トングで蓋と瓶を取り出し、拭かずにキッチンペーパーの上に逆さにして置き、余熱で自然乾燥させる(瓶の中も拭かない)。

**POINT**
瓶によっては、いきなり熱湯に入れると急激な温度変化で破損することがあるので、水から入れて徐々に温度を上げて煮沸します。瓶本体は5分ほど、蓋は変形する恐れがあるので3分ほどで引き上げます。湯の温度が低い場合(70〜80℃、小さな泡がフツフツ湧く状態)は、15分ほど煮沸してください。

## 1

煮沸消毒した瓶が完全に乾き、温度が人肌まで下がったら、ビールを静かに注ぎ、プルーンとはちみつを加え、蓋をきっちり閉めて、瓶をシャカシャカと振る。

**POINT**
材料は先に計量して容器などに入れておくと、その雑菌が付着してしまうので、瓶をデジタルスケールにのせ、それぞれ計量しながら加えるとよいでしょう。スプーンなどを使う場合は、アルコールまたは煮沸消毒をしておきましょう。

煮沸消毒した保存瓶に、ビールとプルーン、はちみつを入れる。

## 2

材料がなじんだら蓋を緩め、室温に3〜7日置いて発酵させる(酵母を起こす)。この間、1日に1回は蓋を閉めて瓶を振り、再び蓋を緩く閉めて発酵させる。

**POINT**
ビールには炭酸が含まれています。この炭酸が蓋をしっかり閉めてしまうと逃げ場を失って酵母の発酵を妨げたり、カビや腐敗の原因にもなるので、蓋は緩めておきます。

1日に1回、必ず蓋を閉めてふる。

## 3

泡がほとんど消えて、瓶の底にオリが溜まってきたらでき上がり。

**POINT**
温度、環境によって、発酵にかかる時間は若干違ってきます。

## 発酵の見極め

**1日目**
プルーンはすべて沈み、ビールに透明感があり、泡も残っている。

**2〜3日目**
プルーンの周りにプツプツと気泡が出始め、浮いてくる。ビールの泡は少し残っているが、色が濃くなってくる。

**4〜5日目**
耳を近づけるとピチピチと泡弾ける音が聞こえ、瓶を揺すると泡立つ。ビールは白っぽく濁り、瓶底に白い沈殿物が溜まり始める。

**6〜7日目**
泡はほとんど消え、瓶を揺すると小さな泡が上がってくるが、すぐに収まる。ビールの色が少し薄くなり、底にオリがたくさん溜まっている。

**VOICE**

でき上がったビール酵母液は、プルーンを入れたまま蓋をきっちり閉めて冷蔵庫で保存します。扉の開け閉めによる温度変化の影響が少ない庫内の奥の方に入れると、約1か月保存できます。週に1回は瓶を振って撹拌し、蓋を開けて新鮮な空気に触れさせてください。

右の瓶ように、底に白っぽい沈殿物が溜まっていればビール酵母液の完成。

## こんなときは…

**水面にカビが出てきてしまったら**

白カビだったら、清潔なスプーンですくい出せば大丈夫。もし青や緑のカビだったら、腐敗しているのですべて処分し、最初から再挑戦してください。異臭や酢のようなツンと鼻を突くような臭いも赤信号です。

**最後に残ったプルーンは**

酵母液を使い終わった後に残る、水分を吸って大きく膨らんだプルーン。これも手でギューッと搾り、最後の一滴まで使って！

**暑い夏、寒い冬の発酵事情は**

室温の上がる季節はやはり発酵の速度が速いので見極めが難しくなります。冬は7日間かかっても、夏は3〜4日間ででき上がることもあるので、朝夕のチェックは怠らないようにしてください。発酵が進み過ぎると、パンの味に少し酸味が入ります。酸味が苦手な人はとにかく涼しい場所に置き、早く発酵しないようにすること。逆に冬は、発酵が1〜2日は遅くなりますので、発酵が始まらず気泡が立ってこなくても数日はジッと我慢して。また、1日1回の撹拌を、1日2回にすると発酵が促進されます。

# あこ天然酵母

あこ天然酵母は、自家製酵母（天然酵母）のパン作りに手軽に手軽にチャレンジできる米麹由来の酵母です。
粉末状に乾燥した酵母を水と合わせて発酵させて生種を起こし、これに小麦粉を加えて生地を作ります。
この酵母を使うと、不安定で読みにくい発酵時間が安定し、発酵臭もほとんどなく、
使う小麦粉の風味を引き立ててもっちりとした食パンに仕上げることができます。
自家製酵母に初めてチャレンジする人にはおすすめの酵母です。

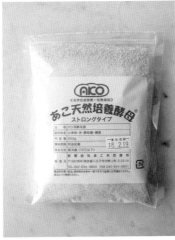

## 生種を作る

| 材料 (でき上がり分量 約300ml) | 分量 |
| --- | --- |
| あこ天然酵母種 | 100g |
| ぬるま湯(湯温30℃) | 200g |

### 道具

- □ デジタルスケール
- □ 保存瓶(容量約500ml)
- □ 鍋(保存容器が浸かるサイズ)
- □ トング(または菜箸)
- □ キッチンペーパー
- □ ゴムべら

## 下準備

保存瓶の本体と蓋を台所用洗剤で洗って鍋に入れ、瓶全体が浸かるまで水を入れて強火にかける。沸騰したら中火にし、湯の表面が波立ち、グツグツ沸く状態（90℃以上）で5分ほど加熱する。このとき、トングとゴムべらの先を浸けて同時に煮沸する。煮沸が終わったら、トングで蓋と瓶を取り出し、拭かずにキッチンペーパーの上に逆さにして置き、余熱で自然乾燥させる（瓶の中も拭かない）。

**POINT**
瓶によっては、いきなり熱湯に入れると急激な温度変化で破損することがあるので、水から入れて徐々に温度を上げて煮沸します。瓶本体は5分ほど、蓋は変形する恐れがあるので3分ほどで引き上げます。湯の温度が低い場合（70〜80℃、小さな泡がフツフツ湧く状態）は、15分ほど煮沸してください。

## 1

煮沸消毒した瓶が完全に乾き、温度が人肌まで下がったら、酵母種とぬるま湯を入れ、ゴムべらでよく混ぜる。酵母種の粒がしっかり吸水し、ゆるいおから状（混ぜている手に負荷が感じられるくらい）になるまで混ぜる。

**POINT**
材料は先に計量して容器などに入れておくと、その雑菌が付着してしまうので、瓶をデジタルスケールにのせ、それぞれ計量しながら加えるとよいでしょう。

## 2

瓶の蓋を緩く閉め、28〜30℃で24時間かけて発酵させる。

## 3

でき上がりは、ドロッとしていたものがサラサラとした液状になっている。耳を近づけて、プチプチと泡が弾ける音が聞こえ、日本酒のような香りがし、少しなめてみるとビールのような風味が感じられれば完成。

**POINT**
でき上がった生種は、瓶の蓋を閉めて冷蔵庫でひと晩冷やし、発酵を落ち着かせてから使います。

発酵前　発酵後

### VOICE

生種は空気が入るように蓋を緩く閉めて、冷蔵庫で保存し、1〜2週間で使いきりましょう。食パン作りでは、イーストを生種に置き換えて加えます。分量は粉の重量に対して8%で計算してください。生種は10日過ぎると発酵力は衰えてくるので、型に入れない平焼きパンや全粒粉を配合したパン、ドライフルーツを加えたパンなどで発酵力を補い、最後までおいしく使いきってください。

# レーズン食パン

# ベルムーラン

キレのある甘さとしっとり感をキープした生地に、プチッと弾けるジューシーで濃厚なレーズン。
パン生地の存在感とレーズンのおいしさを生かした贅沢な食パンを作ります。
粉はレーズンとの相性を考え、甘くうまみの強い強力粉「ベルムーラン」を選択。
保湿性の高いはちみつで生地をしっとりと仕上げ、その甘さをヨーグルトの酸味で引き締めます。
レーズンはそのまま混ぜ込み、長時間発酵中に吸水させてやわらかく戻します。

**CRUST**

### 濃い焼き色と
### 焦げのないレーズン

レーズンの糖分などの影響で色は濃くなります。かなり焦げやすいので、焼き過ぎには注意してください。さらに、レーズンを焦がさないこと。ただし、丸めた成形はふんわり焼き上がるため、焼き色が弱いと腰折れしやすくなります。焼きたてのクラストはパリッとしていますが、冷めるとしっとりとしてしわが寄ります。

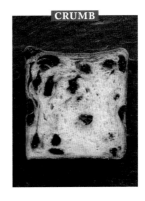

**CRUMB**

### レーズンが全体に散り、
### 気泡は大小不揃い

生地全体にレーズンが散っていることが大切です。下部に沈んだり、側面に密集しないよう、生地に均等に混ぜ込む、成形時に一方に片寄らないようにするなどを心がけてください。気泡は大小不揃いですが、丸く成形する製法は気泡に発酵の香りが内包されているので、深い風味を楽しむことができます。

| 材料 (1斤分) | 分量 | ベーカーズ パーセント |
|---|---|---|
| 強力粉　ベルムーラン | 300 g | 100% |
| キャラウェイシード | 3 g | 1% |
| A　はちみつ | 24 g | 8% |
| 　　牛乳 | 210 g | 70% |
| 　　プレーンヨーグルト | 30 g | 10% |
| インスタントドライイースト | 0.9 g | 0.3% |
| 塩(岩塩) | 4.8 g | 1.6% |
| 発酵バター(食塩不使用) | 18 g | 6% |

| | 分量 | ベーカーズ パーセント |
|---|---|---|
| レーズン | 150g | 50% |
| 打ち粉・手粉(強力粉) | 各適量 | |
| オリーブ油(型用) | 小さじ1 | |

道具　「基本の食パン」と同様(p.119参照)。

## 作り方の流れ

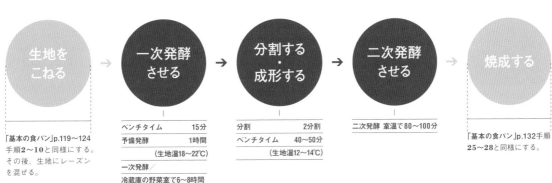

| 生地を<br>こねる | → | 一次発酵<br>させる | → | 分割する・<br>成形する | → | 二次発酵<br>させる | → | 焼成する |
|---|---|---|---|---|---|---|---|---|

「基本の食パン」p.119〜124
手順**2**〜**10**と同様にする。
その後、生地にレーズンを混ぜる。

| ベンチタイム | 15分 |
|---|---|
| 予備発酵 | 1時間 |
| | (生地温18〜22℃) |

一次発酵／
冷蔵庫の野菜室で6〜8時間
　　　　(生地温8〜10℃)

| 分割 | 2分割 |
|---|---|
| ベンチタイム | 40〜50分 |
| | (生地温12〜14℃) |

二次発酵　室温で80〜100分

「基本の食パン」p.132手順
**25**〜**28**と同様にする。

## 生地をこねる

### 1

#### 下準備

・バターは室温に置き、
指で押すと凹むくらいのかたさに戻す。
夏季はこねているうちに
バターがやわらかくなり過ぎるので、
冷蔵庫から出した冷たいものを
握りこぶしで叩きつぶして
やわらかくする。
・ベルムーランは一度ふるい、
キャラウェイシードと合わせ、計温する。
・レーズンを一粒ずつに
なるようにほぐす。
・焼成に入る30分ほど前に、
オーブンの予熱(200℃)を始める。

### 2-10

#### Aを混ぜ合わせる〜生地温をはかる

「基本の食パン」p.119〜124手順2〜10と同様にする。

はちみつ、牛乳、ヨーグルトを
合わせて泡立て器で混ぜ、水温
を確認する。

イーストを混ぜ込んだ生地にバ
ターと塩を切り混ぜ、表面がツ
ルッとするまで1〜2分こねる。

**POINT**
生地とレーズンの味と香り
をクリアに生かすため、純
度の高い岩塩を使います。

### 11

#### 生地にレーズンを混ぜる

生地にレーズンを均等に広げ、カードで切り混ぜる。
**POINT**
湯洗いや蒸して吸水させたレーズンは、皮がやわらかく破けやすく
なります。そのため、注意してこねないと果肉が飛び出して生地に
混ざり、発酵時間に影響を与えてしまう場合があります。また、そ
のような生地は焦げやすく、焼成にも余計な気を使わなければなり
ません。そのリスクを避けるため、レーズンはそのまま使います。
生地はレーズンの吸水分を加えた、かなり緩い状態の高加水生地と
なります。

生地を手で平らに伸ばし、ほぐ
したレーズンを全体に広げ、上
から軽く押さえて生地の表面に
少し押し込む。

打ち粉をつけたカードで生地を
折り込み、レーズンを包む。

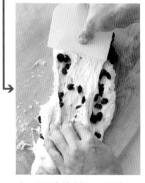  

カードで生地を切っては重ね、
切っては重ねを繰り返し、レー
ズンを生地に混ぜ込んでいく。

**POINT**
カードで生地を切る際、レー
ズンを切らないように注意します。
カードは作業台に当たるまで切
り込まず、レーズンを避けるよ
うにして生地にスッスッと切り
目を入れます。カード使いが難
しければ、手で生地を引きちぎ
りながらこねてもよいです。

生地にレーズンがムラなく混
ざったら、手粉をつけた手でひ
とつにまとめる。

合わせ目を下にしてボウルに移
す。ここで生地の温度をはかり、
18〜22℃になっていること。
**POINT**
室内の温度により、生地温が
23℃を超えないように注意。

# 一次発酵させる

## 12
### ベンチタイムを 15分とる

ラップをかけて室温でベンチタイムを15分とる。

## 13
### 生地を作業台に出す

ボウルから生地を取り出す。

生地の表面に茶こしで打ち粉を振り、カードで生地をボウルからはがす。

ボウルを逆さにして、生地が自然に作業台に落ちるのを待つ。

## 14
### 生地を丸める

四方から生地を寄せて丸める。

生地の左右を引っ張って伸ばし、中央に向かって折り込んで軽く押さえる。

上下の生地も同様に折り込む。

生地を裏返し、表面を張るようにして丸く形を整える。

## 15-16
### 予備発酵させる〜 低温で 一次発酵させる

「基本の食パン」
p.125手順12〜13と同様にする。

生地を合わせ目を下にして保存容器に入れ、上から軽く押さえる。蓋をして室温で1時間予備発酵させる。予備発酵を終了した生地温は18〜22℃になっていること。

冷蔵庫の野菜室に入れ、6〜8時間かけて低温でゆっくり発酵させる。

一次発酵終了。発酵後の生地温は8〜10℃になっていること。
**POINT**
生地が容器内の9分目くらいまで膨らめば発酵は完了です。

# 分割する

## 17-18
### 生地を
### 作業台に出す〜
### 生地を2分割する

「基本の食パン」
**p.126手順14〜15**と同様にする。

生地の表面に茶こしで打ち粉を
振ってカードで生地を容器から
はがし、容器を逆さにして自然
に作業台の上に落ちるのを待つ。

カードで2等分に切る。
**POINT**
レーズンを切らないように注意
します。

## 19
### 生地を丸める

四方から生地を寄せて丸める。

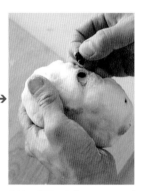

生地の左右を引っ張って伸ばし、
中央に向かって折り込んで軽く
押さえる。上下の生地も同様に
折り込む。

四方から生地をまとめ、合わせ
目をつまんでしっかり閉じる。

生地を裏返し、表面を張るよう
にして丸く形を整える。

生地の表面から出ているレーズ
ンをつまみ取る。

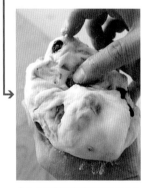

**POINT**
生地表面に突出したレーズンは
焼成時に焦げ、生地にその焦げ
臭がついてしまうので、生地に
埋め込みます。ただし、表面に
見えているレーズンでも、薄い生
地に覆われていれば大丈夫です。

合わせ目側の生地に埋めるよう
に押し込み、穴を閉じる。

## 20
### ベンチタイムを
### 40〜50分とる

「基本の食パン」
**p.127手順17**と同様にする。

乾燥しないようにポリシートで
覆い、室温で40〜50分休ませる。

## 成形する

### 21
### 生地を丸める

生地を丸め直す。

打ち粉を軽くした作業台に生地を合わせ目が下になるように移し、手で中央から外側へと軽く押さえてガスを抜く。

表面を張るようにして丸く形を整える。

生地の表面から出ているレーズンをつまみ取って合わせ目側の生地に埋め込み、穴を閉じる。

## 二次発酵させる

### 22
### 型に油を塗る

「基本の食パン」
**p.131手順22**と同様にする。

### 23
### 生地を型に入れる

合わせ目を下にして、
2個の生地を型に入れる。

### 24
### 二次発酵させる

「基本の食パン」
**p.131手順24**と同様にする。

二次発酵終了。

## 焼成する

### 25-28
### 型に蓋をする〜200℃で25〜28分焼く〜台に打ちつける〜クーラーで冷ます

「基本の食パン」
**p.132手順25〜28**と同様にする。

焼き上がりが四角くなるように、型に蓋をする。

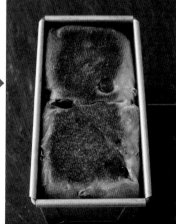

焼成に入る30分ほど前から200℃に予熱しておいたオーブンに入れ、25〜28分焼く。

**POINT**
焼成時間は、オーブンのクセに合わせて調整してください。

蓋を外し、作業台の上に10cmほどの高さから型ごと1〜2度打ちつけ、型からすぐに取り出してクーラーにのせて冷ます。

# 玄米豆乳食パン

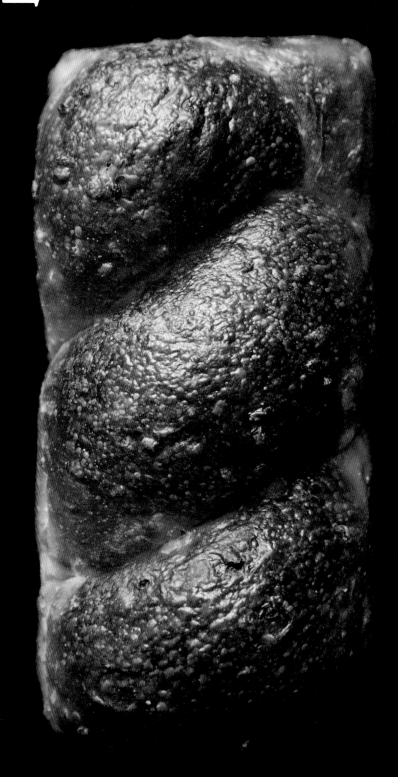

# キタノカオリ

玄米ご飯と豆乳を使って、米と大豆のうまみを生かしたもっちりプツプツ食感のヘルシー食パン。
牛乳と比べ固形分の多い豆乳で仕込むと、生地は締まってかたくなってしまうため、水分量の多い配合になります。
使う小麦粉は、豆乳の風味と相性のよい北海道産強力粉「キタノカオリ」。
こねずに長時間発酵でグルテンを鍛えることでおいしいパンに仕上がります。
窯伸びしにくい生地なので、絡み合い支え合って持ち上げる"ねじり成形"をします。

### 濃いめの焼き色、マットなつや

焼き色は多少濃いめ。玄米ご飯が入っているのでお煎餅のような香りがします。生地上面には豆乳を塗った効果でマットなつやが出ます。焼きたてはパリッとしていますが、冷めるとしわが寄り、しっとりとした質感になります。

### きめは粗め、ご飯粒が見える

ねじり成形で気泡が横に伸びているところをスライスするので、きめは粗くなります。その断面に玄米ご飯の粒が見えていることが大切。潰れていたり、表皮しか見えないのは、生地に混ぜ込む際に力を入れ過ぎたため。そうなると、米のでんぷん質が生地全体にまわり、ネバネバとした食感が出てしまいます。

| 材料 (1斤分) | 分量 | ベーカーズパーセント |
|---|---|---|
| 強力粉 キタノカオリ | 300g | 100% |
| A きび砂糖 | 18g | 6% |
| 豆乳(成分無調整のもの) | 270g | 90% |
| インスタントドライイースト | 0.9g | 0.3% |
| 塩(海水塩) | 5.4g | 1.8% |
| 玄米ご飯(玄米十割。冷めたもの) | 90g | 30% |
| 打ち粉・手粉(強力粉) | | 各適量 |
| オリーブ油(型用) | | 小さじ1 |
| 豆乳(艶出し用) | | 少量 |

### 道具

「基本の食パン」と同様
(p.119参照)。

## 作り方の流れ

生地をこねる → 一次発酵させる → 分割する・成形する → 二次発酵させる → 焼成する

「基本の食パン」p.119〜122手順2〜7、p.124手順10を参照する。ただし、バターの代わりに玄米ご飯を加える。

| | |
|---|---|
| ベンチタイム | 15分 |
| 予備発酵 | 1時間 |
| | (生地温18〜22℃) |
| 一次発酵／ | |
| 冷蔵庫の野菜室で6〜8時間 | |
| | (生地温8〜10℃) |

| | |
|---|---|
| 分割 | 2分割 |
| ベンチタイム | 40〜50分 |
| | (生地温12〜14℃) |

二次発酵 室温で80〜100分

| | |
|---|---|
| オーブン予熱 | 200℃ |
| 焼成 | 200℃ 25〜28分 |

# 生地をこねる

## 1
### 下準備

・キタノカオリは一度ふるい、計温する。
・焼成に入る30分前に、オーブンの予熱（200℃）を始める。

## 2-6
### Aを混ぜ合わせる～イーストを生地に混ぜ込む

「基本の食パン」
p.119～121手順2～6と同様にする。

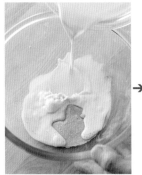

きび砂糖と豆乳を合わせて泡立て器で混ぜ、水温を確認する。

生地にイーストをムラなく混ぜ込む。

## 7
### 塩と玄米ご飯を切り混ぜる

生地に塩と玄米ご飯を混ぜる。

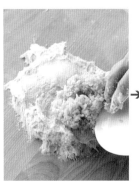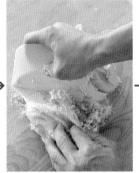

生地の中央に、塩と玄米ご飯をのせる。
POINT
塩の粒が大きかったり、生地が固ければ、水を小さじ1ほど（分量外）足します。

カードで生地を切っては重ね、切っては重ねを繰り返し、塩と玄米ご飯を混ぜ込んでいく。
POINT
カードで生地を切る際、力を入れて練らないこと。玄米ご飯をほぐす感じで、生地にスッスッと切り目を入れます。カード使いが難しければ、手で生地を引きちぎりながらこねてもOK。

生地に玄米ご飯がムラなく混ざったら、手粉をつけた手で一つにまとめる。ここで生地の温度をはかり、18～22℃になっていること。
POINT
室内の温度により、生地温が23℃を超えないように注意。

# 一次発酵させる

## 8
### ベンチタイムを15分とる

生地を合わせ目を下にしてボウルに戻し入れ、ラップをかけて室温でベンチタイムを15分とる。

ベンチタイム終了。

## 9
### 生地を作業台に出す

生地の表面に茶こしで打ち粉を振り、カードで生地をボウルからはがし、逆さにして取り出す。

生地が自然に落ちるのを待つ。

## 10
### 生地を丸める
四方から生地を寄せて丸める。

生地の左右を引っ張って伸ばし、中央に向かって折り込んで軽く押さえる。上下の生地も同様に折り込む。

生地を四方から寄せて丸め、合わせ目をゆでつまんでしっかり閉じる。

生地を裏返し、表面を張るようにして丸く形を整える。

## 11-12
### 予備発酵させる～低温で一次発酵させる
「基本の食パン」
p.125手順12～13と同様にする。

生地を合わせ目を下にして保存容器に入れ、上から軽く押さえる。蓋をして室温で1時間予備発酵させる。予備発酵を終了した生地温度が18～22℃になっていること。

冷蔵庫の野菜室に入れ、6～8時間かけて低温でゆっくり発酵させる。

一次発酵終了。発酵後の生地温が8～10℃になっていること。
POINT
生地が容器内の9分目くらいまで膨らめば発酵は完了です。

## 分割する
## 13-16
### 生地を作業台に出す～ベンチタイムを40～50分とる
「基本の食パン」
p.126～127手順14～17と同様にする。

生地の表面に茶こしで打ち粉をふってカードで生地を容器からはがし、容器を逆さにして自然に作業台の上に落ちるのを待つ。

カードで2等分に切って生地を丸める。

天板に移して乾燥しないようにポリシートをかぶせ、室温で40～50分休ませる。終了した生地の温度は12～14℃であること。

## 成形する

# 17
## 生地を
## ねじり合わせる

2個の生地を棒状にし、クロスさせてねじり合わせる。

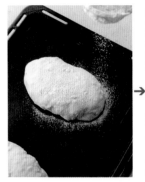

生地の表面に茶こしで粉を振る。

作業台に茶こしで打ち粉を振り、生地を合わせ目側が上になるように移す。手に手粉をつけ、中央から外側へと軽く押さえてガスを抜きながら、長さ15cmくらいの楕円形に伸ばす。

生地の向こう側から1/3を手前に折りたたみ、折った生地の部分を手のひらで押さえる。

手前側1/3を折り重ねて三つ折りにし、手のひらで折った生地の部分を押さえる。

向こう側の生地の端を持ち上げ、左の親指を差し込んで生地を内側へ軽く入れ込みながら手前に半分に折り、手のひらのつけ根で生地の端を押さえて閉じる。

生地の中央に両手の指を置き、左右両端に向かって動かしながら転がして長さ25～30cmほどの棒状に伸ばす。もう1個の生地も同様にする。

2本の生地を合わせ目を上にして×形になるように重ねる。

中央から手前の生地をねじり合わせ、端は生地を重ねて押しつけ、しっかりとめる。生地の向きを180度回転させ、残り半分も同様にねじり合わせる。

ねじった生地の両端を手のひらのつけ根でギュッと押さえてとめる。

型の長さの8割くらいになるように、生地の両端を内側に少し折り込む。

ねじり成形終了。

## 二次発酵させる

### 18
**型に油を塗る**

「基本の食パン」
p.131手順**22**と同様にする。

### 19
**生地を型に入れる**

成形した生地を型に入れる。

生地を折り込んだ側を下にして
型に入れる。

型の長さより生地の長さを短く
整えたので、型の側面と生地の
間に少し隙間ができる。

### 20
**二次発酵させる**

「基本の食パン」
p.131手順**24**と同様にする。

二次発酵終了。

## 焼成する

### 21
**豆乳を塗る**

生地の表面に
豆乳を刷毛で薄く塗る。

### 22
**200℃で
25〜28分焼く**

「基本の食パン」
p.133手順**26**と同様にする。
ただし、霧を吹く必要はない。

**POINT**
焼成時間は、オーブンの
クセに合わせて調整して
ください。

焼成に入る30分ほど前から200℃に予熱し
ておいたオーブンに入れ、25〜28分焼く。

### 23-24
**台に
打ちつける〜
クーラーで
冷ます**

「基本の食パン」
p.133手順**27〜28**と
同様にする。

10cmほどの高さから作業台の上
に型ごと1〜2度打ちつけ、型か
らすぐに取り出してクーラーに
のせて冷ます。

# モーンブロート

# スーパーカメリア

カットしたときに現れるグルグル模様が楽しいマーブル食パン。
生地に折り込むのは、ヨーロッパでフィリングやトッピングに幅広く用いられているけしの実ペースト。
特にドイツの伝統菓子には欠かせない副材料で、モーンはドイツ語で"けしの実"を意味します。
使う小麦粉は強力粉「スーパーカメリア」。使い勝手のよいことで知られる粉ですが、
きちんと手をかけると、ハッとするような香ばしい小麦の香りと、きめ細かくなめらかな食感を生み出す粉で、
けしの実ペーストの独特な風味とコクをバランスよくまとめ上げてくれます。

**CRUST**

## 焼き色は強め、ホワイトラインはうっすら

全体にしっかりと焼き色が出ていること。ホワイトラインがうっすらと出ているくらいが、クラストは軽く香ばしく焼き上がっています。生地が折り重なり、網目のような構造になっているため、それぞれの溝に焼きムラができやすくなっています。多少強めの焼き色をつけることが、視覚的なおいしさに繋がります。

**CRUMB**

## けしの実ペーストがマーブル状に入る

焼成温度が低いので、生地の中心部まで火を通すためには時間をかけなければなりません。そのため、2mmほどの厚い耳になります。生地にポツポツと茶色い痕がある場合は、二次発酵中の室温が高く（推奨は27℃以下）、生地から糖分や油脂分が溶け出してできた焼けじみです。

| 材料 (1斤分) | 分量 | ベーカーズパーセント |
|---|---|---|
| 強力粉　スーパーカメリア | 300g | 100% |
| けしの実ペースト | | |
| 　けしの実(黒) | 50g | |
| 　グラニュー糖 | 50g | |
| 　はちみつ | 20g | |
| 　アーモンドパウダー | 25g | |
| 　牛乳 | 30g | |
| 　バター(食塩不使用) | 15g | |
| A　グラニュー糖 | 45g | 15% |
| 　水 | 168g | 56% |

| | 分量 | ベーカーズパーセント |
|---|---|---|
| A｜卵黄 | 18〜20g(1個分) | 6.5% |
| インスタントドライイースト(耐糖性タイプ) | 1.2g | 0.4% |
| 塩(海水塩) | 4.5g | 1.5% |
| 発酵バター(食塩不使用) | 60g | 20% |
| くるみ | 50g | |
| 打ち粉・手粉 | 各適量 | |
| オリーブ油(型用) | 少量 | |

道具　「基本の食パン」と同様(p.119参照)。さらに、小鍋、バット、パレットナイフ、包丁。

# 作り方の流れ

生地をこねる → 一次発酵させる → 分割する・成形する → 二次発酵させる → 焼成する

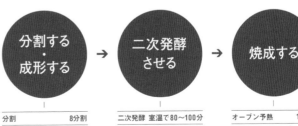

「基本の食パン」p.119〜125手順2〜13を参照する。ただし、「けしの実ペースト」を作る。

| 分割 | 8分割 |
|---|---|
| ベンチタイム | 15〜20分 |
| | (生地温12〜14℃) |

二次発酵　室温で80〜100分

| オーブン予熱 | 190℃ |
|---|---|
| 焼成 | 190℃ 20分 |
| | 180℃ 15〜20分 |

# 生地をこねる・一次発酵させる

## 1
### 下準備

・くるみは150℃のオーブンで焦げないように焼き具合を確認しながら15分ほど焼く、あるいは水気を完全に拭き取ったフライパンで5分ほど強火で炒るなどしてローストし、粗熱が取れたら粗く刻む。
・バターは室温に置き、指で押すと凹むくらいのかたさに戻す。夏季はこねているうちにバターがやわらかくなり過ぎるので、冷蔵庫から出した冷たいものを拳で叩きつぶしてやわらかくする。
・スーパーカメリアは一度ふるい、計温する。
・焼成に入る30分前に、オーブンの予熱(190℃)を始める。
・型にオーブンペーパーを敷き込む(p.107参照)。

## 2
### けしの実ペーストを作る
生地に折り込むけしの実ペーストを作る。

小鍋にけしの実以外のけしの実ペーストの材料を入れて中火にかける。沸騰したら弱火にしてけしの実を加え、へらで混ぜながら1〜2分煮る。

バットなどに広げて冷ます。

## 3-14
### Aを混ぜ合わせる〜低温で一次発酵させる
「基本の食パン」
**p.119〜125手順2〜13**と同様にする。

一次発酵が終了した生地。

# 分割する

## 15
### 生地を作業台に出す
「基本の食パン」
**p.126手順14**と同様にする。

## 16
### けしの実ペーストを折り込む
麺棒で伸ばした生地に、けしの実ペーストを挟んで三つ折りにする。

  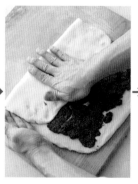 

取り出した生地を手で軽く押さえてガスを抜き、さらに麺棒を転がして残っているガスを潰し、生地の厚さを均一にしながら、24×35cmくらいの大きさに伸ばす。

生地の手前から2/3の部分に、パレットナイフでけしの実ペーストの2/3量を均一に塗り広げる。

生地の向こう側から1/3を手前に折りたたみ、手のひらでしっかりと押さえる。

押さえた部分の生地をさらに手前に折り重ねる。合わせ目を指でつまむようにしてしっかり閉じ、手のひらで全体を押さえる。

麺棒を転がして生地の厚さを均一にしながら、15×30cm位の大きさに伸ばす。

生地の向きを縦長にし、手前から2/3の部分に残りのけしの実ペーストを均一に塗り広げる。

生地の向こう側から1/3を手前に折りたたみ、さらに手前側の1/3を向こう側に折り重ねる。

手のひらで押さえて厚さを均一にし、合わせ目を指でつまむようにしてしっかり閉じる。

## 17
# ベンチタイムを15〜20分とる

生地を天板にのせて乾燥しないようにポリシートで覆い、室温でベンチタイムを15〜20分とる。
**POINT**
ポリシートが生地に触れて貼りつかないように、製菓用のカップ型などを置きます。生地がゆるみ、一回り大きくなっていればOK。室温が高めの場合は、生地温に注意してください。途中で生地の温度をはかり、12〜14℃になっていたら、設定時間が経っていなくても次の作業に進んでください。

## 18
# 生地を8等分に切る

包丁で8等分に切る。

生地は合わせ目を左にして置き、麺棒を転がして15×20cmくらいの大きさに伸ばす。

生地の表面に、茶こしで打ち粉を軽く振る。

生地を向こう側から二つ折りにする。
**POINT**
この二つ折りは生地を鍛えているわけではなく、包丁のサイズに合わせて一気に切りやすくするためです。

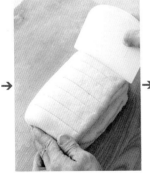

均等に8等分できるように、カードでカットラインをつける。

包丁でカットラインに沿って端から切る。

棒状に切った生地を1本ずつ広げる。

## 成形する

### 19
### 生地を編み込む

棒状の生地を4本ずつにまとめ、ジグザグに編み込んで、四つ編みをする。

4本の生地を断面を上にして並べ、上の端を重ねてつまみ、くっつける。

いちばん右の生地aを、生地bの下、生地cの上、生地dの下に通す。

いちばん右になる生地bを、生地cの下、生地dの上、生地aの下に通す。

生地cがいちばん右になる。

生地cを、生地dの下、生地aの上、生地bの下に通す。

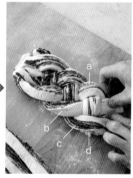

いちばん右になる生地dを、生地aの下、生地bの上、生地cの下に通す。

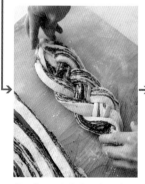

編み終わりも生地を重ね、押しつけてしっかりくっつける。

編み込み終了。

型の長さに合わせて、生地の両端を内側へ折り込む。

## 二次発酵させる

### 20
### 生地を型に入れる

2本の生地の間に
ローストしたくるみを挟んで
型に重ね入れ、上面にも
くるみを散らす。

2本の生地は裏返し、折り込んだ側を下にする。

オーブンペーパーを敷いた型に、1本の生地を折り込んだ側を下にして入れ、ローストしたくるみの半量を散らす。

もう1本の生地を折り込んだ側を下にして重ね入れ、残りのくるみを散らす。

### 21
### 二次発酵させる

「基本の食パン」
**p.131手順24**を参照し、室温で80〜100分かけて発酵させる。

二次発酵終了。

### 焼成する

### 22
### 型に蓋をする

型の蓋に刷毛で
オリーブ油を塗り、
焼き上がりが
四角くなるように
型に蓋をする。

型にオリーブ油を塗った蓋をする。

### 23
### 190℃で20分、
### 180℃で
### 15〜20分焼く

焼成に入る30分ほど前から190℃に予熱しておいたオーブンに入れて20分焼く。時間が経ったら焼成温度の設定を180℃に下げ、さらに15〜20分焼く。
**POINT**
180℃に下げてからの焼成時間は、オーブンのクセに合わせて調整してください。

焼き上がったモーンブロート。

### 24-25
### 台に
### 打ちつける〜
### クーラーで
### 冷ます

「基本の食パン」
**p.132手順27〜28**と同様にする。

蓋を外し、10cmほどの高さから型ごと作業台の上に1〜2度打ちつけ、型からすぐに取り出してクーラーにのせて冷ます。

## 食パン作りQ&A

ここでは、よく聞かれる「なぜ?」にお答えします。
おいしく美しい食パン作りの参考にしてください。

---

### Q. 山食パンの山が揃いません。

**A.** 山二つの場合、生地を同じ重量に分割しても、
ガスの抜き加減、伸ばした生地のサイズ、
成形時の巻きの強さを同じにしないと、
膨らみに差ができてしまいます。
山三つの場合は、型に入れた左右の生地は、
一方面が型に接しているため中央側のみに膨らみます。
そのため、左右の生地が中央の生地と同じ量、
あるいは多くなると、二次発酵中に中央の生地を
両側から圧迫して膨らみ、山の高さが揃わなくなります。
これを防ぐために、型の中央に置く生地は、
両端に置く生地よりも10〜15gほど多く分割し、
三つの中で最初に成形をします。

### Q. 焼き上がったパンが真っ白でした。

**A.** 二次発酵が過発酵になると、
イーストが生地内の糖分を食べつくしてしまい、
色がつかずに焼き上がることがあります。
塩を入れ忘れても白く焼き上がります。

### Q. 角食パンの角がきれいにできません。

**A.** 角が真角の角食パンは、
二次発酵が過発酵気味だったことが考えられ、
発酵臭の強いパンになっているはずです。
角は角ばってはいても、尖っているわけではなく
常に丸みを帯びている状態がベストです。
上辺の丸みを帯びて焼き色が薄い部分は、
ホワイトラインと呼ばれています。
角が丸いので型に触れていないため、
面の部分の焼き色より薄く焼けます。
このラインを、色づくまで焼くか、
白いまま焼き上げるかはお好みで。
ちなみに僕は、ホワイトラインまで
しっかり焼き色をつけて、
クラストをパリパリに焼き上げるのが好みです。

---

## Q. クラムの角が破けました。

**A.** 成形時に大きな気泡をつぶさなかったり、
二次発酵が過発酵だったりすると、
角の薄い膜が風船のように膨らんで弾け、穴ができます。

## Q. パンの上面が焦げてしまいます。

**A.** 焼き色がつきすぎてから気づいたときは、
アルミホイルなどをかぶせるなどして、
それ以上焦げが進まないように対応してください。
毎回焦げるようなら、オーブンの熱源が生地に
近すぎなのかもしれません。
焼成を始めてから15〜20分経ったら、
オーブンに入れている型の向きを
前後入れ替えるとよいでしょう。

## Q. 側面に無数の小さな穴ができてしまいました。

**A.** 二次発酵の発酵過多が原因と考えられます。
二次発酵で発酵が進み過ぎると、
型に当たる面が写真のようなクレーター状になり、
生地の角のラインが鋭角に尖ります。

## Q. クラムに大きな穴があいてしまいました。

**A.** 気泡の大きな穴がどこにあるかによっても
原因は違ってきます。

**穴が上部に集まっている**
イーストの力が弱かったか、過発酵が原因です。
イーストは新しいものですか？
一次発酵までの工程でしっかり発酵できましたか？
また、二次発酵を長めに取ってはいませんでしたか？

**穴が中央、下部にある**
ガス抜きが不十分。
成形時に気泡をしっかり抜いて、
生地を丁寧に巻き取ってください。

## Q. 角食パンの焼き上がりが、蓋にくっついてしまいます。

**A.** 二次発酵の見極めが
遅かったのかもしれません。
生地のてっぺんが、
型の高さの7〜8割まで上がってきたら
焼き始めるようにしてください。

## Q. クラストにしわが寄ってしまいました。

**A.** 二次発酵の見切りのタイミングが
少し早かったようです。
環境温度によっては、設定時間が過ぎても
生地の発酵が不足していることがあります。
様子を見ながら、
5〜10分単位で発酵を続けてみてください。

## Q. 焼き上がりに型を台に打ちつけたのですが、側面が凹んでしまいます。

**A.** 二次発酵で過発酵になっていたか、
焼成不足が原因と考えられます。

## Q. クラムの下部のきめが詰まってしまいます。

**A.** 発酵力が足りていないか、過発酵気味か、
オーブンのパワー不足が考えられます。
一次発酵までの工程でしっかり発酵させましたか?
二次発酵を長くとり過ぎていませんでしたか?
二次発酵時の環境温度が30℃以上ではなかったですか?
オーブンレンジの発酵機能は、
30℃設定でも熱源の近くはもっと高くなります。
生地をその近くに置くと、過発酵になりやすいので注意してください。

オーブンのパワーが足りていない場合。
本書のレシピは概ね加水率が少し高めになっています。
そのため、水分の重量で生地が持ち上がってくれない場合があります。
加水率を下げるか、焼成の際オーブンの扉の開閉で庫内温度が
下がらないように、オーブンに天板を入れて
しっかり予熱するようにします。

# クロワッサン

## Chapter

# 3

# クロワッサンを知る

クロワッサンは、小麦粉と水分とイースト（酵母）でできたデトランプと呼ばれる生地でバターを包み、「のばして折りたたむ」作業を繰り返して、デトランプとバターの薄い層が幾多にも重なる生地を作り、それを分割して成形し、焼き上げたパンです。

クロワッサンの構造は、その断面を見るとわかります。バターの層は焼成によって一気に溶けて消え、同時にバターに含まれていた水分が蒸発して、その水蒸気圧がデトランプの層を押し上げます。こうして、バターの層があった部分にすき間ができ、バターを

抱えたパン生地だけが残ることで、クラストはパイのようにサクサクとした食感に、クラムは強いうまみと軽やかさを両立させた、繊細な食感になります。

クロワッサンの生地は、小麦粉、水、塩、イーストのパン作りの基本材料に加え、バターや砂糖、牛乳、卵などの副材料、折り込み回数、発酵のとり方、成形方法など、複合的かつ複雑なバランスでできています。

- どんな粉を使う？
- 酵母は何にする？
- 塩と糖分のバランスはどうする？

## どんなクロワッサンを作る？　　＊➡の後の数字は折り込み回数

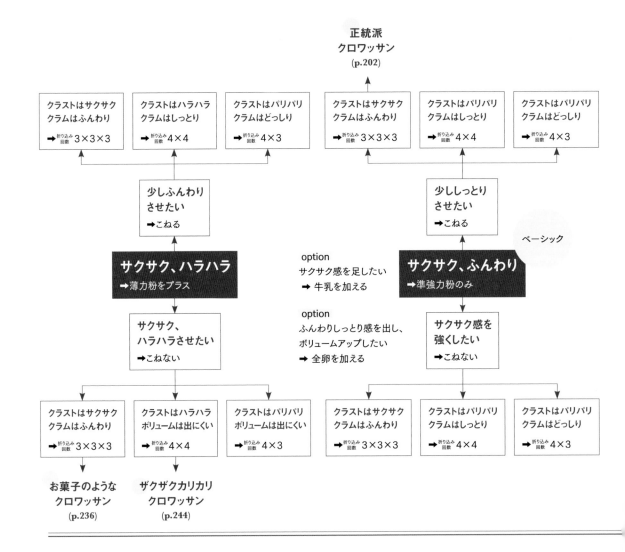

・牛乳を入れる？
・卵を入れる？
・デトランプをこねる、こねない？
・一次発酵をとる、とらない？
・折り込むバターは何にする？
・量はどのくらい包む？
・何回折る？
・成形はどうする？
と、材料選びからほぼすべての工程で自身が作りたいクロワッサンの味や食感のために製法を選択し、各工程を正確にこなし、焼き上げなければなりません。その複雑さの反面、材料や発酵など、単一の強い要因にでき上がりが左右されるハード系のパンよりも、複合的なバランスの上に成り立っているクロワッサンの方が、狙う味を作りやすいともいえ、ここにクロワッサン作りの面白さがあります。だからこそ、材料のこと、各工程のことをしっかり理解しておくことが大切なのです。

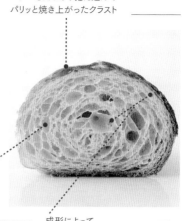

バターをたっぷり抱え込んでパリッと焼き上がったクラスト

バターが溶けた後にできた空間

成形によって
渦のようにつながる美しい層。
生地とバターが
均一に伸びた証し

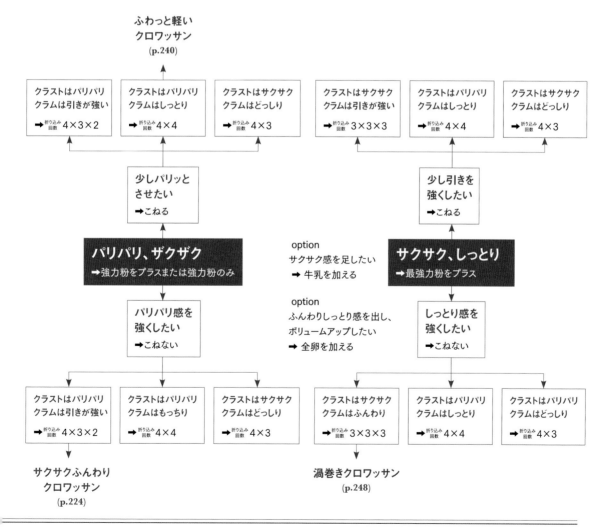

ふわっと軽い
クロワッサン
(p.240)

| クラストはパリパリ クラムは引きが強い → 折り込み回数 4×3×2 | クラストはパリパリ クラムはしっとり → 折り込み回数 4×4 | クラストはサクサク クラムはどっしり → 折り込み回数 4×3 | | クラストはサクサク クラムは引きが強い → 折り込み回数 3×3×3 | クラストはパリパリ クラムはしっとり → 折り込み回数 4×4 | クラストはサクサク クラムはどっしり → 折り込み回数 4×3 |

少しパリッと
させたい
→こねる

少し引きを
強くしたい
→こねる

**パリパリ、ザクザク**
→強力粉をプラスまたは強力粉のみ

option
サクサク感を足したい
→ 牛乳を加える

**サクサク、しっとり**
→最強力粉をプラス

パリパリ感を
強くしたい
→こねない

option
ふんわりしっとり感を出し、
ボリュームアップしたい
→ 全卵を加える

しっとり感を
強くしたい
→こねない

| クラストはパリパリ クラムは引きが強い → 折り込み回数 4×3×2 | クラストはパリパリ クラムはもっちり → 折り込み回数 4×4 | クラストはサクサク クラムはどっしり → 折り込み回数 4×3 | | クラストはサクサク クラムはふんわり → 折り込み回数 3×3×3 | クラストはパリパリ クラムはしっとり → 折り込み回数 4×4 | クラストはパリパリ クラムはどっしり → 折り込み回数 4×3 |

サクサクふんわり
クロワッサン
(p.224)

渦巻きクロワッサン
(p.248)

＊このチャートは著者の個人的な見解です。

# 道具を知る

家庭で失敗なく、おいしいくクロワッサンを作るために、揃えておきたい道具を紹介します。
一度購入すると長く使えるものが多いので、手になじんで使いやすいものを選んでください。

**❶ 作業台**（のし台）

材質はいろいろありますが、扱いやすいのは木製。水分に弱いので、使用後洗浄したら、十分乾かしてから保管しましょう。

**❷ デジタルタイマー**

生地を休ませる時間、発酵、焼成時間などをはかるときに使います。数字がはっきり表示されるデジタルのものがおすすめ。

**❸ カード**（スケッパー）

直線側で生地をまとめる、カットする、表面をならすなどし、曲線側でボウルの側面に添わせて生地を混ぜる、すくうなどします。利き手になじみ、ある程度の"しなり"があり"かたさ"も感じるものを選びましょう。

**❹ 冷凍用保存袋**

デトランプを発酵させる際に使います。ジッパー付きのフリーザーバッグMサイズがおすすめ。

**❺ 製菓用温度計**

生地へのダメージが少なく、芯温が瞬時にはかれて数字も読みやすい、製菓用電子温度計が便利。

**❻ 泡立て器**

ワイヤーの本数が多く、太くて弾力のあるものがおすすめ。25cm長さくらいのものが扱いやすいです。

**❼ 木べら**

生地作りの際に、合わせた材料と水をやさしく混ぜるときに使います。ゴムべらはボウルの側面でつっぱり、生地に力を加えて混ぜてしまいます。

**❽ ラップ**

クロワッサンの生地は乾燥が大敵。休ませたり発酵させる際は、必ずラップで包みます。本書では2枚重ねで使っています。バターを正方形にのばす際にも重宝します。

**❾ ボウル**

生地作りには、直径20～22cmくらいのものがおすすめ。材質は好みで。ステンレス製は汚れやさびに強く、耐熱ガラス製は電子レンジに使えます。

**❿ デジタルスケール**

0.1g単位ではかれる微量計モードと風袋機能がついた、デジタル式のものを用意してください。

**⓫ バット**（蓋付き）

カットした折り生地を、成形前に冷凍室、冷蔵室で休ませる際に使います。金属製のバットは、生地を急冷したいときに便利です。

**⓬ 紙製セルクル**

イングリッシュマフィンを焼くときなどに使われる、直径9cm×高さ3cmの紙製丸型セルクル。渦巻きクロワッサンに使います。

**⓭ オーブン用手袋**（または軍手）

5本の指が自由に動く手袋タイプが作業しやすく効率的。軍手の場合は、綿100％で分厚いものを二重にして使います。

**⓮ 布巾**

折り込み生地を冷凍室で休ませる際、凍らないように布巾で包みます。タオルでも構いません。清潔なものを使ってください。

**⓯ 絞り袋**

クリームを何度も継ぎ足さずに済むように、長さ30～35cmくらいのものが使いやすい。ポリエチレン製の使い捨てタイプが便利で衛生的。

**⓰ 丸口金**

絞り袋の先につけて使います。本書ではアーモンドクリームを絞り出すために、口径1cmの丸口金を使います。

**⓱ プリンカップ**（またはマフィンカップ）

余り生地をくるくると巻き、このカップに入れて焼き上げます。

**⓲ 茶こし**

打ち粉を均等に打つために用います。生地に粉を打つときは、持ち手を左右に振るのではなく、反対側の手にトントンと軽く当てながら粉を振り落とします。打ち粉のほとんどが生地に含まれてしまうので、その量が最小で済むように振りましょう。

**⓳ 空き瓶**

二次発酵で膨らんだ生地がポリシートに貼りつかないようにするために、天板の四隅に置いて高さを出します。ジャム用の小瓶などを使うとよいでしょう。

**⓴ 厚手のポリシート**

二次発酵の際、生地に被せて乾燥を防ぎます。表面が乾かないように覆うだけでよいので、くっつきにくいのははがしやすく、丈夫で使い回しも利く厚手のポリシートを使います。本書では、漬物用ポリ袋を裁断してシート状にしています。

**㉑ 物差し**

発酵具合、火の通りが均一になるように、生地は同サイズにカットします。そのために、物差しで寸法を正確にはかります。

**㉒ ルーラー**（添え棒）

生地を均一の厚さにのばしたり、切ったりするときの補助具。本書ではアクリル製の厚さ1cm、5mm、3mmのものを使用。

**㉓ オーブンペーパー**（クッキングシート）

表面にシリコン樹脂加工が施された紙。耐熱性があり、焦げつきにくい。天板に敷くことで、焼き上がったクロワッサンがスムーズに取り出せます。

**㉔ めん棒**

クロワッサン作りには、ある程度の重さがあって太いものがおすすめ。本書では直径4.5cmのもの（写真右）を使っています。木製のめん棒は、使用後に決して水洗いしないこと。水洗いは木が反ったり、カビの要因になります。日々のケアは濡れ布巾で汚れを拭き取り、陰干しでしっかり乾かします。

**㉕ 霧吹き**

巻き込んだ生地が密着するように、霧を吹きかけて表面を軽く濡らします。生地に落ちた水滴が負担にならないように、きめ細かい霧が噴射できるタイプがおすすめです。

**㉖ 刷毛**

刷毛は毛先のやわらかいもの（写真右）と、ややかたいもの（写真左）を用意します。余分な打ち粉を払ったり、二次発酵後のやわらかい生地にドリュールを塗るときは前者を、生地にシロップを打つ際は後者を使います。いずれも、毛先を立てると生地に傷をつけるので、少し寝かせて使います。

**㉗ 竹串**

生地をのばしている途中で生地の表面がポコポコ浮いてきたら、竹串を脇から刺してガスを抜きます。

**【番外編】**

**ざる**

粉ふるいとして使います。ステンレス製の網状になっているものを用意して。細かい穴の開いたパンチングタイプのざるは、粉振るいには向きません。

**保冷材**

成形時に分割した残りの生地が室温でやわらかくならないように、保冷材の上に生地を入れたバットをのせて冷やしておく。

**クーラー**

焼きたてのクロワッサンを、蒸れないように冷ますために使う脚付きの網。焼き上がったクロワッサンを皿の上などに直接置くと、底の部分から熱が抜けず、湿気が溜まってしまいます。

# 作り方の流れを知る

クロワッサンはどのように作るのでしょうか。ここでは作り方の流れに沿って、
レシピの用語や作業工程のポイントを紹介します。
一つ一つの作業の意味を知ることは、上達への近道です。

## 作業の流れ

下準備 → デトランプを作る → 一次発酵させる → 折り込み用バターを成形する → 折り込み生地を作る → 分割する → 成形する・二次発酵させる → 焼成する

# 下準備

## クロワッサンを作るときの環境を整える

　クロワッサンは、"温度管理に始まって、温度管理に終わる"といっても過言ではありません。生地に混ぜ、生地に折り込む大量のバターを溶かさないこと。これが失敗なくおいしく作るための最重要課題となります。

　パンを作るときの作業環境は、通常室温20〜25℃、湿度50〜70％が理想とされていますが、クロワッサンの場合、室温は18〜20℃、湿度は50〜70％が理想。この温度・湿度からはずれていたら、エアコンや加湿器で調整しましょう。なお、レシピ中にある「室温」は25℃を想定しています。室温での工程、例えば予備発酵、二次発酵などは、作業場とは別の場所に生地を移して行うとよいでしょう。

## 材料と道具を揃える

　作業を始める前に、材料は計量を済ませ、レシピに従って必要なものは冷やしておきます。材料を冷やすのは、バターを溶かさないため、そして作業中に発酵を進ませないためです。道具は清潔な状態にして1か所にまとめておきましょう。計量は0.1g単位ではかれるデジタルスケールで正確にします。また、あらかじめレシピをよく読んで、使う順番、作業内容を把握し、どんな容器に入れれば効率よく作業が進められるかを考えましょう。

材料表にある卵の分量は、殻を除いた正味の重量です。全卵とあるときは、卵黄と卵白を溶き混ぜてから計量します。

## ベーカーズパーセント

　ベーカーズパーセントとは、使用する小麦粉の総量を100％としたとき、その他の材料（バター・水・イーストなど）がその粉に対して何割（％）かを表したものです。パンの材料で最も多い小麦粉を100としておくと、大量の生地から少量の生地まで、簡単な掛け算をするだけで必要なすべての分量を出すことができます。例えば、塩1.8％とある場合、小麦粉200gのときは200（g）×0.018＝3.6（g）、1kgなら1000（g）×0.018＝18（g）となります。

　本書では家庭で1回に作りやすい粉の基本量を200gとして、材料には各材料をg表記とベーカーズパーセントの両方で掲載しています。作る量を変えたいときは、このベーカーズパーセントを活用してください。

# デトランプを作る

## 粉とバターをすり混ぜる

　デトランプとは、小麦粉に冷水と塩などを加えてこねた粉生地のことで、クロワッサンの基本となる生地です。デトランプは粉と水分で作るためグルテンが形成されますが、バターを加えるとその力が弱まり、伸びのよい

扱いやすい生地になります。本書では最初に粉とバターを混ぜて、グルテンをさらに形成しにくくしています。その際、粉をバターでコーティングするように両手のひらですり合わせるようにして混ぜます。バターの膜で覆われた粉には水分が浸透しにくく、グルテンの形成が抑制されます。

## 水分に粉を加えて混ぜる

　粉に水分を加えていくのではなく、水分に粉を一気に加え、木べらで底からすくい上げるようにして混ぜていきます。この方法にすると、混ぜすぎをセーブできます。この工程では、粉に水分を均等に吸収させることが大切です。

## 生地をこねる、混ぜる

目指す食感に応じて、混ぜ終わった生地にもう少しグルテンを出したい場合は軽く1分ほどこねます。グルテンを引き出す必要がなければ、混ぜた生地をそのまま一つにまとめ、一次発酵へ進みます。

デトランプは通常のパン作りのように、叩いたり伸ばしたりはしません。この段階で表面がツルンとなるまでこねてグルテンを強くしてしまうと、この後に行う折り込み作業の途中で生地が伸びにくくなります。クロワッサンに必要なグルテンは、発酵時、そして、伸ばして折りたたむ、を繰り返す折り込みの工程で十分形成されるので、なるべくグルテンを引き出さないようにサックリまとめましょう。

## 生地温をはかる

こね上げが終了した生地、混ぜ終わった生地は、生地の温度を必ずはかります。一つにまとめて生地の中心部に温度計を差し込んで計測してください。本書では、こね上げ温度を20〜22℃、混ぜ終わり温度を18〜20℃と少し低めにしています。こねた生地は、室温での予備発酵で、生地温度が発酵の始まる25℃になると想定し、混ぜただけの生地は発酵前に粉と水分がなじんで水和が行われるように低温に設定しています。生地温度が25℃以上だと発酵が進んでしまうので、予備発酵をカットする、あるいは一次発酵の時間を短くします。設定値より低い場合は、発酵時間を長めにします。

# 一次発酵させる

## 長時間低温発酵

生地に加えるイーストの量を控えた本書では、冷蔵室で12時間かけて長時間低温発酵させます。2〜6℃の環境に置いてゆっくり発酵させることで、粉の吸水が進んでグルテンも徐々に作られていきます。そのため、デトランプの仕込みは"軽いこね"か"混ぜるだけ"でOK。時間をかけることで生地も熟成し、より深みのある味わいに仕上がります。さらに、冷蔵室で発酵させた生地の温度は5℃くらいまで下がり、この後に行う折り込み作業でバターがやわらかくなりすぎるのを防ぐことができます。

# 折り込み用バターを成形する

## めん棒で叩く

デトランプに包むシート状のバターを作るために、バターを冷たいまま、伸ばしやすい状態にするのがこの工程です。冷蔵庫から出した5℃前後のバターは、めん棒で叩くと13〜18℃まで温度が上昇し、外からの力で自由に変形する「可塑性」(p.12参照)を発揮します。この特性によって、塊だったバターが薄く伸ばせるようになります。

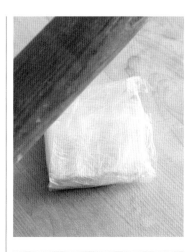

## きれいな正方形にする

可塑性が発揮されている状態で、厚さ6〜8mm、1辺12〜13cm四方に伸ばします。バターを包んでいるラップをたたみ直し、めん棒で正方形に伸ばしていきます。四隅はしっかり角を作ります。厚さが違っていたり形が歪んでいると、生地の間に均一に広がらず、きれいな層ができません。層が整っていないということは、二次発酵時や焼成時に膨らみのバランスが悪くなり、生地が引きつったり、陥没したりしてしまう場合もあります。材料の段階であってもでき上がりに影響してしまうので、丁寧に成形してください。

# 折り込み
# 生地を作る

## デトランプとバターの
## かたさを揃える

　焼き上がりにきれいな層を出すためには、デトランプとバターが同じような状態で伸びていくことが大切です。そのためには、デトランプとバターのかたさを揃えることがポイント。どちらかがかたすぎたりやわらかすぎると、きれいな層はできません。

　成形後、冷蔵室で冷やしたバターは5℃前後で固まっています。このままだとかたすぎて、デトランプに包んで伸ばしたときに伸びずに割れてしまいます。その状態で生地に折り込まれるので、層が潰れて生地同士がくっつき、独特のサクッとした食感が損なわれてしまいます。一方、やわらかすぎると生地からはみ出したり、生地となじんでしまい、層ができなくなります。

　バターの持つ可塑性は13℃前後で生じるので、常にこの温度帯を意識し、作業中に温度が上がることを考慮して、少し低めの10℃くらいで作業をスタートさせるとよいでしょう。冷蔵室から出したバターを室温に2〜3分おいてやわらかくするのは、この温度調整にあたります。

## バターを包む

　デトランプでバターを包む方法は一般的に2種類あります。一つは長方形に長く伸ばし、その中央にバターを置いて両サイドを折りたたむ方法。もう一つは、デトランプをバターより一回り大きい正方形に伸ばし、その中央にバターの角を45度ずらしてのせ、生地の四隅が真ん中にくるように折りたたむ方法。どちらでも包む工程に差はありませんが、輪の部分は折り込み作業で薄くは伸びるものの、そこにバターの層は存在しません。4か所が輪になっていると生地だけの層がかなりできることになり、家庭で作る生地量では生地とバターが層を作る部分が少なくなってしまう、という理由から、本書では輪が2か所になる包み方を選んでいます。

## 生地を伸ばす

　手の感覚、感触だけで伸ばしていくこともできますが、たった1回の工程が生地の状態を左右してしまうので、ルーラーを利用して確実に均一の厚さに伸ばしましょう。さらに、左右均等に伸ばしていかないと、バターが片側に溜まってきれいな層に仕上がらなくなるので、めん棒は丁寧に慎重にかけましょう。

## 折り込み回数

　折り込み回数によって層の数と厚みは変わり、当然食感にも違いが出てきます。三つ折りを3回すると、生地とバターの層は55層になり、これを焼成するとバターの層が溶けて28層になります。実際は、生地をカットして巻くので層はもっと多くなります。同じ生地で三つ折りを2回にすると、焼き上がりの1層が厚くなり、その分ザクザクとした食感になります。ただし折り込み回数を増やせばより繊細な食感が得られるわけではありません。層が薄くなりすぎて、バターが伸びきれなかったり、生地同士がくっつきやすくなって層が出にくく、焼き上がりは普通のパンに近い食感になってしまいます。折り込みの回数は目指すクロワッサンの食感に応じて変わるので、いろいろ試して、好みの回数を探してみるのもよいでしょう。

## 生地を冷凍室で休ませる

　イーストが活動する温度は4〜40℃とされています。生地を5℃前後の冷蔵室で休ませるとイーストが活動して発酵が進み、生地が膨らんで折り込み作業で作った層を荒らしてしまいます。それを防ぐために、イーストが休眠状態になる0〜−40℃の温度帯にある冷凍室（約−10℃）で休ませます。

# 分割する

## 分割後の縮みを防ぐ

　生地は伸ばした直後にカットすると、形が変わってしまいます。これは、伸ばす作業で引っ張られたグルテンが元に戻ろうとするからです。伸びていたゴムを途中で切断するのと一緒で、引っ張られたグルテンが縮むため、生地がいびつに曲がったり、小さくなったりするわけです。この収縮を防ぐために、伸ばし終わった生地を台から少し持ち上げて軽く上下に揺すり、張っていた生地をゆるませて生地本来の長さに戻します。このひと手間で、生地はカットした形をそのまま維持でき、成形したクロワッサンの形も崩れずきれいに保てます。

## 成形する

### 生地に切り目を入れる

　大きくカットした生地を巻き込むクロワッサンの場合、両端と中央を比べると生地の厚さにかなりの差ができます。この厚さの違いが影響して、二次発酵終了のタイミングが両端と中央の間でズレてしまいます。この解決策が生地に入れる切り目です。切り目部分を折り返して巻くと、生地中心部にわずかですが空洞ができます。この空洞によって生地温が上がりやすくなり、二次発酵が均一に進むようになります。

## 二次発酵させる

### 二次発酵の見極め方

　クロワッサンは二次発酵のベストな状態が短く、その見極めが難しいパンです。まず目で確認して、成形直後の大きさと比べて1.5～2倍に膨らんでいること。さらに、膨らんだ生地の表面を指先で軽く押して離し、生地についた指の跡が残ったままになるくらいをベストな状態と判断します。別の見極め方としては、天板ごと軽く揺すり、かためのプリンのように生地がプルンと揺れれば適正な状態となります。これは何度もやってしまうと層が壊れてしまうので注意してください。もし生地がグニュグニュっと揺れるようなら過発酵です。すぐオーブンに入れましょう。この場合の焼き上がりは、ブリオッシュのような層のないリッチなパンになります。

## 焼成する

### ドリュールの作り方

全卵53～55g（1個分）、卵黄18～20g（1個分）をよく混ぜ合わせ、茶こしでこす。

### ドリュールを塗る

　生地の表面にドリュールを塗る刷毛は、ヤギの毛などのやわらかいものがおすすめ。毛先を水で湿らせて水気をしっかりきり、ドリュールをたっぷり含ませてから、容器の縁で余分なドリュールを落とします。塗るときは、刷毛を寝かせて腹の部分を使い、生地の表面をなでるように塗ります。生地の切り口（断面）に塗ってしまうと膨らまなくなるので注意してください。

## オーブン別焼成法

### 電子レンジオーブン・電気オーブン

　家庭用のオーブンは庫内が小さく、熱源と生地との間が狭いので、扉を開けると庫内の温度が10℃ほど一気に下がり、リカバーに時間がかかります。加えて、稼動中は庫内奥の温度が設定温度より高くなってしまうので、焼きムラができやすくなっています。きれいに焼き上げるためには、天板の向きを途中で入れ替えることが不可欠です。

### ガスオーブン

ファンから排出される強い熱風が、庫内でこれから膨らもうとする生地表面を乾かして焼き固め、底割れや破裂、変形を引き起こしてしまいます。これを防ぐには、高温で十分予熱したオーブンに生地を入れ、直後にスイッチを切ってそのまま設定の焼成温度を下回るくらいまで余熱だけで焼き、その後再稼働させて仕上げます。スイッチを切ることでファンが止まり、熱風に邪魔されることなく生地を膨らませることができ、結果、きれいに焼き上がります。焼きムラを防ぐために、途中で天板の向きを入れ替えます。

Lesson

# 1

## このクロワッサンを作る!

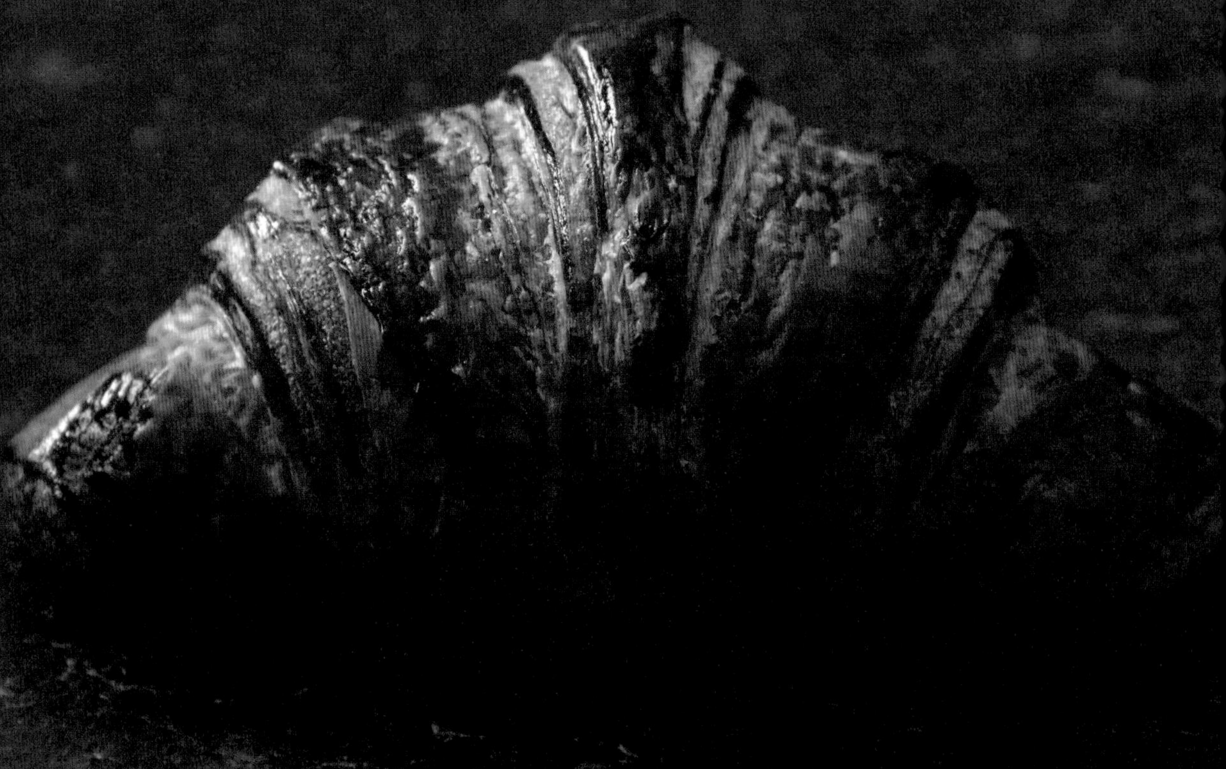

# 伝統的な製法で
# 丁寧に仕上げる
# 正統派クロワッサン

クラシックな配合と作り方を、少しだけ家庭用にアレンジしたクロワッサンです。
低温長時間発酵で粉本来のうまみを発揮する準強力粉・リスドォルと、バター風味豊かなよつ葉バターを使い、
それぞれの持ち味を生かしながらも、あえて一つの個性が突出しない絶妙な味のバランスを目指しました。
そのまま食べてももちろん、サンドイッチなどにしても具材の味を邪魔しないニュートラルなおいしさは、
一つ一つの工程を真面目に丁寧に進めていくことで完成します。

### [ CRUST ]

**均等な層が1枚でつながる**

先端までくっきりと折り重なる1枚の層は、生地とバターを均一に伸ばし、しっかり折り込みを行った証し。すべての工程を適切にこなすことでできるのが、この美しい層です。外皮はこの層によって、クロワッサンらしいパリパリッとした食感になります。

### [ CRUMB ]

**きれいなクモの巣状になる**

ふんわり立ち上がった生地の層は薄く透き通り、中央に渦巻きの中心があるクモの巣状に広がっています。的確なタイミングで発酵を行うことで、均等にきれいな層で膨らみます。

## 材料 (幅13〜14cmのもの8〜9個分)

| | 分量 | ベーカーズパーセント |
|---|---|---|
| 準強力粉 リスドォル | 200g | 100% |
| スキムミルク | 6g | 3% |
| バター (食塩不使用。よつ葉) | 10g | 5% |
| A 水 | 56g | 28% |
| 　 牛乳 | 48g | 24% |
| 塩 | 3.6g | 1.8% |
| グラニュー糖 | 18g | 9% |
| インスタントドライイースト | 2g | 1% |

| | 分量 | ベーカーズパーセント |
|---|---|---|
| 全卵 (溶いたもの) | 10g | 5% |
| 折り込み用バター (食塩不使用。よつ葉) | 100g | 50% |
| 打ち粉・手粉 (準強力粉) | 各適量 | |
| ドリュール (→p.201) | 適量 | |

## 道具

- □ デジタルスケール
- □ ボウル
- □ 製菓用温度計
- □ 泡立て器
- □ 木べら
- □ カード
- □ 作業台
- □ ラップ
- □ デジタルタイマー
- □ 冷凍用保存袋
- □ 布巾
- □ 物差し
- □ めん棒
- □ 茶こし
- □ ルーラー (1cm、5mm、3mm)
- □ バット (蓋付き)
- □ 保冷材
- □ オーブンペーパー (天板のサイズ)
- □ ポリシート (厚手のポリ袋を切り開いたもの)
- □ 空き瓶 (ジャム用の小瓶など)
- □ 刷毛 (毛先のやわらかいもの)
- □ オーブン用手袋 (または軍手)
- □ クーラー

## 作り方の流れ

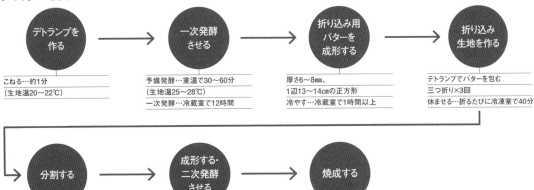

**デトランプを作る**
こねる…約1分
(生地温20〜22℃)

**一次発酵させる**
予備発酵…室温で30〜60分
(生地温25〜28℃)
一次発酵…冷蔵室で12時間

**折り込み用バターを成形する**
厚さ6〜8mm、
1辺13〜14cmの正方形
冷やす…冷蔵室で1時間以上

**折り込み生地を作る**
デトランプでバターを包む
三つ折り×3回
休ませる…折るたびに冷凍室で40分

**分割する**
分割…底辺8cmの二等辺三角形
休ませる…冷凍室で40分、
冷蔵室で10分

**成形する・二次発酵させる**
成形…生地を引っ張る→巻く
二次発酵…室温で90〜150分

**焼成する**
電子レンジオーブン・電気オーブン
予熱240℃
焼成220℃で8分、
天板の向きを変えて3〜4分

ガスオーブン
予熱250℃
焼成…予熱状態で2分、
210℃で8分、
天板の向きを変えて3〜4分

デトランプ ▸ 一次発酵 ▸ 折り込み用バター ▸ 折り込み生地 ▸ 分割 ▸ 成形・二次発酵 ▸ 焼成

# デトランプを作る

## 1
### 下準備

・準強力粉、スキムミルクを合わせ、冷凍室（−10℃以下）に15分入れて冷やす。

・バターは1cm角に切り、使うまで冷蔵室（2〜6℃）で冷やしておく。

・Aを合わせて冷蔵室に入れ、5℃前後に冷やす。

・折り込み用のバターは正方形に近い状態に形を整え、使うまで冷蔵室で冷やしておく。

・焼成に入る30分前に、オーブンの予熱（電子レンジオーブン・電気オーブンの場合は240℃、ガスオーブンの場合は250℃）を始める。

## 2
### イースト溶液を作る

ボウルにAを入れ、塩、グラニュー糖を加えて泡立て器で混ぜ溶かし、イーストを振り入れる。そのまま1〜2分おき、イーストの粒が水分を含んでふやけてから混ぜる。

**POINT**

粉類を加えてからこねる回数が少ないので、イーストがきちんと均一に混ざるように、水分に溶かして加えます。1か所にまとめて落とすとダマになって溶けにくくなるので、全体に広げるように振り入れます。また、入れてから水面を動かすとイーストがボウルの縁についてダマになるので注意。

ボウルに水と牛乳を入れ、塩、グラニュー糖を加えてよく混ぜてから、イーストを全体に広げるように振り入れる。

1〜2分置いてイーストをふやかしてから混ぜる。

## 3
### 粉とバターを混ぜる

ボウルに準強力粉とスキムミルクをふるい入れ、バターを加えてすり混ぜる。

**POINT**

この作業は、バターが冷たいうちに素早く行います。フードプロセッサーを使えば、バターが溶ける心配もなく簡単です。

手の温度でバターが溶けてしまうので、直接バターに触れないように、まずバターに粉類をたっぷりまぶし、その後、指の腹で平らにつぶしながらバターに粉をすり込むように混ぜる。

バターの粒が小さくなってきたら、両手で適量すくって手のひらの間で素早くすり合わせてほぐし混ぜる。

全体が少し黄色っぽくなって、サラサラの状態になればOK。

# 4
## 材料を混ぜる

2に3と全卵を順に加え、全体に均一になじみ、水気がなくなるまで木べらで混ぜる。

**POINT**
イースト溶液に全卵を直に加えると発酵しにくくなるので、粉類を加えた後に入れます。

全卵は粉の中央に落とすとダマになりやすいので、縁に入れる。

木べらで生地を底からすくい上げるようにして混ぜる。練り混ぜないこと。

粉全体に水分が浸透して、水気がなくなるまで混ぜる。

# 5
## 生地をこねる

生地を作業台に取り出し、手のひらのつけ根で生地を押し出すようにして、台にこすりつける。

**POINT**
作業台に打ち粉はしません。ボウルや木べらに残った生地もカードで集めて加えます。

ある程度すり伸ばしたら、カードを使って元に戻してひとまとめにし、再びこすりつけながら伸ばす。1分ほど繰り返し、生地を均一にする。

**POINT**
生地をちぎらないように注意しながら、しっかりと圧力をかけてこすりつけます。

こね上がった生地を一つにまとめる。

**POINT**
表面はザラザラでOK。ツルツルになるまでこねるとグルテンができすぎてしまい、歯切れのよいサクッとした食感になりません。パンに必要なグルテンは、折り込み生地を作る工程で形成されます。

# 6
## 生地温をはかる

こね上げた生地の温度をはかる。ここでは、20〜22℃になっていること。

**POINT**
生地のつながりがちょうどよい状態が20〜22℃です。25℃を超えないように注意してください。

# 一次発酵させる

一次発酵終了

## 7
### 予備発酵させる

生地を二重ラップで包み、上から軽く押さえて平らにする。室温（約25℃）に30〜60分おいて、予備発酵させる。

**POINT**
二重ラップとは、2枚重ねにしたラップのことです。はがすときに破れないので扱いやすいです。

生地が少しゆるみ、生地温が25〜28℃になれば予備発酵終了。

**POINT**
生地温が高いと、一次発酵の際に発酵が進みすぎてしまいます。予備発酵中に室温が上がり、生地温が28℃以上になってしまったら、30分経過していなくても一次発酵を始めてください。

## 8
### 低温で一次発酵させる

二重ラップでふんわりと包み直し、上から軽く押して生地の中に発生した炭酸ガスを抜く。

**POINT**
発酵によって生地が2倍くらいに膨らむので、ゆるめに包んでスペースを作っておきます。生地の中のガスを抜くことで酸素が供給され、イーストの働きが活発になって生地の力が強くなります。さらに、生地の中の気泡も均一になります。

乾燥しないように冷凍用保存袋に入れ、冷蔵室で12時間かけてゆっくり発酵させる。

**POINT**
イーストの量を控え、低温で時間をかけて発酵させる冷蔵発酵は、イースト特有の臭いが抑えられ、水和もしっかりするので、小麦粉やバターの風味豊かなクロワッサンになります。

# 折り込み用バターを成形する

## 9
### めん棒で叩く

折り込み用バターを二重ラップで包み、めん棒で叩いて伸ばしやすいかたさにする。

折り込み用バターを二重ラップで包む。

**POINT**
冷蔵室から出したての冷たくかたいバターを使うこと。

ラップの上からめん棒で全体を叩く。

**POINT**
めん棒は、作業台と平行になるようにして叩きます。

## 10
## 正方形に伸ばす

ラップをいったんはがし、1辺が13〜14cmの正方形になるように包み直す。

ラップの上からめん棒で四方に伸ばす。
**POINT**
バターに負担をかけずに最少回数で伸ばせるように、めん棒は太いものを使います。

たたんだラップの四隅までバターを伸ばし、厚さ6〜8mm、1辺13〜14cmの正方形にする。
**POINT**
きちっとした四角形で均一の厚さに成形すること。

伸ばし終わったバターを冷蔵室に入れ、1時間以上冷やす。
**POINT**
めん棒で伸ばしたバターはやわらかくなりすぎているので、冷蔵室で冷やし、かたくします。

# 折り込み生地を作る
## 11
## デトランプを伸ばす

作業台に軽く打ち粉をしてデトランプを冷蔵室から取り出して置き、表面に茶こしで打ち粉を軽く振る。

デトランプの両側に厚さ1cmのルーラーを縦に立てておき（ルーラーの幅分の高さになる）、めん棒に軽く打ち粉をして上からググッグッと押さえるようにして伸ばす。
**POINT**
デトランプの厚さをルーラーの高さに合わせて均一に伸ばします。

ルーラーを倒して厚さ1cmにセットし、めん棒を前後に転がしながら幅13〜15cm、長さ22〜25cmに伸ばす。
**POINT**
適宜打ち粉をし、デトランプの奥と手前を入れ替えて向きを変えながら、均一の厚さに伸ばします。

伸ばし終わったら、刷毛で生地表面の余分な打ち粉を払う。

# 12
## デトランプで
## バターを包む

伸ばしたデトランプで成形したバターを包む。

**POINT**

デトランプとバターが同じくらいのかたさになっていることが大切です。

  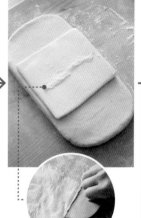

折り込み用バターを冷蔵室から出して室温に2～3分おき、折り曲げてもヒビが入ったり折れたりしないくらいのやわらかさにする。

**POINT**

かたすぎるバターは、伸ばしている間にデトランプの中で割れ、生地に折り込まれてしまいます。

伸ばしたデトランプの中央にバターをのせる。

**POINT**

バターに直接触れないように、包んでいたラップごと持って、生地の上でひっくり返します。ラップに残ったバターも、カードで丁寧に拭って加えます。

ラップに残ったバターも加える。

上下の生地を、バターとの間にすき間ができないように折りたたむ。

バターの中央で上下の生地を少し重ねておく。

包み終わったところ。左右は閉じない。

# 13
## 生地を伸ばす

生地を90度回して向きを変え、両側に厚さ1cmのルーラーをセットする。生地の手前と奥の端をめん棒で押さえ、厚さ1cmにする。
**POINT**
重ねた生地がずれないように押さえて固定しておきます。

奥と手前のくぼみの間をめん棒で上からグッグッグッと押さえ、生地とバターをなじませる。

押さえて波状になっている生地の表面を平らにならすようにめん棒を転がして伸ばす。
**POINT**
端まで一気に伸ばすと、バターがデトランプから飛び出してしまいます。

生地全体が厚さ1cmになるように均一に伸ばす。
**POINT**
バターを包んだ生地は非常に破れやすいので、少しずつ伸ばしてください。さらに中のバターは溶けやすいです。体温・室温に気をつけましょう。

厚さ5mmのルーラーに替え、中央から奥、中央から手前と二つに分けて伸ばす。少し伸ばしたら生地を180度回転させ、向きを変えながら幅18〜20cm、長さ40cmの帯状にする。
**POINT**
生地を最初に置いた状態のままで伸ばすと、どうしても利き手側に圧力がかかってしまいます。その結果、生地が均等に伸ばせなかったり、バターが片側に溜まってしまい、きれいな層に仕上げられなくなります。これを防ぐために、生地の向きを変えながら伸ばしていきます。生地が作業台にくっつくようなら、軽く打ち粉をします。

伸ばし終えた生地。

# 14
## 1回目の三つ折りをする

刷毛で生地表面の余分な打ち粉を払う。

**POINT**
分量以外の余分な粉が入ると、生地がかたくなります。

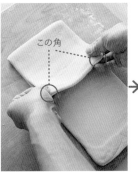

この角

生地の奥から1/3を手前に折る。

端をめん棒で軽く押さえる。

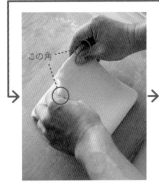

この角

手前側の1/3の生地を折り重ねて三つ折りにする。

**POINT**
重ねた生地の角をしっかり合わせます。

1回目の三つ折り終了

全体を軽く押さえてなじませる。

この角の
**POINT**

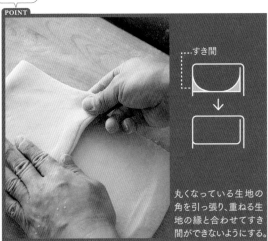

すき間

丸くなっている生地の角を引っ張り、重ねる生地の縁と合わせてすき間ができないようにする。

# 15
## 生地を休ませる

生地を二重ラップで包み、さらに布巾で包み、冷凍室で40分休ませる。

**POINT**
発酵を進めることなく、生地の中心まで短時間で一気に冷やすために、冷蔵室ではなく冷凍室（−10℃）で休ませます。布巾で包むのは、生地の表面や角の部分が凍ってしまうのを防ぐため。凍ってしまうとこの後行う生地伸ばしの工程がしづらくなります。

# 16
## 三つ折りした生地を伸ばす

生地の輪

作業台に打ち粉をして、三つ折りした生地を輪が左右になるように置き、そのまま2〜3分おいてから表面に茶こしで打ち粉を軽く振る。

**POINT**
冷えてかたくなった生地の角部分を、室温に置いてゆるませます。

両側に厚さ1cmのルーラーをセットする。生地の手前と奥の端をめん棒で押さえ、厚さ1cmにする。

**POINT**
折り込み生地の層がずれないように押さえます。

奥と手前のくぼみの間をめん棒で上からグッグッグッと押さえて生地をなじませる。

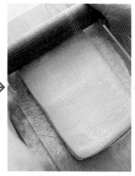

押さえて波状になっている生地の表面を平らにならすようにめん棒を転がし、全体を厚さ1cmに伸ばす。

転がす方向

厚さ5mmのルーラーに替え、中央から奥、中央から手前と二つに分けて伸ばす。

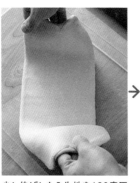

少し伸ばしたら生地を180度回転させ、向きを変えながら適宜打ち粉をして伸ばしていく。

1回目の三つ折りをする前と同じ、幅18〜20cm、長さ40cmの帯状にする。

**POINT**
生地の中にガスが出てきたら、横から竹串で刺してガスを抜きます。めん棒や指でつぶすと生地が破れバターがはみ出します。

# 17
## 2回目の三つ折りをする

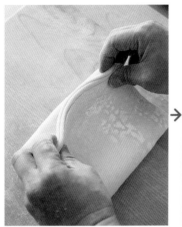

14と同様に三つ折りにする。

**POINT**
伸ばしている間に重ねた生地がずれてしまったら、そのずれたところが折り重ねたとき下になるように、先に折ります。

# 18
## 生地を休ませる

15と同様に生地を冷凍室で40分休ませる。

# 19
## 3回目の三つ折りをする

もう一度16〜18の工程を繰り返し、三つ折りを計3回行い、冷凍室で40分休ませる。

折り込み生地の完成

# 分割する
## 20
## 折り込み生地を
## 伸ばす

16の要領で、1cm、5mm、3mmのルーラーを順に使って厚さ3mm、幅16〜18cm、長さ42〜45cmに伸ばす。仕上げに四隅をそれぞれ内側から外に向けてめん棒を転がして角を作る。生地の両側に置いたルーラーの一方（角を作る反対側）を斜めにし、めん棒を頂点に向かって転がす。

**POINT**
生地を伸ばすために上下に向かって転がしていためん棒を、ここでは外に向かって転がします。こうすることで、丸くなりがちな生地の四隅に角がしっかり出ます。

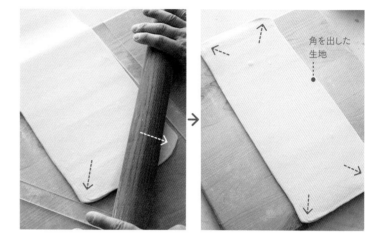

角を出した
生地

伸ばし終わった生地の下に両手を差し込み、全体を上下に軽く揺すって生地をゆるめる。

**POINT**
伸ばして引っ張られた生地をそのまま成形すると、元に戻ろうとする力が働くため、形がいびつになったり、縮んで小さくなってしまうことがあります。それを防ぐために、生地にかかったテンションをゆるめて本来の長さに戻します。

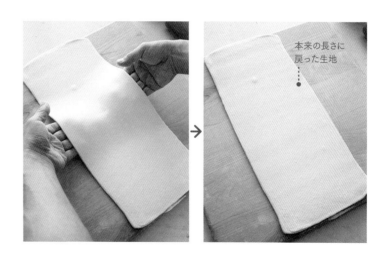

本来の長さに
戻った生地

# 21
## 二等辺三角形に切る

生地を横長に置き、よく切れる包丁で底辺が8cmの二等辺三角形に切る。

生地の下の辺の端から物差しを使って8cmごとに印をつける。反対側の下の辺は端から4cmの位置に印をつけ、そこから8cmごとに印をつける。

よく切れる包丁で、印と印をつなぐラインを切って二等辺三角形の生地を作っていく。

**POINT**
包丁を引いて切ると断面がつぶれて層がくっついてしまいます。切るときは、印の部分に包丁の切っ先を入れたら、そこを支点にしてテコの原理で刃を一気におろし、スパッと押し切ります。切れ端は再活用します（p.253参照）。

切り出した生地。

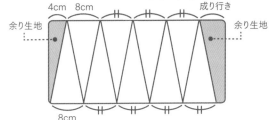

4cm　8cm　　　　　　　　　成り行き
余り生地　　　　　　　　　　　　　　　余り生地
8cm

# 成形する

# 22
## 生地を休ませる

切り離した生地をバットに入れ、ラップをかぶせてさらに蓋をし、冷凍室（−10℃）で40分、冷蔵室に移して10分休ませる。

**POINT**
生地の切り口に触れないこと。

# 23
## 底辺と頂点を引っ張る

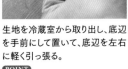

生地を冷蔵室から取り出し、底辺を手前にして置いて、底辺を左右に軽く引っ張る。

**POINT**
クロワッサンは折り込んでできる層が大切です。生地を切った断面に触れてしまうときれいな層ができなくなってしまうので、気をつけて成形してください。

頂点を右側にして横向きに置き、左手で底辺を軽く押さえて右手で頂点を引っ張って長さ25cmくらいに伸ばす。

引っ張る前の生地　　　引っ張った生地

# 24

## 生地を巻く

生地の向きを元に戻し、引っ張った底辺を1cm折り上げ、さらにもう1cm折る。これを芯にし、奥へ向かってふわっと転がして巻く。生地の層をつぶさないように、力を入れずに巻くこと。巻き終わりは、先端を指で平らにつぶし、はがれないように軽く押さえて貼りつける。

**POINT**

あまりきつく巻き上げないこと。きつく締めて巻くと中央の生地が詰まって膨らまず、両端だけが膨らんだリボンのようないびつな形に焼けてしまいます。

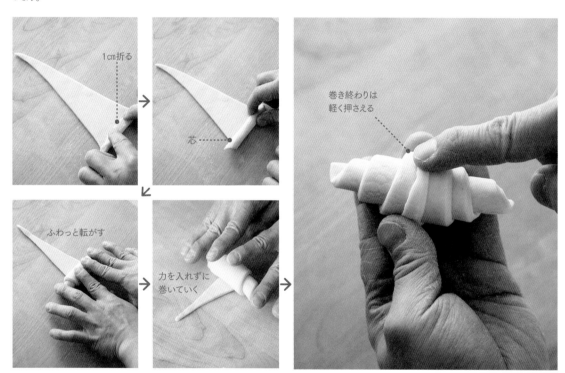

1cm折る

芯

ふわっと転がす

力を入れずに
巻いていく

巻き終わりは
軽く押さえる

**POINT**

成形作業をしている間、残りの生地が室温でやわらかくならないように、保冷材の上にバットをのせて冷やしておく。

# 二次発酵させる

## 25
### 二次発酵させる

天板にオーブンペーパーを敷き、巻き終わりを下にして並べる。

発酵中に生地が乾燥しないように、天板の四隅に空き瓶を置いてポリシートをかぶせる。

**POINT**
発酵して膨らんだ生地がポリシートに触れて貼りつかないように、四隅にはある程度の高さのあるものを置きます。

室温に90〜150分置いて発酵させる。

**POINT**
30℃を超えると折り込んだバターが溶け出して生地の層がなくなってしまうので、温度が上昇しないように室温調整をしてください。

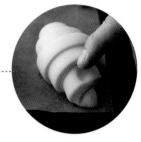

**POINT**
成形時より1.5倍くらいの大きさに膨らみ、水で濡らした指先で軽く押すと跡が残り、そのへこみが戻ってこなければ二次発酵は終了です。

# 焼成する

## 26
### ドリュールを塗る

刷毛で生地表面にドリュールを塗る。切り口には塗らないこと。

**POINT**
生地の層を押しつぶさないように、力を入れず、やさしく丁寧に塗りましょう。

## 27
### オーブンに入れて焼く

予熱したオーブンに入れ、設定温度で8分、天板の向きを変えて3〜4分焼く。焼き上がったらオーブンから取り出し、クーラーにのせて室温で冷ます。

**電子レンジオーブン・電気オーブンの場合**
240℃に予熱したオーブンに入れ、焼成温度を220℃に設定し直して8分焼き、さらに天板の向きを変えて3〜4分焼く。

**ガスオーブンの場合**
250℃に予熱したオーブンに天板を入れ、そのまま予熱状態で2分おいてから焼成温度を210℃に設定し直して8分焼き、さらに天板の向きを変えて3〜4分焼く。

# 粉を知る、粉を選ぶ

どんな小麦粉を選んで使うかで、クロワッサンの味わいや食感は大きく違ってきます。
ここでは、クロワッサン作りで使用した小麦粉の特徴を紹介します。
紹介した製品は、製菓材料店やネット通販で入手できます。
＊一部に本書で使用していないものも含まれています。カッコ内に表記した％は、たんぱく質の含有量です。

## 最強力粉 [13.0%以上]

強力粉の中でも、よりたんぱく質の含有量が多い最強力粉は、焼成時の窯伸びがよく、ボリュームを支える粉として、たんぱく質含有量の少ない準強力粉、薄力粉、全粒粉にブレンドして使います。

### ゴールデンヨット
外国産小麦　　　　　　　[13.5±0.5%]

アメリカ産とカナダ産の小麦をブレンド。窯伸びが非常に優れ、よく膨らんでボリュームが出る。うまみが濃く、小麦らしい香ばしい香りも特徴。焼き上がりはしなやかで、ふっくらもちもちとした食感になる。たんぱく質含有量が少なくボリュームの出にくい粉にブレンドするとよい。

### スーパーキング
外国産小麦　　　　　　　[13.8±0.5%]

アメリカ産とカナダ産の小麦をブレンド。抜群の窯伸びを誇り、焼き上がりはふんわりとして風味がよく、クラストにカリッとした食感が出る。すっきりとした味わいが特徴で、味を生かしたいたんぱく質含有量が少ない粉とブレンドすると、縁の下の力持ち的働きをする。

## 強力粉 [11.5〜13.0%]

強力粉100％でもクロワッサンは作れますが、折り回数が多くなるとグルテンの量が増えて食感がかたくなってしまうため、デトランプにバターや生クリームを加えるなどの工夫が必要です。たんぱく質含有量の少ない準強力粉、薄力粉とのブレンドにも適しています。
※たんぱく質含有量が規定外のものも含まれます。

### スーパーカメリヤ
外国産小麦　　　　　　　[11.5%±0.5%]

アメリカ産とカナダ産の小麦をブレンド。雑味のないすっきりとした味わいに、小麦の甘さが強く感じられる。この甘さと、たんぱく質含有量が若干少ない点がうまく作用し、バターやミルクの風味を生かしたクロワッサン作りに相性がよい。白くてきめ細かく、口溶けのよいクラムになる。

### ベルムーラン
外国産小麦　　　　　　　[11.8%±0.5%]

アメリカ産とカナダ産の小麦をブレンド。保水性が高く、小麦のうまみ、甘みがしっかり感じられる。窯伸びもよく、しっとりもっちりとしたクラムになる。吸水がよいので作業しやすく、水加減などの不安が軽減されボリュームも出るので、安定したクロワッサン作りが可能。焼成後のパンの味わいも、他の強力粉より長持ちする。

## 強力粉 [11.5〜13.0%]

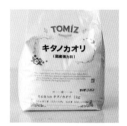

### キタノカオリ
国産小麦 [11.5±1.0%]

北海道産小麦を使用。国産小麦粉の中ではたんぱく質含有量が多くボリュームが出せ、吸水がよいので作業性も高い。さらに、発酵のピークタイムが長く、発酵の見極めが難しいとされるクロワッサン作りに適している。クラムはクリーム色でもちもちとした食感に仕上がる。甘い香りが特徴でうまみも強いので、加える糖類は多めの方が味のバランスをとりやすい。

### 南のめぐみ
国産小麦 [10.1±0.3%]

九州で開発された製パン用硬質小麦ミナミノカオリを100％使用。グレーがかった色味と香ばしい香りが特徴。たんぱく質含有量が若干低いので、準強力粉のような使い方もできる。長時間発酵と水和によって香ばしさが増し、やわらかなうまみが引き出され、クラストはサクッとして香ばしく、クラムはしなりのあるソフトな質感に仕上がる。

### テリア特号
国産小麦 [10.5%]

岩手県産南部小麦100％使用。外皮以外を丸ごと挽く「一本挽き」と呼ばれる方法で製粉されているため、小麦の深いうまみや甘みが強く感じることができる。こねが足りないとパサついたクラムになってしまうので、デトランプをきっちりこねるか、折り込み回数を多めにする。長時間発酵を行う製法や、あこ天然酵母、自家製酵母などを使う配合のクロワッサン作りと相性がよく、小麦の味がストレートに味わえる一本挽きのよさが引き出せる。

### はるゆたか
国産小麦 [11.5±0.5%]

北海道産小麦「はるゆたか」を100％使用。小麦の甘い香りと香ばしい香り、食べ飽きないうまさのバランスが絶妙な強力粉。栽培が難しいため近年収穫量は少なくなっているが、このバランスのよさを持つ国産の小麦粉は少ない。国産品種の中でも比較的たんぱく質含有量が多く、ふっくらと焼き上がり、引きのあるもっちりとした食感になる。クラストはカリッと焼き上がるが少し置くとしっとりしてくる。この特徴を単体でストレートに表現するか、他の粉とブレンドしてバランスをとるか、いろいろに楽しめる粉。

### 春よ恋
国産小麦 [10.6±0.7%]

「はるゆたか」の改良品種「春よ恋」の中心部だけを挽いた贅沢な小麦粉。たんぱく質含有量が低いことで引きの強さやもちもちとした食感が抑えられ、クロワッサンを作る工程での国産小麦ならではの扱いにくさがない。はるゆたかの小麦の香ばしさと甘い香りを維持し、さらに雑味のないすっきりとした味わいが特徴。あっさりとしてクセがないので、バターやミルクの風味を引き出せる。また、粒子が細かいので、きめ細かいクラムになる。

## 準強力粉 [10.5〜12.5%]

ベーシックな配合や作り方をするクロワッサンは、準強力粉100％で作ることが多くあります。目指す味わいを出すために準強力粉同士をブレンドしたり、狙ったところに足りない要素を補うために最強力粉、強力粉、薄力粉を一部ブレンドして配合します。

### リスドォル

外国産小麦　　　　　　　　[10.7±0.5%]

アメリカ、カナダ、オーストラリア産の小麦を日本でブレンドしたフランスパン専用粉。多くのベーカリーが使用している粉で、初心者にも扱いやすく、おすすめの準強力粉。クラストは香ばしくカリッと焼け、クラムはふんわりしっとりとして口溶けよく仕上がるのが特徴。低温での長時間発酵にも向き、しっかり水和させることで粉本来の甘みが引き出される。

### フランス

外国産小麦　　　　　　　　[12.0%]

カナダ、アメリカ、国産の小麦をブレンドした、日本で最も早く開発されたフランスパン専用粉。準強力粉の中ではたんぱく質含有量が高く、デトランプの仕込みの際の水量が足りないと、折り工程時に生地が割れることがある。作業中は適宜加水できるよう、少量の水分を用意しておくこと。吸水が早いので、加水しながらでも生地作りは容易にできる。クラムは白く、クラストはカリッと焼き上がる。粉の豊かな香りと深いうまみ、もっちりとした食感が特徴。

### ラ・トラディション・フランセーズ

外国産小麦　　　　　　　　[10.5±2.0%]

フランス、ボース地方産の小麦を使用した、伝統的なフランスパンを作るために開発された小麦粉。小麦の香ばしい香りと甘み、うまみのバランスが絶妙。クラストはサクサクとして香ばしく、クラムは弾力を持ちながら口溶けのよいクロワッサンが作れる。発酵のピークタイムが短く見極めが難しいため、パン作り中級者以上の慣れが必要。発酵が比較的安定する粉とミックスしたり、メインの粉に風味づけとして少量加えるなどの使い方もおすすめ。

### メルベイユ

外国産小麦　　　　　　　　[10.0±1.0%]

フランスで一般的に使われている「タイプ65」を再現するために、フランス産小麦を100％使用して日本国内で作られたもの。小麦の甘い香りとうまみが強く、バターを多めに配合したり、長時間発酵をさせる製法をとることで、その特徴を最大限引き出すことができる。クラストは崩れるほどにサクサクとし、クラムはホロホロと溶けるような食感に仕上がる。チョコレートやクリームなど副材料を加えるデニッシュ用生地などにも適している。

### オーベルジュ

外国産小麦　　　　　　　　[11.5±0.5%]

アメリカ、オーストラリア産小麦をブレンド。淡泊でクセがなく、食べ飽きない味に仕上がる。クラストはカリッとしたサク味が強く出て、クラムはふっくらもっちりしたしなり感のある生地になる。クロワッサン作りではクラムの引きが強くなりすぎないように、デトランプをしっかりこねて折り込み回数を少なくしたり、こねずに折り込み回数を多めにする作り方がおすすめ。

### タイプER

国産小麦　　　　　　　　　[11.3±0.5%]

北海道産小麦を使って、フランスのパン用粉タイプ65を目指して開発されたハードブレッド専用の小麦粉。灰分が高めで、少しグレーがかっている。小麦らしい味わいがストレートに出る粉で、クラストはカリカリ、サクサクしたクリスピーな食感が楽しめる。長時間発酵させるとうまみが強く引き出され、噛むほどに味わい深い生地になる。初心者にも扱いやすく、折り込み工程での伸びがよく、切れずにしなやかな生地になる。

## 薄力粉 [6.5~9.0%]

たんぱく質含有量が低くグルテンが弱いので、単一で使うとボリュームや引きがほぼ出ず、パイ菓子のようにホロホロと崩れてしまう生地になってしまいます。クロワッサン作りでは、風味や食感の補助役として、最強力粉、強力粉、準強力粉にブレンドして使います。

## 全粒粉 [10.0~14.0%]

小麦を表皮を含め、丸ごと粉にしたもの。メインの粉に少量ブレンドすることで、香ばしい風味や歯応え、雑味が楽しめます。

### エクリチュール

外国産小麦 [9.2±0.7%]

フランス産小麦100％使用し、日本国内で製粉。たんぱく質含有量は薄力粉の中では高い。焼成するとホロホロと崩れる食感の生地になり、小麦の香りが強く出る。メインの粉に少量ブレンドする使い方がおすすめ。グルテンが弱く粘りが出づらいので、食べたときにハラハラと崩れるクロワッサンに仕上げることができる。

### スーパーバイオレット

外国産小麦 [6.2±0.5%]

アメリカ産小麦をメインに使用。薄力粉の中でも特にたんぱく質含有量が低いため、きめ細かく、口溶けのよいソフトな食感を出せる。クロワッサンに使用すると、クラストは軽くサクサクし、クラムはしっとりと仕上がる。焼成時にふんわりとボリュームよく膨らむが、骨格をしっかり出せる粉とブレンドしていないと、焼き縮みをしてしまうので注意が必要。

### 春よ恋／石臼挽き

国産小麦 [13.0±1.0%]

北海道産小麦「春よ恋」を石臼で挽いたもの。全粒粉を加えた生地は発酵が進みやすいので、温度管理や発酵の見極めに注意が必要。

# バターを知る、バターを選ぶ

クロワッサン作りに大きな役割を果たすバター。
ここでは、クロワッサン作りで使用したバターの特徴を紹介します。
紹介した製品は、製菓材料店やネット通販で入手できます。　　＊カッコ内に表記した％は、水分含有量です。

## 非発酵バター／食塩不使用

### よつ葉バター
[17.0%以下]

北海道産生乳から作る、乳脂肪分が82.0％以上のバター。黄色味を帯び、ミルク感と濃厚なコク、なめらかな口溶けが特徴。香りの強い発酵バターを使わず、バターの重量感を出したいときに最適。クロワッサン作りに慣れてきた人におすすめ。

### よつ葉バター（ドイツ産原料使用）
[17.0%以下]

ドイツ産バターを日本で練り直し成形したもの。乳脂肪分は82.0％以上。ふわっと香るミルクの香りがくどくなく、口溶けがとてもよい。本書で紹介するバターの中でいちばんやわらかく、折り込み用のシートバターの加工がしやすい。伸びもよいので、折り込み工程で生地が冷えすぎていても、バターは切れずに伸びる。初心者にはおすすめ。黄色味を帯びている。

### 森永丸特バター
[13.9%以下]

生乳100％で作られる乳脂肪分84.7％以上のバター。乳脂肪分が多く、水分含有量が低いので、伸びがとてもよく、冷やしすぎた場合でも割れることはほぼない。発酵バターに勝るとも劣らない濃厚な味わいを持つ一方で、発酵バター特有の酸味や重さはない。後口がすっきりしているので、多量にバターを包み込むクロワッサン作りに向いている。

220

## 発酵バター／食塩不使用

### イズニー チャーニング発酵バター
[水分含有量不明]

フランス・ノルマンディ地方イズニーで、古来の方法を応用したチャーニング（撹拌）製法で作られている。搾乳から24〜72時間以内の生乳から原料となるクリームを分離させ、これを15時間以上かけて発酵させる。長時間かけてゆっくり発酵させるので酸味が和らぎ、まろやかな味わいと、発酵バター独特の豊かな香りが特徴。冷やしすぎると若干扱いにくくなるので、折り込み工程で生地とバターの温度を下げすぎないことがポイントになる。

### 森永発酵バター
[16.8%以下]

生乳から作られる乳脂肪分81.0％以上のバター。乳臭さがなく、ミルクのまろやかな甘さと軽やかさで、さわやかな発酵香が特徴。発酵バターが苦手な人や、発酵バターの芳醇な香りを保ちつつ、酵母の香りや副素材の香りを引き立てたいときなどにおすすめ。

### 明治発酵バター
[17.0%以下]

国産生乳100％で作る、乳脂肪分80.0％以上のバター。発酵バター特有の香りが強く、ヨーグルトのようなほのかな酸味とバター本来のうまみが特徴。バター感を押し出したクロワッサンには最適。香りがかなり際立ってくるが、酸味によって後味はすっきりするので、多量にバターを折り込む配合でもくどくならない。

### よつ葉発酵バター
[17.0%以下]

北海道産生乳から分離したクリームを乳酸菌で熟成させ、チャーンと呼ばれる伝統的な装置を使って練り上げて作るバター。乳脂肪分は82.0％以上。豊かな芳香とほのかな酸味、コクのある深い味わいが特徴で、チャーン製法によって、なめらかな口当たりになっている。本書で紹介するバターの中で、味と風味が最も濃厚。少量使うだけで、バター感を利かせることができる。

### VOICE

日本では、「乳及び乳製品の成分規格等に関する省令」によりバターの規格は「生乳、牛乳又は特別牛乳から得られた脂肪粒を練圧したもの」とされ、乳脂肪分80.0％以上、水分17.0％以下と定められています。この基準を満たしたものがパッケージに「バター」と表示されます。

### [製法による分類]

● 非発酵バター／日本で一般に市販されているバター。牛乳から分離したクリーム（乳脂肪分）を原料としているので、クセがなく、ミルクの香りとほんのりとした甘みがある。アメリカ、オーストラリアもこのタイプが主流。

● 発酵バター／原料となるクリームを乳酸菌で発酵させて作る。ヨーグルトのようなほのかな酸味と特有の芳香がある。ヨーロッパではこのタイプが主流。

### [食塩添加による分類]

● 有塩（加塩）バター／バターを練り上げる工程で食塩を添加したもの。日本、アメリカの家庭用はこのタイプが主流。食塩を加えることにより風味がアップし保存性も高まる。添加する食塩の量は1.5％前後。

● 食塩不使用バター／主に製菓用、調理用に利用される。食塩が入っていないので、保存期間は有塩バターに比べると短くなる。

### 粉とバターの関係

クロワッサンにおいて、粉とバターの関係は切り離すことができません。粉の重量に対して、50％前後の割合でバターを加えて生地に仕上げるので、両者のバランスを考えずに作ると、味や食感がバラバラになってしまいます。クロワッサンは、味の面では粉を凌駕するほどの風味をバターが担い、粉の風味は陰の立役者的存在です。食感では、生地をどのように折って、成形、発酵したかが鍵になるので、粉が食感をコントロールし、バターは生地の質感や食べ心地を考えて選んだ粉の食感を支えます。例えば、うまみの強いデトランプに、どっしりとした味の濃いバターを合わせるのであれば、回数を多く折り込まない方が、生地がもつ強いうまみにバターがふわりとバランスよく効いてきます。小麦の香ばしい香りが立つ粉で作ったデトランプなら、すっきりとしたミルキーな味わいのバターを使うと食べ心地のよいバランスになります。このようにクロワッサンにおいて、粉とバターは常にバランスをとりながら成り立つ、親密な関係にあるのです。

## ［粉チャート］

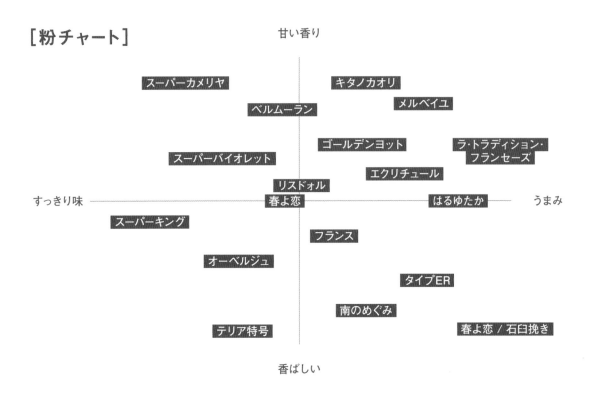

甘い香り

スーパーカメリヤ　　　　　　　　　キタノカオリ

　　　　　　　ベルムーラン　　　　　　　メルベイユ

　　　　　　　　　　　　　ゴールデンヨット　　　ラ・トラディション・
スーパーバイオレット　　　　　　　　　　　　　　フランセーズ

　　　　　　　　　　　　　　　エクリチュール

　　　　　　リスドォル
すっきり味 ─── 春よ恋 ─────────── はるゆたか ─── うまみ

スーパーキング

　　　　　　　　　　フランス

　　　オーベルジュ

　　　　　　　　　　　　　タイプER

　　　　　　　　南のめぐみ

テリア特号　　　　　　　　　　　　春よ恋 / 石臼挽き

香ばしい

## ［バターチャート］

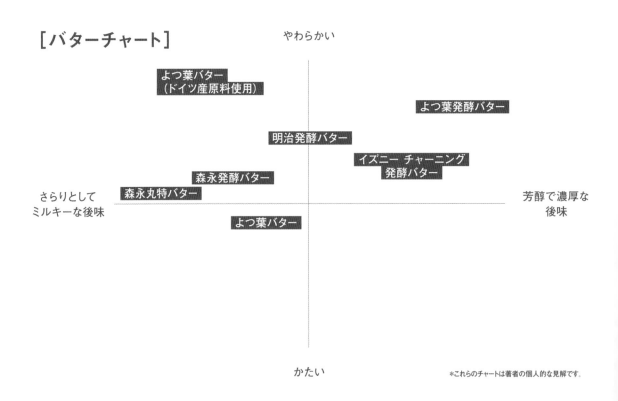

やわらかい

よつ葉バター
（ドイツ産原料使用）
　　　　　　　　　　　　　　　　　よつ葉発酵バター

　　　　　　　明治発酵バター

　　　　　　　　　　　　イズニー　チャーニング
　　　　　森永発酵バター　　　　発酵バター
さらりとして　森永丸特バター　　　　　　　　　　　　芳醇で濃厚な
ミルキーな後味　　　　　　　　　　　　　　　　　　　　後味

　　　　　　よつ葉バター

かたい　　　　　　　　　　　　　＊これらのチャートは著者の個人的な見解です。

# 2

# 好みのクロワッサンを作る!

小麦粉やバターのセレクト、材料の配合、折り込み回数、発酵方法など、
さまざまな要素が複雑に絡み合って作り出される味わい、香り、食感。
多彩で奥深いクロワッサンの世界の中から、自分好みのタイプを見つけてください。

デイリー
( バターの軽い風味と )
小麦の香ばしさ

ふわっと軽い
クロワッサン

クロワッサン・
ラピッド

ホロホロ
崩れる

カリカリ
クリスピー

正統派クロワッサン

サクサクふんわり
クロワッサン

渦巻きクロワッサン

ザクザクカリカリ
クロワッサン

あこ天然酵母の
クロワッサン

お菓子のような
クロワッサン

自家製りんご酵母の
クロワッサン

リッチ
( 小麦と発酵のうまみ )

Type - I

# 食感のコントラストが楽しめる
# サクサクふんわりクロワッサン

外はサクッと芳ばしく、中はふんわり軽やか。この食感を目指し、
準強力粉をベースに、たんぱく質が多くクラストがパリッと焼き上がる強力粉をブレンドしました。
強力粉を加えた生地の場合、グルテンをなるべく出さないことがポイント。
こねずにつながる程度にまとめ、折り込みには四つ折りで一気に層を作り、生地の状態に合わせて三つ折り、二つ折りと進めます。
焼成時、強力粉の働きで生地は大きく膨らみます。
この利点を活かし、大きめサイズに成形してひと口に当たるクラムの量を多くし、ふんわり感が増すようにしました。

[ CRUST ]

### ドンドンドンと盛り上がる山

段差のある盛り上がりは、二次発酵が順調に行われ、焼成時に生地全体がしっかり膨らんだことを証明しています。小さく作るクロワッサンと比べ、大きめサイズは発酵、焼成が難しくなります。

[ CRUMB ]

### 渦巻き状の層と厚めのクラスト

焼成時に熱が完璧に回ると、クラムはつぶれた層もなく中央から渦巻き状に広がります。大きいサイズは焼成時間が長くなるため、クラストは厚くなりますが、厚くてもおいしく食べられる粉選びをしています。

## 材料 (幅15〜18cmのもの6〜7個分)

| | 分量 | ベーカーズパーセント | | 分量 | ベーカーズパーセント |
|---|---|---|---|---|---|
| 準強力粉　ラ・トラディション・フランセーズ | 160g | 80% | グラニュー糖 | 22g | 11% |
| 強力粉　キタノカオリ | 40g | 20% | インスタントドライイースト | 2g | 1% |
| スキムミルク | 10g | 5% | 全卵 (溶いたもの) | 12g | 6% |
| 発酵バター (食塩不使用。イズニー) | 14g | 7% | 折り込み用発酵バター (食塩不使用。イズニー) | 120g | 60% |
| 水 | 96g | 48% | 打ち粉・手粉 (準強力粉) | 各適量 | |
| 塩 | 3.8g | 1.9% | ドリュール (→p.201) | 適量 | |

## 道具

- □ デジタルスケール
- □ ボウル
- □ 製菓用温度計
- □ 泡立て器
- □ 木べら

- □ カード
- □ 作業台
- □ ラップ
- □ デジタルタイマー
- □ 冷凍用保存袋
- □ 布巾

- □ 物差し
- □ めん棒
- □ 茶こし
- □ ルーラー (1cm、5mm、3mm)
- □ バット (蓋付き)
- □ 保冷材

- □ オーブンペーパー (天板のサイズ)
- □ ポリシート (厚手のポリ袋を切り開いたもの)
- □ 空き瓶 (ジャム用の小瓶など)
- □ 刷毛 (毛先のやわらかいもの)
- □ オーブン用手袋 (または軍手)
- □ クーラー

## 作り方の流れ

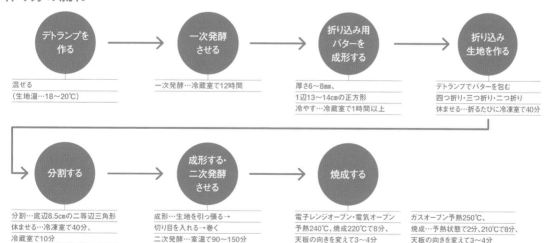

**デトランプを作る**
混ぜる
(生地温…18〜20℃)

**一次発酵させる**
一次発酵…冷蔵室で12時間

**折り込み用バターを成形する**
厚さ6〜8mm、
1辺13〜14cmの正方形
冷やす…冷蔵室で1時間以上

**折り込み生地を作る**
デトランプでバターを包む
四つ折り・三つ折り・二つ折り
休ませる…折るたびに冷凍室で40分

**分割する**
分割…底辺8.5cmの二等辺三角形
休ませる…冷凍室で40分、
冷蔵室で10分

**成形する・二次発酵させる**
成形…生地を引っ張る→
切り目を入れる→巻く
二次発酵…室温で90〜150分

**焼成する**
電子レンジオーブン・電気オーブン
予熱240℃、焼成220℃で8分、
天板の向きを変えて3〜4分

ガスオーブン予熱250℃、
焼成…予熱状態で2分、210℃で8分、
天板の向きを変えて3〜4分

デトランプ → 一次発酵 → 折り込み用バター → 折り込み生地 → 分割 → 成形・二次発酵 → 焼成

# デトランプを作る

## 1
### 下準備

- 準強力粉、強力粉、スキムミルクを合わせ、冷凍室（−10℃以下）に15分入れて冷やす。
- バターは1cm角に切り、使うまで冷蔵室（2～6℃）で冷やしておく。
- 水を冷蔵室に入れ、5℃前後に冷やす。
- 折り込み用のバターは正方形に近い状態に形を整え、使うまで冷蔵室で冷やしておく。
- 焼成に入る30分前に、オーブンの予熱（電子レンジオーブン・電気オーブンの場合は240℃、ガスオーブンの場合は250℃）を始める。

## 2
### イースト溶液を作る

ボウルに水を入れ、塩、グラニュー糖を加えて泡立て器で混ぜ溶かし、イーストを振り入れる。そのまま1～2分おき、イーストの粒が水分を含んでふやけてから混ぜる。

**POINT**
粉類とイーストがきちんと均一に混ざるように、水分に溶かして加えます。1か所にまとめて落とすとダマになって溶けにくくなるので、全体に広げるように振り入れます。

ボウルに水、塩、グラニュー糖を入れてよく混ぜてから、イーストを全体に広げるように振り入れる。

1～2分置いてイーストをふやかしてから混ぜる。

## 3
### 粉とバターを混ぜる

ボウルに準強力粉、強力粉、スキムミルクをふるい入れ、「正統派クロワッサン」p.204手順3と同じ要領で、粉類とバターを混ぜる。

**POINT**
この作業は、バターが冷たいうちに素早く行います。フードプロセッサーを使えば、バターが溶ける心配もなく簡単です。

## 4
### 材料を混ぜる

2に3と全卵を順に加え、「正統派クロワッサン」p.205手順4と同じ要領で、水気がなくなるまで混ぜる。

**POINT**
イースト溶液に直に全卵を加えると発酵しにくくなるので、粉類の後に加えます。

## 5
### 生地を混ぜる

カードに持ち替え、生地を切るようにして粉気がなくなるまで混ぜる。

混ぜ終わった生地をまとめる。
**POINT**
混ぜ終わりは、一つにまとまりきらない割れ目がある状態。これ以上混ぜるとグルテンが強くなってしまい、サクサクとした食感になりません。

## 6
### 生地温をはかる

混ぜ終わった生地の温度をはかる。ここでは、18〜20℃になっていること。
**POINT**
混ぜすぎると生地温が高くなってしまうので注意してください。

## 一次発酵させる
## 7
### 低温で一次発酵させる

一次発酵終了

生地を二重ラップで包み、上から軽く押さえて平らにする。

乾燥しないように冷凍用保存袋に入れ、冷蔵室で12時間かけてゆっくり発酵させる。

## 折り込み用
## バターを成形する
## 8〜9
### めん棒で叩く〜正方形に伸ばす

「正統派クロワッサン」p.206〜207
手順9〜10と同様にする。

# 折り込み生地を作る

## 10~11
### デトランプを伸ばす ～デトランプで バターを包む

「正統派クロワッサン」**p.207~208**
手順**11~12**と同様にする。

 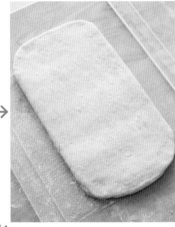

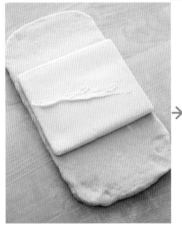 

## 12
### 生地を伸ばす

「正統派クロワッサン」**p.209**手順**13**と同様にする。

生地の向きを90度回転させ、手前と奥の端をめん棒で押さえてから、全体を押さえる。

中央から奥、中央から手前と二つに分けて伸ばしていく。

少し伸ばしたら生地を180度回転させ、向きを変えながら伸ばす。生地が作業台にくっつくようなら、軽く打ち粉をする。

厚さ5mm、幅18～20cm、長さ40cmの帯状に伸ばす。

# 13
## 四つ折りをする

強力粉を加えた配合のときは、「正統派クロワッサン」のように三つ折りを繰り返すとグルテンの影響で生地が徐々につっぱってかたくなり、伸ばしにくくなる。そのため、グルテンがまだ多く出ていない折り始めの段階で四つ折りをして層を多く作り、順に三つ、二つと折り込みを少なくしていくことで、生地に与える負担を少なくする。

刷毛で生地表面の余分な打ち粉を払う。

**POINT**

分量以外の余分な粉が入ると、生地がかたくなります。

手前の生地を中央に向かって折る。

**POINT**

丸くなっている生地の角を軽く引っ張り、重ねる生地の縁と合わせてすき間ができないようにします。

奥の生地を中央に向かって折る。先に折った生地との間にすき間ができないように、少し重ねる。

生地が合わさった中央部分を、めん棒で軽く押さえる。

押さえたところで半分に折り重ね、四つ折りにする。

四つ折りした生地。

# 14
## 生地を休ませる

生地を二重ラップ、さらに布巾で包み、冷凍室で40分休ませる。

**POINT**
発酵を進めることなく、生地の中心まで短時間で一気に冷やすために、冷蔵室ではなく冷凍室（−10℃）で休ませます。布巾で包むのは、生地の表面や角の部分が凍ってしまうのを防ぐため。凍ってしまうとこの後行う生地伸ばしの工程がしづらくなります。

# 15
## 四つ折りした生地を伸ばす

「正統派クロワッサン」**p.211**手順16と同じ要領で、四つ折りをする前と同じ幅18〜20cm、長さ40cmの帯状に伸ばす。

# 16〜17
## 三つ折りをする
## 〜生地を
## 休ませる

「正統派クロワッサン」**p.210〜211**
手順**14〜15**と同様にする。

重ねた角をしっかり合わせて三つ折りにする。
**POINT**
奥と手前の生地を1/3ずつ折る順番はやり易い方からで構いません。

三つ折りにした生地。

生地を二重にしたラップで包み、さらに布巾で包み、冷凍室で40分休ませる。

## 18
## 三つ折りした
## 生地を伸ばす

「正統派クロワッサン」**p.211**手順**16**と同じ要領で生地を伸ばす。ただし、強力粉を加えた生地はグルテンの働きで伸びが悪くなっているので、厚さ5mmで幅18〜20cm、長さ35〜38cmに伸ばせればよい。

生地の両側に厚さ1cmのルーラーをセットし、生地の手前と奥をめん棒で押さえ、厚さ1cmにする。

ルーラーを厚さ5mmに替え、中央から奥、中央から手前と二つに分けてのばす。

生地の向きを変えながら、厚さ5mmで幅18〜20cm、長さ35〜38cmの帯状に伸ばす。

## 19
## 二つ折りをする

刷毛で表面の余分な打ち粉を払い、生地の中央をめん棒で軽く押さえ、その部分で半分に折り重ね、二つ折りにする。

## 20
## 生地を休ませる

「正統派クロワッサン」**p.211**手順**15**と同様に生地を休ませる。

# 分割する

## 21
## 折り込み生地を伸ばす

**18**（「正統派クロワッサン」**p.211**手順**16**）の要領で、1cm、5mm、3mmのルーラーを順に使って厚さ3mm、幅20〜22cm、長さ36〜38cmに伸ばす。

**POINT**
強力粉を配合し、四つ折りした生地は、折り返して重なった部分の引きが強くなるので、正確な長方形に伸ばしにくくなります。丁寧にめん棒をかけてください。

仕上げに四隅をそれぞれ内側から外に向けてめん棒を転がして角を作る。生地の両側に置いたルーラーの一方（角を作る反対側）を斜めにし、めん棒を頂点に向かって転がす。

**POINT**
生地を伸ばすために内側に向かってかけていためん棒を、ここでは外に向かって転がします。こうすることで、丸くなりがちな生地の四隅に角がしっかり出ます。

厚さ3mm、幅20〜22cm、長さ36〜38cmに伸ばし、角を出した生地。

本来の長さに
戻った生地

伸ばし終わった生地の下に両手を差し込み、全体を上下に軽く揺すって生地をゆるめる。

**POINT**
伸ばして引っ張られた生地をそのまま成形すると、元に戻ろうとする力が働くため、形がいびつになったり、縮んで小さくなってしまうことがあります。それを防ぐために、生地にかかったテンションをゆるめて本来の長さに戻します。

## 22
## 二等辺
## 三角形に切る

「正統派クロワッサン」p.214手順
21と同じ要領で、底辺が8.5cmの
二等辺三角形に切る。

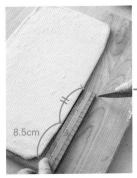

物差しではかって印をつける。

よく切れる包丁でスパッと切る。

切り出した生地。

## 23
## 生地を休ませる

「正統派クロワッサン」p.214手順
22と同様にする。

## 成形する
## 24
## 底辺と頂点を
## 引っ張る

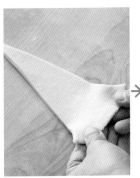

生地を冷蔵室から取り出し、底辺
を手前にして置いて、底辺を左右
に軽く引っ張る。

頂点を利き手側にして横向きに
置き、反対の手で底辺を軽く押さ
えて利き手で頂点を引っ張って
長さ28cmくらいに伸ばす。

**POINT**

クロワッサンは折り込んでできる
層が大切です。生地を切った断
面に触れてしまうときれいな層が
できなくなってしまうので、気をつ
けて成形してください。

# 25
## 底辺に切り目を入れる

生地の向きを元に戻し、底辺の中央に長さ2cmの切り目を入れる。

**POINT**

大きめにカットした生地を巻くと、両端と中央とでは巻き取った生地の厚さに差ができ、二次発酵時に生地温の上昇に違いが生じて、先端は発酵が終了しているのに中央の厚い部分は温度が上がらず発酵が遅れる、という現象が起こる場合があります。この予防策が底辺の中央に入れる切り目。切り目を折り返して巻き込むことで、生地中心部にわずかですが空洞ができ、生地温も上がりやすくなります。これにより、生地全体が均一に二次発酵をできるようになります。

引っ張る前の生地　　切り目を入れた生地

# 26
## 生地を巻く

切り目を左右に開くようにして折り上げる。

折った部分をさらに左右に開くようにしながら、手前の生地を1cm折る。

折った生地を芯にして、奥へ向かってふわっと転がす。

生地の層をつぶさないように、最後まで力を入れずに巻く。

巻き終わりは、先端を指で平らにつぶし、はがれないように軽く押さえて貼りつける。

**POINT**
成形作業をしている間、残りの生地が室温でやわらかくならないように、保冷材の上にバットをのせて冷やしておく。

発酵状態を確認する。

**POINT**
水で濡らした指先で軽く押すと跡
が残り、そのへこみが戻ってこな
ければ二次発酵は終了です。

## 二次発酵させる

### 27
**二次発酵させる**

「正統派クロワッサン」p.216手順
25と同様にする。

発酵前

ポリシートで乾燥を防ぐ

発酵完了

## 焼成する

### 28
**ドリュールを塗る**

「正統派クロワッサン」p.216手順
26と同様にする。

### 29
**オーブンに
入れて焼く**

「正統派クロワッサン」p.216手順
27と同様にする。

**POINT**
大きいサイズで焼く際は、予熱で
庫内を十分に熱しておかないと、
オーブンに入れた生地に熱が奪
われて庫内の温度が下がり、設
定温度に戻るまで時間がかかっ
て生地の膨らみが悪くなります。

# 2

好みのクロワッサンを作る！

## Type - II

# サクッとしてほろりと崩れる
# お菓子のようなクロワッサン

目指したのは、サクサクのクラストで、かじった瞬間にホロホロと崩れてこぼれてしまうようなクロワッサン。
クッキー生地によく使われる準強力粉・メルベイユに、
生地がつながりすぎないように薄力粉をブレンドして、歯切れのよいクラムにしました。
焦がしバターを生地に混ぜて、焼き菓子のフィナンシェに似たキャラメルのような風味を加えています。
通常のクロワッサンに比べ膨らみは抑えられますが、副素材を巻き込んだり、上にのせて焼成する、
デニッシュやアレンジクロワッサンにも向いています。

### [ CRUST ]

#### 少しずつずれる層

三つ折りを3回繰り返した生地をグイッと引っ張って成形しているので、層が少しずつずれている。これによって、お菓子のパイのようなサクサクでかじった瞬間にホロホロと崩れる食感になる。

### [ CRUMB ]

#### 中心からきれいに膨らむ

バターが多い生地なので、クラムの中心が詰まっていると均等に膨らまず、冷めるとグッと落ち込んでしまう。生地を均一にのばし、正確に折りたたむことが大切。ただし、薄力粉の影響で膨らみは少ない。

## 材料 (幅13〜14cmのもの6〜7個分)

| | 分量 | ベーカーズパーセント | | 分量 | ベーカーズパーセント |
|---|---|---|---|---|---|
| 準強力粉　メルベイユ | 120g | 60% | 折り込み用発酵バター (食塩不使用。明治) | | |
| 薄力粉　エクリチュール | 80g | 40% | | 130g | 65% |
| スキムミルク | 12g | 6% | 打ち粉・手粉 (準強力粉) | 各適量 | |
| 焦がし発酵バター (→p.260) | 10g | 5% | ドリュール (→p.201) | 適量 | |
| 水 | 100g | 50% | | | |
| 塩 | 3.7g | 1.85% | | | |
| グラニュー糖 | 22g | 11% | | | |
| インスタントドライイースト | 2g | 1% | | | |

## 道具

□ 「**Type-I**サクサクふんわりクロワッサン」と同様 (p.225参照)。

## 作り方の流れ

**デトランプを作る**
混ぜる
(混ぜ上げ温度…18〜20℃)

→

**一次発酵させる**
一次発酵…冷蔵室で12時間

→

**折り込み用バターを成形する**
厚さ6〜8mm、
1辺13〜14cmの正方形
冷やす…冷蔵室で1時間以上

→

**折り込み生地を作る**
デトランプでバターを包む
三つ折り×3回
冷やす…折るたびに冷凍室で40分

**分割する**
分割…底辺8.5cmの二等辺三角形
冷やす…冷凍庫で40分、
冷蔵室で10分

→

**成形する・二次発酵させる**
成形…生地を引っ張る→巻く
二次発酵…室温で90〜150分

→

**焼成する**
電子レンジオーブン・電気オーブン
予熱240℃
焼成220℃で8分、
天板の向きを変えて3〜4分

ガスオーブン
予熱250℃
焼成…予熱状態で2分、210℃で8分、
天板の向きを変えて3〜4分

## デトランプを作る

### 1~2
下準備～
イースト溶液を
作る

「Type-Iサクサクふんわりクロワッサン」p.226手順1~2を参照する。ただし、合わせて冷やす粉類は準強力粉・薄力粉・スキムミルクとなる。

### 3
材料を混ぜる

ボウルに冷やした粉類をふるい入れ、2のイースト液に加えて木べらで混ぜる。水気がなくなったら焦がし発酵バターを加え、ムラなく混ぜる。

### 4~5
生地を混ぜる～
生地温をはかる

「Type-Iサクサクふんわりクロワッサン」p.227手順5~6と同様にする。

## 一次発酵させる

### 6
低温で
一次発酵させる

「Type-Iサクサクふんわりクロワッサン」p.227手順7と同様にする。

## 折り込み用バターを成形する

### 7~8
めん棒で叩く～正方形に伸ばす

「正統派クロワッサン」p.206~207手順9~10と同様にする。

## 折り込み生地を作る

### 9~11
デトランプを伸ばす～生地を伸ばす

「正統派クロワッサン」p.207~209手順11~13と同様にする。

### 12~17
1回目の三つ折りをする～3回目の三つ折りをする

「正統派クロワッサン」p.210~212手順14~19と同様にする。

焦がし発酵
バターの粒

折り込み生地の
完成

## 分割する

### 18〜20
### 折り込み生地を伸ばす〜二等辺三角形に切る〜生地を休ませる

「Type-Iサクサクふんわりクロワッサン」p.232〜233手順21〜23と同様にする。

厚さ3mm、幅20〜22cm、長さ36〜38cmに生地を伸ばして角を出し、テンションをゆるめる。

よく切れる包丁で、底辺8.5cmの二等辺三角形に切り出す。

冷凍室（−10℃）で40分、冷蔵室に移して10分休ませる。

## 成形する

### 21〜22
### 底辺と頂点を引っ張る〜生地を巻く

「正統派クロワッサン」p.214〜215手順23〜24と同様にする。

底辺を左右に軽く引っ張り、頂点を引っ張って長さ25cmくらいに伸ばす。

奥へ向かって、力を入れずにフワッと転がして巻く。

巻き終わりは先端を指で平らにつぶし、はがれないように軽く押さえてくっつける。

## 二次発酵させる

### 23
### 二次発酵させる

「正統派クロワッサン」p.216手順25と同様にする。

## 焼成する

### 24〜25
### ドリュールを塗る〜オーブンに入れて焼く

「正統派クロワッサン」p.216手順26〜27と同様にする。

# Lesson
# 2

好みのクロワッサンを作る！

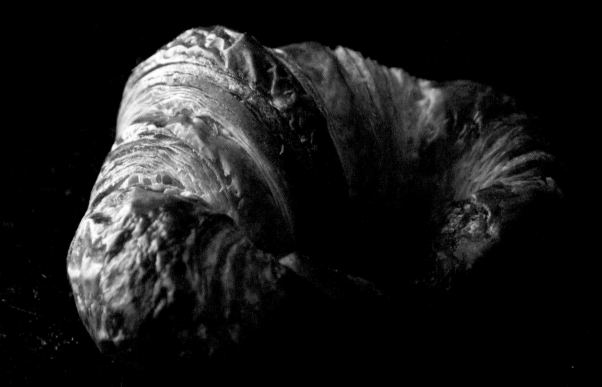

## Type - III

# まるで空気を食べているような
# ふわっと軽いクロワッサン

クラストはパリパリ、クラムはふんわりしっとり。
両方の食感が両立して、味わいはあっさり。空気みたいに軽くて飽きることなくデイリーに食べられるクロワッサンです。
シンプルな味わいの準強力粉・フランスを使って、一層一層がよく膨らむように折り回数を少なくし、
さらに卵をやや多めに配合して膨らむ力を増強。
強力粉がクラストの歯ざわりのよい食感を与えます。焼き色が早くつくタイプなので、
焼きすぎると真っ黒になってしまうので注意してください。

## [ CRUST ]

### ぷくぷくと膨らむ山

折り回数は少ないが強力粉の働きで柱は
多くなり、さらにボリュームアップの効果を
発揮する卵を加えたことでムクッと膨らみ、
焼き上がりにぷくぷくとした山ができる。細
く伸ばした左右の生地の先端がカリカリ
になり、食感のアクセントになる。

## [ CRUMB ]

### 一つ一つの部屋が大きい

層の数は少ないが、その分気泡が負荷な
く膨らむので、焼き上がりのすだちが粗く
なる。この薄い膜で覆われた部屋が大き
く空洞化していることで、かじったときに
空気を食べているようなパフッとした軽い
食感になる。

## 材料 （幅13〜14cmのもの6〜7個分）

| | 分量 | ベーカーズパーセント |
|---|---|---|
| 準強力粉　フランス | 130g | 65% |
| 強力粉　ベルムーラン | 70g | 35% |
| スキムミルク | 6g | 3% |
| バター（食塩不使用。よつ葉*） | 12g | 6% |
| A　水 | 62g | 31% |
| 　　牛乳 | 30g | 15% |
| 塩 | 3.6g | 1.8% |
| グラニュー糖 | 24g | 12% |

| | 分量 | ベーカーズパーセント |
|---|---|---|
| インスタントドライイースト | 2g | 1% |
| 全卵（溶いたもの） | 14g | 7% |
| 折り込み用バター（食塩不使用。よつ葉*） | 100g | 50% |
| 打ち粉・手粉（準強力粉） | 各適量 | |
| ドリュール（→p.201） | 適量 | |

＊よつ葉バター（ドイツ産原料使用）

## 道具

□　「正統派クロワッサン」と同様（p.203参照）。

## 作り方の流れ

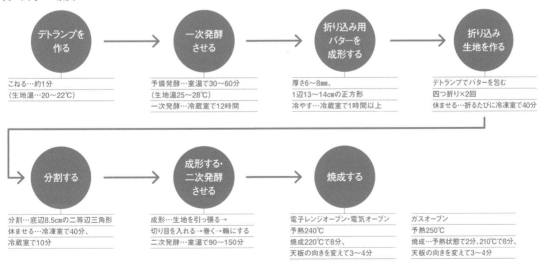

デトランプを作る
こねる…約1分
（生地温…20〜22℃）

一次発酵させる
予備発酵…室温で30〜60分
（生地温25〜28℃）
一次発酵…冷蔵室で12時間

折り込み用バターを成形する
厚さ6〜8mm、
1辺13〜14cmの正方形
冷やす…冷蔵室で1時間以上

折り込み生地を作る
デトランプでバターを包む
四つ折り×2回
休ませる…折るたびに冷凍室で40分

分割する
分割…底辺8.5cmの二等辺三角形
休ませる…冷凍室で40分、
冷蔵室で10分

成形する・二次発酵させる
成形…生地を引っ張る→
切り目を入れる→巻く→輪にする
二次発酵…室温で90〜150分

焼成する
電子レンジオーブン・電気オーブン
予熱240℃
焼成220℃で8分、
天板の向きを変えて3〜4分

ガスオーブン
予熱250℃
焼成…予熱状態で2分、210℃で8分、
天板の向きを変えて3〜4分

## デトランプを作る

### 1〜6

下準備〜
生地温をはかる

「正統派クロワッサン」**p.204〜205手順1〜6**を参照する。ただし、合わせて冷やす粉類は準強力粉・強力粉・スキムミルクとなる。

## 一次発酵させる

### 7〜8

予備発酵させる〜
低温で一次発酵させる

「正統派クロワッサン」**p.206手順7〜8**と同様にする。

## 折り込み用バターを成形する

### 9〜10

めん棒で叩く〜
正方形に伸ばす

「正統派クロワッサン」**p.206〜207手順9〜10**と同様にする。

## 折り込み生地を作る

### 11〜13

デトランプを
伸ばす〜
生地を伸ばす

「正統派クロワッサン」**p.207〜209手順11〜13**と同様にする。

### 14〜16

1回目の
四つ折りをする〜
四つ折りをした
生地を伸ばす

「**Type-I**サクサクふんわりクロワッサン」**p.229〜230手順13〜15**と同様にする。

### 17〜18

2回目の
四つ折りをする〜
生地を休ませる

14、15の工程（「**Type-I**サクサクふんわりクロワッサン」**p.229〜230手順13〜14**）を繰り返し、2回目の四つ折りをする。

折り込み生地の完成

## 分割する

### 19〜21

折り込み生地を
伸ばす〜
生地を休ませる

「正統派クロワッサン」**p.213〜214手順20〜22**を参照して、底辺8.5cmの二等辺三角形に切り、冷凍室（−10℃）で40分、冷蔵室に移して10分休ませる。

## 成形する

### 22
### 底辺と頂点を
### 引っ張る

「正統派クロワッサン」p.214手順23と同様にする。

### 23
### 底辺に
### 切り目を入れる

生地の向きを元に戻し、底辺の中央に長さ2cmの切り目を入れる

### 24
### 切り目を
### 開く

切り目部分が大きく開くように、生地を左右に軽く引っ張る。

### 25
### 生地を
### 巻く

切り目を左右に開くようにして折り上げる。

折った部分をさらに左右に開くようにしながら、手前の生地を1cm折る。

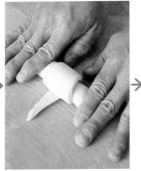

折った生地を巻き始めの芯にして、奥へ向かってフワッと転がして巻く。生地の層をつぶさないように、力を入れずに巻くこと。

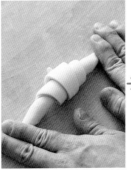

両端が細く長くなるように軽く転がす。

細長くした両端を内側に曲げて三日月形にする。

天板にオーブンペーパーを敷き、生地を輪になるように両端を少し重ねて置き、上から軽く押さえる。

**POINT**
重ねた部分を天板に貼りつけるように押しつけると、二次発酵中や焼成中に生地がつっぱっても、輪がほどけづらくなります。

### 二次発酵
### させる

### 26
### 二次発酵させる

「正統派クロワッサン」p.216手順25と同様にする。

### 焼成する
### 27~28
### ドリュールを
### 塗る〜
### オーブンに
### 入れて焼く

「正統派クロワッサン」p.216手順26~27と同様にする。

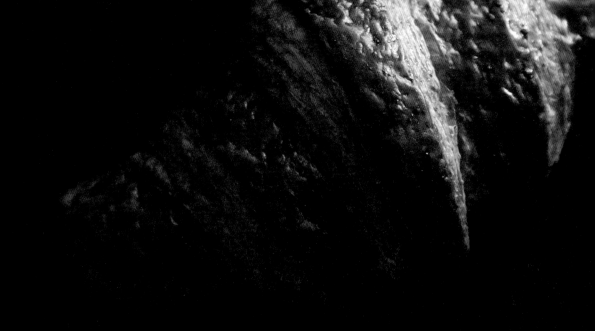

Lesson

# 2

好みのクロワッサンを作る！

## Type - IV

# ザクザクカリカリ食感に
# バターが香るクロワッサン

クラストのクリスピーな食感をより強調したクロワッサンを目指し、生地に全粒粉をブレンド。
さらに、分割した生地は引っ張らず、押しつぶさないようにふんわり巻くことでザクザク食感に焼き上げます。
全粒粉は粒子が粗いため吸水に時間がかかり、水分を混ぜた時点でちょうどよい状態でも、
時間が経つとかたくなり、めん棒で伸ばしづらくなったりします。
また、粉自体に酵素を多く含むため、長時間発酵させると酸味が出てしまうのですが、
これらをクリアにしたのがここに紹介するレシピです。

[ CRUST ]

## 段差があってボコボコしている

折り込みをしたままの状態で巻いているので、生地の厚さで段差ができる。表面がボコボコしているのは、生地に加えたバターの量が多いため。加熱時に揚げ焼きのような状態になって、プクプクと生地が膨らんだ跡が残る。

[ CRUMB ]

## かまぼこ型で、内層部分が少ない

全粒粉のツブツブ感がある。クラストがたくさんできるように細く巻くため、クラムの量が少ない。また、ふんわりと巻くことで焼成後に全体が少し落ち、底辺両サイドが立ち上がった状態を維持できずかまぼこ型になる。

## 材料 (幅13〜14cmのもの8〜9個分)

| | 分量 | ベーカーズパーセント | | 分量 | ベーカーズパーセント |
|---|---|---|---|---|---|
| 準強力粉　タイプER | 130g | 65% | インスタントドライイースト | 2g | 1% |
| 薄力粉　エクリチュール | 40g | 20% | 折り込み用バター (食塩不使用。森永丸特) | | |
| 全粒粉　春よ恋 | 30g | 15% | | 120g | 60% |
| バター (食塩不使用。森永丸特) | 14g | 7% | 打ち粉・手粉 (準強力粉) | 各適量 | |
| A　水 | 60g | 30% | ドリュール (→p.201) | 適量 | |
| 　　牛乳 | 44g | 22% | | | |
| 塩 | 4.4g | 2.2% | | | |
| きび砂糖 | 20g | 10% | | | |

## 道具

□　「Type-Iサクサクふんわりクロワッサン」と同様(p.225参照)。

## 作り方の流れ

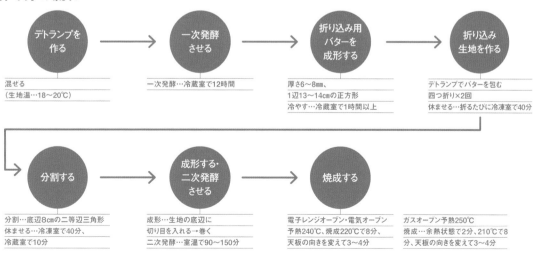

# デトランプを作る

## 1~6

### 下準備～生地温をはかる

「**Type-I サクサクふんわりクロワッサン**」**p.226~227**手順**1~6**を参照する。ただし、合わせて冷やす粉類は準強力粉・薄力粉・全粒粉。イースト溶液の水分は水と牛乳、砂糖はきび砂糖となる。

混ぜ終わった生地

# 一次発酵させる

## 7

### 低温で一次発酵させる

「**Type-I サクサクふんわりクロワッサン**」**p.227**手順**7**と同様にする。

# 折り込み用バターを成形する

## 8~9

### めん棒で叩く～正方形に伸ばす

「**正統派クロワッサン**」**p.206~207**手順**9~10**と同様にする。

# 折り込み生地を作る

## 10~12

### デトランプを伸ばす～生地を伸ばす

「**正統派クロワッサン**」**p.207~209**手順**11~13**と同様にする。

## 13~15

### 1回目の四つ折りをする～四つ折りをした生地を伸ばす

「**Type-I サクサクふんわりクロワッサン**」**p.229~230**手順**13~15**と同様にする。

## 16~17

### 2回目の四つ折りをする～生地を休ませる

13、14の工程（「**Type-I サクサクふんわりクロワッサン**」**p.229~230**手順**13~14**）を繰り返し、2回目の四つ折りをする。

折り込み生地の完成

# 分割する

## 18~20

### 折り込み生地を伸ばす～生地を休ませる

「**正統派クロワッサン**」**p.213~214**手順**20~22**と同様にする。

## 成形する

### 21
### 底辺を切る

生地を冷蔵室から取り出し、二等辺三角形の底辺部分の生地を2〜3mm切り落とす。

**POINT**
底辺部分は、折り込み生地が輪になってつながっています。そこを切り落として層をむき出しにすることで、クロワッサンの両端がクリスピーに焼き上がります。切り落とした生地は芯にして一緒に巻きます。

### 22
### 底辺に切り目を入れる

底辺の中央に長さ2cmの切り目を入れる。切り落とした生地は半分の長さに切る。

### 23
### 生地を巻く

底辺側から切り落とした生地と一緒に巻いて芯を作り、向きを変えて奥から巻く。

 → 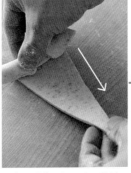 →  →

切り目の先に切り落とした生地を置き、切り目を左右に開くようにして折り上げ、さらにひと巻きして芯を作る。

頂点が手前になるように生地の向きを変える。

両人差し指を生地の中央、両中指を生地の端に置き、奥から手前に引くように軽く転がして巻く。

**POINT**
押すより引く方が生地に負荷がかからないので、ここではよりふんわりと巻くため、奥から手前に巻きます。

巻き終わりは、先端を指で平らにつぶし、はがれないように貼りつける。

## 二次発酵させる

### 24
### 二次発酵させる

「正統派クロワッサン」p.216手順25と同様にする。

発酵前

二次発酵完了

## 焼成する

### 25〜26
### ドリュールを塗る〜オーブンに入れて焼く

「正統派クロワッサン」p.216手順26〜27と同様にする。

## Type - V

# かじった瞬間にサクッとして
# 中はしっとり
# 層を食べる渦巻きクロワッサン

折り込み生地を長いまま端からくるくると巻き、輪切りにして焼き上げた、
イタリア風クロワッサン「ボーヴォロ」。
北イタリア・ヴェネト州周辺の方言で「かたつむり」と名付けられた渦巻きクロワッサンは、
かじったとき歯に当たる生地の層が縦になっているため、1層ずつハラリとはがれる食べやすさが特徴です。
ここでは、最強力粉で層をバリッとさせて食感を際立たせ、発酵バターでバター感を出し、
よりサクサクしっとりするように生クリームを加えています。

## [ CRUST ]

### 層が均一にぐるぐる巻いている

まるでパイ生地のように薄い層がきれい
に渦を巻いている。すべての工程が完璧
にできていないと、このような渦模様は
できない。切り口を上にして焼くので、ド
リュールは塗らない。

## [ CRUMB ]

### 縦に並ぶ層、ドーム型で厚みがある

縦に入る層は、かじった瞬間に崩れるよう
にはがれる。ドーム型の形状でクラムにボ
リュームがあり、ふんわりしっとりとして深
みのある味わい。少し多めのバターと生ク
リームで油脂分を増やし、膨らみすぎを抑
えている。

## 材料 (幅14〜15cmのもの6〜7個分)

| | 分量 | ベーカーズパーセント | | 分量 | ベーカーズパーセント |
|---|---|---|---|---|---|
| 準強力粉　オーベルジュ | 170g | 85% | グラニュー糖 | 26g | 13% |
| 最強力粉　ゴールデンヨット | 30g | 15% | インスタントドライイースト | 2g | 1% |
| スキムミルク | 8g | 4% | 全卵 (溶いたもの) | 10g | 5% |
| 発酵バター (食塩不使用。よつ葉) | | | 折り込み用発酵バター (食塩不使用。よつ葉) | | |
| | 14g | 7% | | 80g | 40% |
| A　水 | 80g | 40% | 打ち粉・手粉 (準強力粉)　各適量 | | |
| 　　生クリーム(乳脂肪36%) | 20g | 10% | | | |
| 塩 | 3.6g | 1.8% | | | |

## 道具

- □ 「**Type-I**サクサクふんわりクロワッサン」と同様 (**p.225**参照)。
- □ 霧吹き
- □ 紙製セルクル6〜7個 (直径9cm×高さ3cm)

## 作り方の流れ

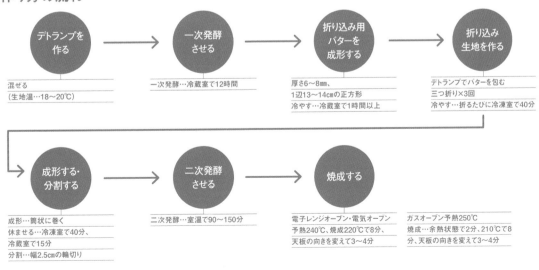

**デトランプを作る**
混ぜる
(生地温…18〜20℃)

**一次発酵させる**
一次発酵…冷蔵室で12時間

**折り込み用バターを成形する**
厚さ6〜8mm、
1辺13〜14cmの正方形
冷やす…冷蔵室で1時間以上

**折り込み生地を作る**
デトランプでバターを包む
三つ折り×3回
冷やす…折るたびに冷凍室で40分

**成形する・分割する**
成形…筒状に巻く
休ませる…冷凍室で40分、
冷蔵室で15分
分割…幅2.5cmの輪切り

**二次発酵させる**
二次発酵…室温で90〜150分

**焼成する**
電子レンジオーブン・電気オーブン
予熱240℃、焼成220℃で8分、
天板の向きを変えて3〜4分

ガスオーブン予熱250℃
焼成…余熱状態で2分、210℃で8
分、天板の向きを変えて3〜4分

デトランプ → 一次発酵 → 折り込み用バター → 折り込み生地 → 成形・分割 → 二次発酵 → 焼成

# デトランプを作る
## 1～6
### 下準備～生地温をはかる

「Type-Iサクサクふんわりクロワッサン」p.226～227手順1～6を同様にする。ただし、合わせて冷やす粉類は準強力粉・最強力粉・スキムミルク、イースト溶液の水分は水と生クリームとなる。

# 一次発酵させる
## 7
### 低温で一次発酵させる

「Type-Iサクサクふんわりクロワッサン」p.227手順7と同様にする。

# 折り込み用バターを成形する
## 8～9
### めん棒で叩く～正方形に伸ばす

「正統派クロワッサン」p.206～207手順9～10と同様にする。

めん棒でラップの上から四方に伸ばす。

厚さ6～8mm、1辺13～14cmの正方形にする。

# 折り込み生地を作る
## 10～18
### デトランプをのばす～3回目の三つ折りをする

「正統派クロワッサン」p.207～212手順11～19と同様に、デトランプでバターを包んで伸ばし、生地を休ませながら三つ折りを3回する。

三つ折りした生地を伸ばす。

折り込み生地の完成
三つ折りを3回した生地。

## 成形する

# 19
## 折り込み生地を
## 伸ばす

「正統派クロワッサン」p.213手順
20と同様にする。

伸ばした生地の角を出す。

厚さ3mm、幅16〜18cm、長さ42
〜45cmに伸ばす。

全体を上下に軽く揺すって生地
をゆるめる。

# 20
## 霧を吹く

生地を縦長に置いて刷毛で余分
な打ち粉を払い、霧吹きで水を2
回程吹きかけて表面を湿らせる。

**POINT**

年輪のように厚くした層は、輪切
りにする際にずれたり、二次発酵
中や焼成時に均一に膨らまず傾
いたりするので、霧吹きで表面を
湿らせて生地同士を密着させま
す。吹きかける水分量が多くなる
と生地がかたくなってしまうので
気をつけて。

# 21
## 生地を巻く

生地の手前を1cm程折って芯を
作る。

奥に向かって芯を転がすように
して、全体を巻いていく。

**POINT**

巻き始めがゆるいと中心に穴が
開いてしまうので、すき間ができ
ないように丁寧に巻きましょう。

巻き面

巻き終わった生地。

**POINT**

両端の巻き面がずれないように
巻きましょう。

デトランプ → 一次発酵 → 折り込み用バター → 折り込み生地 → 成形・分割 → 二次発酵 → 焼成

## 分割する

### 22
### 生地を休ませる

生地を二重ラップで包み、さらに布巾で包み、冷凍室で40分、冷蔵室に移して15分休ませる。

### 23
### 輪切りにする

作業台に軽く打ち粉をし、生地を冷蔵室から出して巻き終わりを下にして置き、よく切れる包丁で幅2.5cmの輪切りにする。

輪切りにした生地の断面

## 二次発酵させる

### 24
### 二次発酵させる

天板にオーブンペーパーを敷き、断面を上にして間隔をあけて並べ、セルクルをはめる。

**POINT**
生地が傾いたりせずきれいな形に膨らみ、均一な大きさになるように、セルクルを使います。

「正統派クロワッサン」**p.216**手順25を参照し、ポリシートを被せ、室温に90〜150分置いて発酵させる。

二次発酵完了

## 焼成する

### 25
### オーブンに入れて焼く

「正統派クロワッサン」**p.216**手順27と同様にする。

**POINT**
層の断面が上面になるので、ドリュールは塗りません。塗ると、膨らもうとする層をかためてしまうことになります。

**底面をチェック!**
よく膨らんで背が高く焼けた! と思っても、裏を見ると穴が開いている場合があります。これは二次発酵不足が原因。パンは焼成時、上下左右に大きく膨らみますが、天板にのせた生地は下へ膨らむことはできません。さらに、今回のように型を使用すると左右への膨張も制限されるため、上方向にしか広がれなくなっています。発酵不足でオーブンに入れてしまうと、引き伸ばし、折り重ねてできたグルテンが十分にゆるんでいないため、上に伸びる生地に底生地が引っ張られて空洞ができてしまいます。発酵時は常に生地の状態を確認し、適正な発酵をとりましょう。

成功

失敗

# 余り生地の使い方

生地を分割すると、両端に切り落とした余り生地が出ます。
端っこだったり、角が出ていなかったりする生地の多くは、
層が均一にできていないことが多く、成形しても歪んで焼き上がってしまいます。
そこで、その生地をクルクルと巻いてカップに入れ、
クロワッサンの二次発酵と一緒に発酵させて、焼成します。
＊余った生地を冷凍し、ある程度の枚数になってからまとめて作ってもよいでしょう。

## 下準備

- 冷凍した生地を使う場合は、冷蔵室で解凍する。その際、オーブンペーパーなど表面にシリコン加工が施されているシートに1枚ずつのせて解凍すること。生地同士を重ねたり、ラップで包むとくっついてしまう。
- 焼成に入る30分前に、オーブンの予熱（電子レンジオーブン・電気オーブンの場合は240℃、ガスオーブンの場合は250℃）を始める。
- プリンカップ（またはマフィンカップ）に刷毛でやわらかくしたバターを塗る。

**1**

余り生地2枚（60〜80g程度）を少し重ねて縦に並べ、手前から巻く。

**2**

プリンカップに生地の巻きを縦にして入れ、手でグッと押し込む。

**POINT**

押し込まないと、発酵時に不均等に膨らむことがあります。また、焼成時に底上げして生焼けになってしまいます。

**3**

成形したクロワッサン生地を並べた天板に置き、一緒に二次発酵させる。成形時より1.5倍くらいの大きさに膨らみ、水で濡らした指先で軽く押すと跡が残り、そのへこみが戻ってこなければ発酵は終了。

**4**

オーブンに入れ、「正統派クロワッサン」**p.216**手順27と同様に焼く。焼き上がったらオーブンから取り出し、クーラーに型ごと置いて室温で冷ます。粗熱が取れたら型から取り出す。

Type - VI

# 短時間で作れて失敗も少ない
# クロワッサン・ラピッド

今日作って今日食べたい! という人や、クロワッサン作りに挑戦してみたいけれど、
下準備や折り込み作業の大変さに気後れしている人のために、
正式な作り方ではないけれど、半日で作れる即席クロワッサンを考えました。
粉はどこででも手に入る薄力粉と強力粉を合わせて使います。
バターは折り込まず、刻んで粉に混ぜ込んでしまうので、失敗が少なく短時間で手軽に作れます。
生地とバターの層も不規則ですがちゃんとできて、風味や食感も満足できるレシピです。

## [ CRUST ]

### ブチブチと切れる
### 不規則な層

シート状ではなく小さな塊状のバターを
粉に混ぜて伸ばし、折り込んでいくので、
バターの層は細かく切れている。このつな
がっていない不規則な層が、サクサクホ
ロホロとしたパイ生地に似た食感を作る。

## [ CRUMB ]

### バター層の有無で
### 生地の状態が違う

生地の中にバターが分散した状態のた
め、層ができず生地だけの部分、パイのよ
うな層、気泡の部屋など、クロワッサンとし
ては残念な断面だが、通常のクロワッサン
と同じ味わい、食感がある。

## 材料 (幅13〜14cmのもの8〜9個分)

| | | 分量 | ベーカーズパーセント |
|---|---|---|---|
| 強力粉 | スーパーカメリア | 100g | 50% |
| 薄力粉 | スーパーバイオレット | | |
| | | 100g | 50% |
| バター (食塩不使用。よつ葉) | | 100g | 50% |
| A | 牛乳 | 100g | 50% |
| | 塩 | 4g | 2% |
| | グラニュー糖 | 20g | 10% |

| | 分量 | ベーカーズパーセント |
|---|---|---|
| インスタントドライイースト | 3g | 1.5% |
| 全卵 (溶いたもの) | 20g | 10% |
| 打ち粉・手粉 (準強力粉) | 各適量 | |
| ドリュール (→p.201) | 適量 | |

## 道具

□ 「正統派クロワッサン」と同様(**p.203**参照)。

## 作り方の流れ

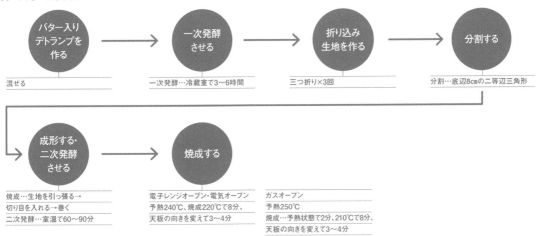

バター入り
デトランプを
作る

混ぜる

→ 一次発酵
させる

一次発酵…冷蔵室で3〜6時間

→ 折り込み
生地を作る

三つ折り×3回

→ 分割する

分割…底辺8cmの二等辺三角形

→ 成形する・
二次発酵
させる

焼成…生地を引っ張る→
切り目を入れる→巻く
二次発酵…室温で60〜90分

→ 焼成する

電子レンジオーブン・電気オーブン
予熱240℃、焼成220℃で8分、
天板の向きを変えて3〜4分

ガスオーブン
予熱250℃
焼成…予熱状態で2分、210℃で8分、
天板の向きを変えて3〜4分

# バター入りデトランプを作る

## 1 下準備

- 強力粉、薄力粉を合わせ、冷凍室（−10℃以下）に15分入れて冷やす。
- バターは1cm角に切り、使うまで冷蔵室（2〜6℃）で冷やしておく。
- ボウルにAを合わせて泡立て器で溶かし混ぜ、冷蔵室に入れ5℃前後に冷やす。
- 焼成に入る30分前に、オーブンの予熱（電子レンジオーブン・電気オーブンの場合は240℃、ガスオーブンの場合は250℃）を始める。

## 2 粉とバターを混ぜる

ボウルに冷やした強力粉と薄力粉をふるい入れ、バターを加えて粉をたっぷりまぶす。

バターを指の腹で平らにつぶしながら、粉をすり込むように混ぜる。

両手で適量すくって手のひらの間で素早くすり合わせる。バターの粒がつぶれ、小豆大になればよい。

**POINT**
バターの粒を細かく均一にする必要はありません。むしろ粒が粗く残る方が、きれいなクラムが作れます。

## 3 イースト溶液を作る

Aにイーストを振り入れる。そのまま1〜2分おき、イーストの粒が水分を含んでふやけたら、泡立て器でやさしく混ぜる。

**POINT**
力を入れず、静かに混ぜます。牛乳を泡立てないこと。

## 4 材料を混ぜる

3に2を一気に入れて粉の縁に全卵を加え、木べらで生地を底からすくい上げるようにして粉気がなくなるまで混ぜ、一つにまとめる。

**POINT**
完全に混ぜきらないことがコツです。表面がきれいになるまで混ぜてしまうと、焼き上がりの食感がかたくなります。

## 一次発酵させる

# 5
## 低温で
## 一次発酵させる

生地を二重ラップで13〜14cm四方になるように包み、上から押さえて平らにし、冷蔵室に3時間以上入れて休ませる。

**POINT**

グルテンがゆるみ、粉と水分がなじめばよいので、冷蔵室に入れる時間は長くて6時間までに。

## 折り込み生地を作る

# 6
## 生地を伸ばす

作業台に打ち粉をしてデトランプを取り出し、表面に茶こしで打ち粉を振る。「正統派クロワッサン」**p.209手順13**を参照して、幅18〜20cm、長さ40cmに伸ばす。

**POINT**

のばし始めのときは、生地がボロボロと崩れたり、割れたりしても大丈夫です。伸ばしているうちにバターの働きでまとまってきます。バターの量が多く、ベタベタとしてくっつきやすい生地なので、打ち粉は多めに振ります。この粉が生地に折り込まれて層になります。

# 7
## 三つ折りを
## 3回繰り返す

「正統派クロワッサン」**p.210手順14、p.211手順16**を参照して、生地を休ませずに三つ折りを一気に3回行う。三つ折りをするたびに、生地を90度回転させて向きを変える。

1回目の三つ折りをする。

1回目の三つ折り終了。

90度向きを変える。

2回目の三つ折りをする。

90度向きを変える。

3回目の三つ折りをする。

折り込み生地の完成。

# 分割する

## 8
### 生地を休ませる

「正統派クロワッサン」**p.211**手順15と同様に、生地を二重ラップで包み、さらに布巾で包み、冷凍室で40分休ませる。

## 9
### 折り込み生地を伸ばす

「正統派クロワッサン」**p.213**手順20と同様にする。

厚さ3mm、幅16〜18cm、長さ42〜45cmに伸ばした生地。

## 10
### 二等辺三角形に切る

「正統派クロワッサン」**p.214**手順21と同様にする。

**POINT**
ここで生地が室温に戻ってしまうようなら、バットに入れてラップをかぶせて蓋をし、冷凍室で10〜15分休ませます。

物差しできちんとはかり、クロワッサンの大きさを揃える。

よく切れる包丁で、底辺8cmの二等辺三角形に切る。

# 成形する

## 11〜13
### 底辺と頂点を引っ張る〜底辺に切り目を入れる〜生地を巻く

「Type-Iサクサクふんわりクロワッサン」**p.233〜234**手順24〜26を参照する。ただし、底辺に入れた切り目部分が左右に大きく開くように、生地を左右に軽く引っ張る。

表面の余分な打ち粉を刷毛で払い落とし、底辺と頂点を引っ張る。

底辺の中央に、長さ2cmの切り目を入れる。

切り目部分が左右に大きく開くように、生地を左右に軽く引っ張る。

切り目を左右に開くようにして折り上げる。

折った部分をさらに左右に開くようにしながら、手前の生地を1cm折る。

折った生地を芯にして、奥へ向かってフワッと転がしながら最後まで巻く。

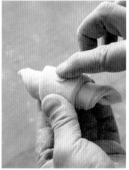

巻き終わりは、先端を指の腹で平らにつぶし、はがれないように貼りつける。

## 二次発酵させる

# 14
## 二次発酵させる

「正統派クロワッサン」**p.216手順** 25を参照し、室温に60〜90分置いて発酵させる。

発酵前

ポリシートを被せて乾燥を防ぐ →

二次発酵完了

## 焼成する

# 15
## ドリュールを塗る

「正統派クロワッサン」**p.216手順** 26と同様にする。

# 16
## オーブンに入れて焼く

「正統派クロワッサン」**p.216手順** 27と同様にする。

# レシピの補足

## オーブンについて

一般家庭のオーブンは、基本的に熱源は電気かガスかで、焼成方法は熱をファンで対流させるコンベクションタイプになります。電気は熱の当たりがやわらかく焼きムラが少なく、ガスは温度の立ち上がりが早い、などといわれますが、いずれにせよ、オーブンのクセを知り、弱点をカバーする工夫をしながら自分のオーブンを使いこなせるようになることが、クロワッサンをおいしくきれいに焼くために何よりも求められるスキルといえます。

オーブンを使う際は、予熱が必要です。庫内の温度は、熱源から発生するものが約7割、残りの3割は温まった庫内の壁面から放熱されたものです。オーブンの表示が設定温度に達したことを知らせても、庫内はまだ7割程度にしか温まっていないことになり、壁面が熱を十分蓄えて温まってこそ予熱完了となります。そのため、設定温度に達してからさらに最低10分は追加で予熱をしてください。本書では、扉の開閉による温度低下を考慮して、実際の焼成温度より20〜40℃高く予熱温度を設定しています。

パンの焼成は温度よりも時間が大切です。設定通りの温度と時間で焼成しても焼き色が薄ければ、温度を高めに調整してくだ さい。ただし、ちょうどよい焼き色がつくまで焼成時間を延長してしまうと、生地に含まれる水分が必要以上に失われ、クラムがかたくパサついた焼き上がりになります。一方、焼き色が早くついた場合は、クラムに火がしっかり入らず、粉っぽく口溶けが悪くなることがあるので、設定の時間を十分使って焼けるように、温度を低めに設定します。

オーブンは熱源の位置によって、熱が届きやすい場所と届きにくい場所があります。天板に生地を並べて焼く場合、場所によって焼きムラが出ることがあるので、焼き時間の3分の2が経ったころに天板の向きを変えて焼きムラを防ぎます、この際、庫内の温度低下を最小限に抑えるために、作業は素早くすることが大切です。

オーブンは種類や機種によって違いがあるので、様子を見ながら温度や焼成時間の調整をすることが大切です。レシピ通りの時間で焼き上がらなければ、次に作るときは温度を10℃上げてみるなど少しずつ調整しましょう。その際、調整した内容をメモしておくと、次に焼くときの参考になり、そのデータを取っていくことで、自分のオーブンのクセがわかってきます。

## 焦がし発酵バターの作り方

| 材料 | 分量 |
|---|---|
| 発酵バター | |
| (食塩不使用。明治) | 30g |

**1**

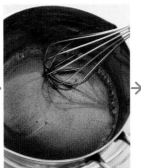

小鍋に発酵バターを入れて弱火にかける。完全に溶けたら弱めの中火にし、泡立て器で軽く混ぜながらさらに火を通す。

**2**

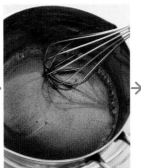

沸騰して泡立ち、キャラメルくらいの色になってよい香りがしてきたら、すぐ鍋底を氷水につけて急冷する。

**3**

バターが固まってきたら、必要な量(10g)を取り分ける。

**POINT**

沈殿した茶色の粉のように見える沈殿物(焦げた乳しょう)を生地に加えると、風味やコクが強くなります。焦がし発酵バターの香りだけを取り入れたい場合は、熱いうちに茶こしなどでこして沈殿物を取り除きます。

# クロワッサンの保存

## 分割した生地

ラップに分割した生地のサイズにあわせてカットしたオーブンペーパー（またはクッキングシートなど表面にシリコン加工が施されている紙）を置き、その上に生地を重ねずに1枚ずつ並べ、さらにオーブンペーパー、ラップの順で覆う。これを繰り返し、蓋付きのバットに入れて冷凍保存します。保存期間の目安は2～3週間。使うときは冷蔵室で解凍して成形し、二次発酵させて焼き上げます。

## 成形したクロワッサン

成形したクロワッサンを金ざるに並べ、バットに置いてあれば蓋をし、なければ適当な大きさにカットしたオーブンペーパー（クッキングシート）をかぶせてラップで覆い、冷蔵室に1時間ほど入れます。凍ったら保存容器に移して冷凍保存します。保存期間の目安は2～3週間。使うときは冷蔵室で解凍し、二次発酵させて焼き上げます。

**POINT**
金ざるがなければ、オーブンペーパー（またはクッキングシート）を敷いたバットに並べて、オーブンペーパー（クッキングシート）を被せてラップで覆い、冷凍する。

## 焼いたクロワッサン

翌日までの保存は、保存袋に入れて空気を抜いて保存します。それ以上保存したければ、1個ずつラップで包んで冷凍用保存袋に重ならないように入れ、空気をしっかり抜いて冷凍します。2週間以内に食べきってください。

冷凍したクロワッサンを再加熱する際は、ラップをはずして室温に10分程おいて自然解凍し、アルミホイルで全体を包んで、予熱して十分に温めたオーブントースターで7～8分焼きます。焼き上がったら取り出してアルミホイルをはずし、2分ほどおいてから食べると、ゆるんだバターが固まってサクッとした食感が楽しめます。

Lesson

# 3

## 天然酵母でクロワッサンを作る！

## Type - I

# 自家製りんご酵母で作る
# 風味豊かなクロワッサン

りんごから起こした酵母を使って、フルーティーな香りとほんのり酸味のあるクロワッサンを目指しました。
自家製酵母は市販のイーストよりも発酵力が弱くなるので、
安定した発酵が行えるようにポーリッシュ法を採用。
ただし、水和がもたらす引きの強さを抑えないと食感がかたくなるので、折り込みは四つ折り2回にしました。
国産のおいしい粉を使い、バターはなめらかな食味とミルキーな味がりんご酵母に合うと思い、森永丸特発酵バターを選択。
クラムがおいしくなるレシピとなっています。

## [ CRUST ]
### 両先端部の焼き色が濃い

りんご酵母の果糖の影響で焼き色がつくのが早いため、生地の先端部分が少し強めの色になっていないと、中心まで火が入っていない場合がある。焼き上がりは、糖分が多いのでテラッとした光沢のある濃いめの焼き色になる。

## [ CRUMB ]
### 渦を巻く厚めの層

四つ折り2回なので層は多くないが、一層一層が少し厚めに仕上がり、独特のザクザク感と、りんご酵母の醸す香りや酸味が楽しめる。ふんわりとした膨らみはないが、つぶれた層はなくきれいな渦巻きができている。

## 材料 (幅15〜18cmのもの6〜7個分)

| ポーリッシュ種 | | 分量 | ベーカーズパーセント |
|---|---|---|---|
| 強力粉 | 南のめぐみ | 25g | 12.5% |
| 全粒粉 | 春よ恋 | 25g | 12.5% |
| 水 | | 35g | 17.5% |
| りんご酵母液 (→p.268) | | 20g | 10% |
| 強力粉 キタノカオリ | | 100g | 50% |
| 強力粉 南のめぐみ | | 50g | 25% |
| 発酵バター (食塩不使用。よつ葉) | | 16g | 8% |

| | | 分量 | ベーカーズパーセント |
|---|---|---|---|
| A | 牛乳 | 20g | 10% |
| | りんご酵母液 | 20g | 10% |
| 塩 | | 3.8g | 1.9% |
| グラニュー糖 | | 14g | 7% |
| 全卵 (溶いたもの) | | 30g | 15% |
| 折り込み用発酵バター (食塩不使用。森永丸特) | | 100g | 50% |
| 打ち粉・手粉 (準強力粉) | | 各適量 | |
| ドリュール (→p.201) | | 適量 | |

## 道具
□ 「正統派クロワッサン」と同様 (p.203参照)。

## 作り方の流れ

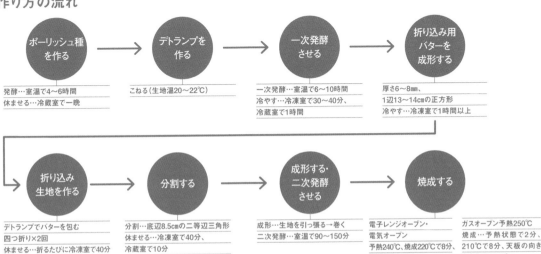

ポーリッシュ種を作る
発酵…室温で4〜6時間
休ませる…冷蔵室で一晩

→ デトランプを作る
こねる (生地温20〜22℃)

→ 一次発酵させる
一次発酵…室温で6〜10時間
冷やす…冷凍室で30〜40分、
冷蔵室で1時間

→ 折り込み用バターを成形する
厚さ6〜8mm、
1辺13〜14cmの正方形
冷やす…冷凍室で1時間以上

折り込み生地を作る
デトランプでバターを包む
四つ折り×2回
休ませる…折るたびに冷凍室で40分

→ 分割する
分割…底辺8.5cmの二等辺三角形
休ませる…冷凍室で40分、
冷蔵室で10分

→ 成形する・二次発酵させる
成形…生地を引っ張る→巻く
二次発酵…室温で90〜150分

→ 焼成する
電子レンジオーブン・電気オーブン
予熱240℃、焼成220℃で8分、
天板の向きを変えて3〜4分
ガスオーブン予熱250℃
焼成…予熱状態で2分、
210℃で8分、天板の向きを変えて3〜4分

# ポーリッシュ種を作る

## 1
## 前日に
## ポーリッシュ種
## を作る

ポーリッシュ種の材料を混ぜ、室温で4〜6時間かけて発酵させ、冷蔵室に移して一晩休ませる。

ボウルに材料を合わせ、木べらで粉っぽさがなくなるまで混ぜる。

ラップをかけ、室温に4〜6時間置いて発酵させる。

ポーリッシュ種の完成

気泡が確認できれば発酵している。そのまま冷蔵室へ入れ、一晩休ませる。

**POINT**
冷蔵室の中の冷気が直接当たらない場所に入れます。

# デトランプを作る

## 2
## 下準備

・2種類の強力粉を合わせ、冷凍室（−10℃以下）に15分入れて冷やす。
・バターは1cm角に切り、使うまで冷蔵室（2〜6℃）で冷やしておく。
・折り込み用のバターは正方形に近い状態に形を整え、使うまで冷蔵室で冷やしておく。
・焼成に入る30分前に、オーブンの予熱（電子レンジオーブン・電気オーブンの場合は240℃、ガスオーブンの場合は250℃）を始める。

## 3
## イースト溶液を
## 作る

ポーリッシュ種にAを入れ、塩、グラニュー糖を加えて泡立て器で混ぜ溶かす。

**POINT**
牛乳とりんご酵母液は、使う直前に保存している冷蔵室から出して計量し、5℃前後に冷えた状態で加えます。

りんご酵母液

ポーリッシュ種

## 4
## 粉とバターを
## 混ぜる

「正統派クロワッサン」**p.204**手順3と同様にする。

ボウルに粉類をふるい入れ、バターを加えてすり混ぜる。

## 5
## 材料を混ぜる

「正統派クロワッサン」**p.205**手順4と同様にする。

木べらで底からすくい上げるようにして、水気がなくなるまで混ぜる。

## 6~7
### 生地をこねる〜
### 生地温を
### はかる
「正統派クロワッサン」**p.205**手順
5〜6と同様にする。

生地を作業台に取り出し、1分間
程こねて生地の質感を均一にす
る。

こね上がった生地。生地温は20
〜22℃になっていること。
**POINT**
表面はザラザラでOK。ツルツルに
なるまでこねないこと。

# 一次発酵させる

## 8
### 室温で
### 一次発酵させる

生地を二重ラップで包み、室温
（約25℃）に 6〜10時間おいて、
一次発酵させる。

生地が2倍くらいに膨らめば一次
発酵完了。

## 9
### 生地を冷やす
生地中に発生した炭酸ガスを抜
いて冷凍用保存袋に入れ、冷凍
室に30〜40分入れて急冷し、冷
蔵室に移して1時間置いて生地
の芯までよく冷やす。

二重ラップで四角くなるようにふ
んわりと包み直し、上から押して
炭酸ガスを抜く。

ガス抜きをした生地を冷凍室に
30〜40分、冷蔵室に1時間置い
て冷やす。

## 折り込み用バターを成形する

### 10~11
### めん棒で叩く～正方形にのばす

「正統派クロワッサン」p.206~207 手順9~10と同様にする。

## 折り込み生地を作る

### 12~14
### デトランプを伸ばす～デトランプでバターを包む～生地を伸ばす

「正統派クロワッサン」p.207~209 手順11~13と同様にする。

厚さ1cmのルーラーを使って、デトランプを幅13~15cm、長さ22~25cmに伸ばし、成形したバターを包む。

バターを包んだ生地を、少し伸ばしては90度回転させて向きを変えながら伸ばしていく。

### 15
### 1回目の四つ折りをする

「Type-Iサクサクふんわりクロワッサン」p.229手順13と同様にする。

手前と奥の生地を中央に向かって折る。すき間ができないように少し重ねる。

生地が合わさった中央部分を、めん棒で軽く押さえる。

押さえたところで半分に折り重ね、四つ折りにする。

### 16~17
### 生地を休ませる～四つ折りした生地を伸ばす

「Type-Iサクサクふんわりクロワッサン」p.230手順14~15と同様にする。

二重ラップで包み、さらに布巾で包み、冷凍室で40分休ませる。

### 18~19
### 2回目の四つ折りをする～生地を休ませる

15、16の工程（「Type-Iサクサクふんわりクロワッサン」p.229~230手順13~14）を繰り返し、2回目の四つ折りをする。

折り込み生地の完成。

## 分割する

### 20~22
### 折り込み
### 生地を伸ばす
### ～二等辺
### 三角形に切る
### ～生地を
### 休ませる

「正統派クロワッサン」p.213~214
手順20~22と同様にする。

伸ばした生地の下に両手を差し込み、全体を上下に軽く揺すって生地をゆるめる。

底辺8.5cmの二等辺三角形に切り出す。

バットに入れて、ラップを被せて蓋をし、冷凍室で40分、冷蔵室に移して10分休ませる。

## 成形する

### 23~24
### 底辺と頂点を
### 引っ張る～
### 生地を巻く

「正統派クロワッサン」p.214~215
手順23~24と同様にする。

底辺を1cm折り上げ、さらに1cm折って芯にする。

奥へ向かって、力を入れずにふわっと転がして巻く。

巻き終わりは先端を平らにつぶして貼りつける。

## 二次発酵させる

### 25
### 二次発酵させる

「正統派クロワッサン」p.216手順25と同様にする。

発酵前

二次発酵完了

## 焼成する

### 26~27
### ドリュールを塗る
### ～オーブンに
### 入れて焼く

「正統派クロワッサン」p.216手順
26~27と同様にする。

# 自家製りんご酵母

## 材料 (でき上がり量280〜290ml)

| | | 分量 |
|---|---|---|
| りんご (種と芯を取り除く) | | 約100g |
| A | 水 | 200g |
| | はちみつ | 20g |
| はちみつ | | 10g |

## 道具

- ☐ デジタルスケール
- ☐ 保存容器 (容量約500ml)
- ☐ 鍋 (保存瓶が入るサイズ)
- ☐ トング (または菜箸)
- ☐ キッチンペーパー

**!** 人の手や調理道具、空気中には無数の菌が存在しています。保存瓶の中が雑菌の温床にならないように、以下の事項は厳守してください。
手：保存瓶に触るときは、その前に必ずせっけんで洗う。
キッチンペーパー：瓶はキッチンペーパーの上で自然乾燥させる。布巾は洗いたてでも使わない。
撹拌：スプーンなどは使わず、瓶を振り、揺すって撹拌する。

**!** 「室温」とは人が快適に生活できる温度帯です。酵母にとって人が生活する常温の部屋が発酵に適した環境です。ただし、ほこりが舞うベッドルームなどはNG。冷房、暖房機器に近すぎるのもアウト。特に直射日光が当たると、紫外線で殺菌されてしまうので厳禁です。

## 下準備

- 保存瓶の瓶と蓋を台所洗剤で洗って鍋に入れ、瓶全体が浸かるまで水を入れて強火にかける。
- 沸騰したら弱めの中火にし、湯の表面が波立ち、グツグツ沸く状態 (90℃以上) で5分ほど加熱する。このとき、トングの先を浸けて同時に煮沸する。
- 煮沸が終わったら、トングで蓋と瓶を取り出し、拭かずにキッチンペーパーの上に逆さにして置き、余熱で自然乾燥させる (瓶の中も拭かない)。

**POINT**
瓶は、熱湯に入れると急激な温度変化で破損することがあるので、水から徐々に温度を上げて煮沸します。蓋は変形する恐れがあるので、3分ほどで引き上げます。

## 1

りんごは流水でよく洗って水気をきり、皮ごと6等分のくし形切りにして、3〜4cm角に切る。

## 2

煮沸消毒した瓶が完全に乾き、温度が人肌まで下がったら、1のりんごとAを入れて蓋をきっちり閉め、瓶をシャカシャカと振ってはちみつを溶かす。

**POINT**
材料は先に計量して容器などに入れておくと、その雑菌が付着してしまうので、瓶をデジタルスケールにのせ、風袋機能を使ってそれぞれ計量しながら加えるとよいでしょう。スプーンなどを使う場合は、アルコールまたは煮沸消毒をしておきましょう。

## 3

室温に4〜5日置いて発酵させる。この間、1日に1回は瓶を振り、蓋を開けて新鮮な空気に触れさせる。泡がほとんど消えて、瓶の底にオリが溜まってきたら発酵液のでき上がり。撹拌〜発酵へ進む。

**POINT**
温度、環境によって、発酵にかかる時間は若干違ってきます。

## 4

↓

ミキサーに発酵液とりんごを移し、はちみつを加えて撹拌する。すぐ保存瓶に戻し、蓋をゆるく閉めて1〜2日かけて発酵させる。

**POINT**
材料を入れるジャー部分は、必ずきれいに洗った清潔なものを使ってください。ハンディブレンダーを使ってもOKです。

# 発酵の見極め

**1日目**
りんごは上の方に浮き、液体には透明感がある。

**2〜3日目**
液体が色づき、少し泡が出てくる。瓶底には白い沈殿物が溜まり始める。

**4〜5日目**
りんごの周りに泡が出始め、蓋を開けるとプシュッと音がして勢いよく泡立つ。

**撹拌後1日目**
ミキサーにかけた果肉が、泡とともに上の方に浮く。

**撹拌後2日目**
果肉が沈殿して液体の色が濃くなり、蓋を開けたときにアルコール臭がしたらでき上がり。清潔なスプーンでかき混ぜてから使う。

**VOICE**
でき上がったりんご酵母液は、果肉を入れたまま冷蔵庫で保存します。扉の開け閉めによる温度変化の影響が少ない庫内の奥の方に入れると、約1か月保存できます。週に1回は瓶を振って撹拌し、蓋を開けて新鮮な空気に触れさせてください。

## こんなときは・・・

**液面にカビがでてきてしまったら**
白カビだったら、清潔なスプーンですくい出せば大丈夫。もし青や緑のカビだったら、腐敗しているのですべて処分し、最初から再挑戦してください。異臭や酢のようなツンと鼻を突くような臭いも赤信号です。

**最後に残った果肉は**
酵母液を使い終わった後に残る果肉は、清潔なガーゼなどに包んでギュッと絞り、最後の一滴まで使います。

**暑い夏、寒い冬の発酵事情は**
室温の上がる季節はやはり発酵の速度が速いので見極めが難しくなります。冬は7日間かかっても、夏は3〜4日間ででき上がることもあるので、朝夕のチェックは怠らないようにしてください。発酵が進みすぎると、パンの味に少し酸味が入ります。酸味が苦手な人はとにかく涼しい場所に置き、速く発酵しないようにすること。逆に冬は、発酵が1〜2日は遅くなりますので、発酵が始まらず泡が立ってこなくても数日はジッと我慢して。また、1日1回の撹拌を、1日2回にすると発酵が促進されます。

天然酵母でクロワッサンを作る！

Type - II

# あこ天然酵母で作る
# もっちりしっとりクロワッサン

あこ天然酵母は、天然酵母(自家培養酵母)のパン作りに手軽にチャレンジできる米麹由来の酵母です。
粉末状に乾燥した酵母を水と合わせて発酵させて生種を作り、これに小麦粉を加えて生地を作ります。この酵母を使うと、不安定で
読みにくい発酵時間が安定し、従来の自家製酵母パンとは違う、使う小麦粉の風味を引き立ててもっちりとした食感になるので、
自家製酵母に初めてチャレンジする人にはおすすめの酵母です。
ここでは、小麦の香ばしさとうまみが出るように2種類の強力粉をブレンド。
でき上がった生地の味を生かすためにバターの量を控え、食べた後に重さを感じないクロワッサンに仕上げています。

## あこ天然酵母種(生種)を作る

### 材料 (でき上がり量約300ml)

| | 分量 |
|---|---|
| あこ天然酵母種 | 100g |
| ぬるま湯 (湯温40℃) | 200g |

### 道具
　□ 「自家製りんご酵母」と同様(**p.268**参照)。　□ ゴムベラ

### 作り方

**1** 煮沸消毒した保存瓶(**p.268**の「下準備」参照)が完全に乾き、温度が人肌まで下がったら、あこ天然酵母種とぬるま湯を入れ、清潔なゴムベラでよく混ぜる。酵母種の粒がしっかり吸水し、ゆるいおから状(混ぜている手に負荷が感じられるくらい)になるまで混ぜる。

**2** 瓶の蓋をゆるく閉め、28〜30℃で24時間かけて発酵させる。

**3** でき上がりは、さらさらとした液状になっている。耳を傾けて、プチプチと泡がはじける音が聞こえ、日本酒のような香りがし、少しなめてみるとビールのような風味が感じられればでき上がり。

発酵前　　　　発酵後

**VOICE**
でき上がった酵母液は、空気が入るように蓋をゆるく閉めて、冷蔵庫で保存し、1〜2週間で使い切りましょう。少しずつ発酵力は衰えていくので、1週間過ぎた生種で作るパンの生地は、モルトエキスを0.5g弱増やしてこねると、発酵の助力になります。

## クロワッサンを作る

### 材料 (幅13〜14cmのもの8〜9個分)

| | 分量 | ベーカーズパーセント |
|---|---|---|
| 強力粉　春よ恋 | 140g | 70% |
| 強力粉　テリア特号 | 60g | 30% |
| スキムミルク | 8g | 4% |
| 発酵バター (食塩不使用。よつ葉) | 20g | 10% |
| A　水 | 56g | 28% |
| 　　牛乳 | 50g | 25% |
| 塩 | 3.6g | 1.8% |
| グラニュー糖 | 18g | 9% |
| あこ天然酵母種 (生種) | 12g | 6% |
| 折り込み用発酵バター (食塩不使用。よつ葉) | 80g | 40% |
| 打ち粉・手粉 (強力粉) | 各適量 | |
| ドリュール (**p.201**参照) | 適量 | |

### 道具
　□ 「正統派クロワッサン」と同様(**p.203**参照)。

### 作り方

「正統派クロワッサン」**p.204〜216**と同様にする。ただし、イーストにあこ天然酵母種を使い、全卵は加えない。一次発酵は室温に3〜4時間置いて発酵させ、ガス抜きをしてから冷凍室に30〜40分入れて急冷し、冷蔵室(できれば野菜室)に4〜6時間入れて休ませる。

## Type - I

# パン・オ・ショコラ

お菓子のようにサクッと歯切れのよい生地でチョコレートを巻き込みました。
焼き上がりにシロップを塗って仕上げますが、
糖度の高い濃厚なシロップにしないと、
瞬時に水分が蒸発せず、膨らんだ層をつぶしてしまうことになります。

## [ CRUST ]
### きれいな面で焼き上がる

成形した際の巻き終わりになる折り込み生地の輪の部分を切り落とさずに発酵、焼成すると、表面の生地が引きつったり、形がいびつになったりする。仕上げに塗るシロップの作用で、冷めると生地がポコポコする。

## [ CRUMB ]
### 巻き終わりが側面にある

成形の際、巻き終わりを裏面の半分ぐらいまで巻き込んでおくと、二次発酵、焼成で膨らんでも、生地が上面まで引っ張られることはない。輪を切ることで、引っ張られず一層一層がきれいに焼き上がる。

## 材料 (5〜6個分)

| | 分量 | ベーカーズパーセント | | 分量 | ベーカーズパーセント |
|---|---|---|---|---|---|
| 準強力粉　メルベイユ | 120g | 60% | 折り込み用発酵バター (食塩不使用。明治) | | |
| 薄力粉　エクリチュール | 80g | 40% | | 130g | 65% |
| スキムミルク | 12g | 6% | 打ち粉・手粉 (準強力粉) | 各適量 | |
| 焦がし発酵バター (→p.260) | 10g | 5% | バトンショコラ | 12本 | |
| 水 | 100g | 50% | ドリュール (→p.201) | 適量 | |
| 塩 | 3.7g | 1.85% | シロップ | | |
| グラニュー糖 | 22g | 11% | 　グラニュー糖 | 70g | |
| インスタントドライイースト | 2g | 1% | 　水 | 50g | |

## 道具
☐ 「正統派クロワッサン」と同様 (p.203参照)。　☐ 刷毛 (毛先のややかたいもの)

## 作り方の流れ

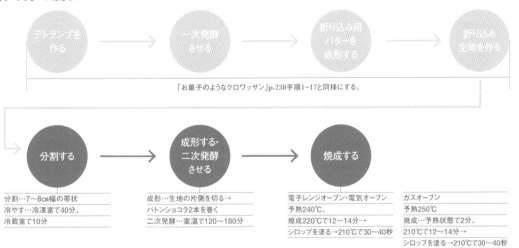

テトランプを作る → 一次発酵させる → 折り込み用バターを成形する → 折り込み生地を作る

「お菓子のようなクロワッサン」p.238手順1〜17と同様にする。

分割する → 成形する・二次発酵させる → 焼成する

分割…7〜8cm幅の帯状
冷やす…冷凍室で40分、冷蔵室で10分

成形…生地の片側を切る→バトンショコラ2本を巻く
二次発酵…室温で120〜180分

電子レンジオーブン・電気オーブン
予熱240℃、
焼成220℃で12〜14分→
シロップを塗る→210℃で30〜40秒

ガスオーブン
予熱250℃
焼成…予熱状態で2分、
210℃で12〜14分→
シロップを塗る→210℃で30〜40秒

デトランプ → 一次発酵 → 折り込み用バター → 折り込み生地 → 分割 → 成形・二次発酵 → 焼成

# 1~17
## デトランプを作る〜折り込み生地を作る
「お菓子のようなクロワッサン」p.238手順1~17と同様にする。

## 分割する

伸ばした生地

### 18
### 折り込み生地を伸ばす
「正統派クロワッサン」p.213手順20と同様にする。

### 19
### 帯状に切る
生地を横長に置き、左右どちらかの端から1cmくらいのところをよく切れる包丁で、まっすぐ切り落とす。そこから物差しを使って生地の上下の辺に7〜8cm間隔で印をつけ、その印を結ぶラインでまっすぐ切って帯状に5〜6枚カットする。

切り出した生地

## 成形する

### 20
### 生地を休ませる
「正統派クロワッサン」p.214手順22と同様にする。

### 21
### 片側を切る
生地を冷蔵室から取り出し、横長に置いて片側の端を5mmほど切り落とす。

**POINT**
切り落とした側が巻き終わりになります。帯状に切り出した生地の短い辺は、折り込み生地が輪になってつながっています。そこを切り落とさずに巻き込んで成形をすると、焼成中に生地が膨れて引っ張られ、巻き終わりが層の束ごとめくれ上がってしまいます。

# 22
## バトンショコラと
## ともに巻く

切り落とした側を奥にし、手前から3cmほどの所にバトンショコラ2本と、その間に切り落とした生地を並べて置く。

生地をバトンショコラにかぶせるようにして折りたたむ。

折りたたんだ部分を芯にして、奥から2〜3cm手前まで巻く。

めん棒で奥の生地を少し薄くなるように伸ばす。

**POINT**
生地がくっつくようなら打ち粉をします。

伸ばした部分を巻き取り、巻き終わりを下にして軽く押さえて貼りつける。生地を引っ張ってくっつけないこと。

巻き終わりを裏面に巻き込む

巻き終わりの巻き込みが足りない

**POINT**
巻き終わりは、裏面に2cmほど巻き込むように成形します。巻き終わりの巻き込みが足りないと、二次発酵、焼成の工程で生地が引っ張られて側面に上がってしまい、きれいな形に焼き上がりません。

## 二次発酵させる

# 23
## 二次発酵させる

「正統派クロワッサン」**p.216**手順25と同様にする。ただし、室温に置く時間は120〜180分。

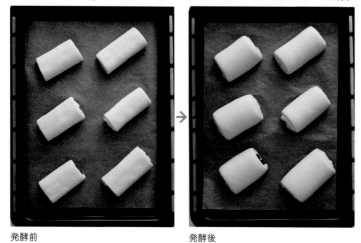

発酵前　　　　　　　　発酵後

## 焼成する

# 24
## ドリュールを塗る

刷毛で生地上面にドリュールを塗る。側面には塗らないこと。

# 25
## オーブンに入れて焼く

「正統派クロワッサン」**p.216**手順27と同様にする（焼いている途中で天板の向きを変える）。焼き上がったら次の**26**に進む。

# 26
## シロップを塗る

焼いている間に小鍋にシロップの材料を合わせて泡立て器でひと混ぜし、中火にかける。グラニュー糖が溶けたら、火を止めて冷ます。

オーブンから天板ごと取り出し、刷毛（毛先のややかたいもの）で生地上面にシロップを塗る。オーブンは210℃に予熱しておく。

# 27
## 乾燥させる

**26**をオーブンに戻して30〜40秒焼く。水分が蒸発してつやが出たらオーブンから取り出し、天板に置いたまま冷ます。粗熱が取れたらクーラーに移す。

**POINT**
焼き立ては生地がやわらかいので、扱いには注意しましょう。

Type - II

# クロワッサン・オ・ザマンド

ラム酒入りシロップをたっぷり染み込ませ、
アーモンドクリームを挟んでのせて焼き上げたフランス伝統のお菓子パンです。
ここで紹介するアーモンドクリームは、本書のどのクロワッサンとも相性よくおいしく作れますが、
中でも生地に全粒粉を加えたクロワッサンを使うことで、
濃厚な甘みとオイリーさをその独特な香ばしさでカバーし、1個食べきれるおいしさに仕上げました。
クリームの上に散らしたアーモンドスライスで、さらに香ばしさを重ねます。

### [ CRUST ]

#### クリームで表面が
#### きちんとカバーされている

クリームが流れ落ち、クロワッサンの表面
が見えていたりしないこと。クリームを作る
際のバターが溶けていたり、しっかり冷や
さずに絞ったりすると、オーブンに入れた
瞬間に溶けて流れてしまう。

### [ CRUMB ]

#### クリームに火が通っている

中に絞ったクリームにしっかり火が入るよ
うに、少し長めに焼く。トングなどで持ち
上げてみてフニュッとしなるようなら、水分
がまだ抜けていないのでもう少し焼く。クロ
ワッサンを二度焼きすることになるので、
底面が焦げないように注意する。

## 材料 (8〜9個分)

| | 分量 | | 分量 |
|---|---|---|---|
| 「ザクザクカリカリクロワッサン」(→p.244) | | グラニュー糖 | 110g |
| | 8〜9個 | 全卵 (溶いたもの) | 90g* |
| **シロップ** | | アーモンドパウダー | 120g |
| グラニュー糖 | 70g | 薄力粉 (好みのもの) | 20g |
| 水 | 70g | スキムミルク | 10g |
| ラム酒 | 20g | アーモンドスライス (皮付き) | 60g |
| **アーモンドクリーム** | | | |
| 発酵バター (食塩不使用。森永) | 120g | | |

＊卵を2個使い、卵白を減らして90gに調整してもよい。

## 道具

- ☐ デジタルスケール
- ☐ 小鍋
- ☐ 泡立て器
- ☐ ボウル
- ☐ ざる
- ☐ ラップ
- ☐ 刷毛 (毛先のややかたいもの)
- ☐ オーブンペーパー (天板のサイズ)
- ☐ 絞り袋
- ☐ 丸口金 (直径1cm)
- ☐ オーブン用手袋
- ☐ クーラー

## 作り方の流れ

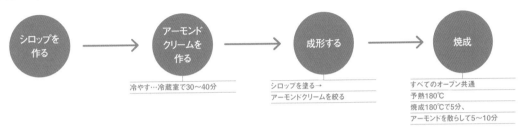

| シロップを作る | → | アーモンドクリームを作る | → | 成形する | → | 焼成 |
|---|---|---|---|---|---|---|
| | | 冷やす…冷蔵室で30〜40分 | | シロップを塗る→アーモンドクリームを絞る | | すべてのオーブン共通 予熱180℃ 焼成180℃で5分、アーモンドを散らして5〜10分 |

# シロップを作る

## 1
### 下準備

・バターは室温に置いてやわらかく戻す。
・オーブンを180℃に予熱する。
・絞り袋に丸口金をセットする。
・天板にオーブンペーパーを敷く。

## 2
### シロップを作る

小鍋に水とグラニュー糖を入れて泡立て器でひと混ぜし、中火にかける。グラニュー糖が溶けたら火を止め、ラム酒を加えて冷ます。

# アーモンドクリームを作る

## 3
### アーモンドクリームを作る

ボウルにバターを入れて泡立て器でなめらかになるまですり混ぜ、グラニュー糖、全卵、アーモンドパウダーを順に加えて、そのつどなじむまでよく混ぜる。

**POINT**

気温や湿度が高いときは、バターが溶けないように注意してください。他の材料を加えて混ぜている間も、摩擦熱でやわらかくなっていきます。ゆるみすぎたバターは、焼き上がりの油臭さやだれる原因になります。

薄力粉とスキムミルクを合わせてふるい入れる。

泡立て器ですり混ぜる。粉気がなくなればよい。

**POINT**

混ざればOK。力いっぱい混ぜないこと。生地に余計な空気が入ると、焼成時にパンにのせたクリームがなだれのように流れて落ちてしまいます。

クリームが空気に触れないようにラップをぴったり貼りつけ、冷蔵室に30〜40分入れて冷やす。

## 成形する
## 4
## シロップを塗る

クロワッサンを横半分に切り、天板に並べ、断面に刷毛でシロップを塗る。

**POINT**

刷毛で断面を軽く打つようにして染み込ませます。クロワッサンは間をあけて並べるので、1度に作る数は天板に乗る4〜5個で。

クロワッサンの外側にもシロップをたっぷり塗る。

**POINT**

半分に切ったクロワッサンをシロップにサッとくぐらせ、両手のひらに挟んで軽く押さえてシロップを絞ってもOK。ただし、シロップに浸けすぎるとやわらかくなって形が崩れてしまうので注意してください。

## 5
## アーモンドクリームを絞る

アーモンドクリームを絞り袋に詰め、横半分に切ったクロワッサンの下部の断面に絞る。

**POINT**

クリームを塗りつけると生地が崩れるので、必ず絞ってください。絞り袋がなければ、保存袋に詰めて片側に寄せ、袋の角を少し切って絞り出すとよいでしょう。

上部を重ねて元の形に戻し、軽く押さえてなじませる。間隔をあけて並べ直す。

**POINT**

上面に絞るアーモンドクリームが焼成時に溶けて流れ広がるので、できるだけくっつかないように間をあけて並べます。

上部全体にアーモンドクリームを絞る。

**POINT**

絞ったクリームが上部からだれるようなら、冷蔵室に4〜5分入れて冷やし固めてください。この時点でクリームがゆるくなっていると、オーブンに入れた瞬間にクロワッサンの上から流れ落ちてしまいます。

## 焼成する
## 6
## オーブンに入れて焼く

180℃に予熱したオーブンに入れ、5分程焼いていったん取り出し、アーモンドクリームの上にアーモンドスライスを散らす。

**POINT**

全粒粉入りのクロワッサンの風味に合わせて、皮付きのアーモンドスライスを散らします。

再び180℃のオーブンに入れ、5〜10分焼く。焼き上がったらオーブンから取り出し、クーラーにのせて室温で冷ます。

**POINT**

クリームが流れてくっついてしまったら、焼き立てのやわらかいうちに切り離します。

Type - III

# クロワッサン・フロマージュ

焼けたチーズの香ばしいおいしさは格別です。
そのおいしさを楽しむために、
バターの折り込みに使う打ち粉を粉チーズに替えて、たっぷり生地に貼りつけました。
チーズは焼けるとかたくなるので、クラムがしっとりふんわりとする生地を選んでいます。
クロワッサンとチーズのうまみが際立つように、成形時にシードミックスを巻き込み、
噛み応えのあるカリカリとした食感をプラスしました。

## [ CRUST ]

### 少し濃いめの
### 焼き色

生地にチーズを折り込んでいるので、焼き込まないとチーズの香ばしさが出ない。通常の焼き色ではチーズに熱が入らないので、濃いめの焼き色がつくまで焼くこと。

## [ CRUMB ]

### つぶれずに
### 巻いた層

チーズを折り込んだことで層がくっついてしまうところもあるが、つぶれた層はない。これは、巻き込んだシードで生地を傷つけることなくフワッと巻けた証し。

## 材料 (幅13〜14cmのもの7〜8個分)

| 材料 | 分量 | ベーカーズパーセント | | 分量 | ベーカーズパーセント |
|---|---|---|---|---|---|
| 準強力粉　フランス | 120g | 60% | インスタントドライイースト | 2g | 1% |
| 強力粉　ベルムーラン | 80g | 40% | 全卵 (溶いたもの) | 14g | 7% |
| スキムミルク | 6g | 3% | 折り込み用バター (食塩不使用。よつ葉*) | | |
| バター (食塩不使用。よつ葉*) | 12g | 6% | | 100g | 50% |
| A　水 | 62g | 31% | 粉チーズ | 50〜60g | |
| 　　牛乳 | 30g | 15% | シードミックス | 50g | |
| 塩 | 3.6g | 1.8% | 打ち粉・手粉 (準強力粉)　各適量 | | |
| グラニュー糖 | 24g | 12% | *よつ葉バター(ドイツ産原料使用) | | |

## 道具

☐ 「正統派クロワッサン」と同様(**p.203**参照)。

## 作り方の流れ

デトランプを作る → 一次発酵させる → 折り込み用バターを成形する → 折り込み生地を作る → 分割する

「ふわっと軽いクロワッサン」p.52手順1-21と同様にする。ただし、折り込み生地を作る際の打ち粉を粉チーズにする。

成形する・二次発酵させる → 焼成する

成形…生地を引っ張る→切り目を入れる→具を散らす→巻く
二次発酵…室温で90〜150分

電子レンジオーブン・電気オーブン
予熱240℃、焼成220℃で8分、天板の向きを変えて3〜4分

ガスオーブン
予熱250℃、
焼成…予熱状態で2分、210℃で8分、天板の向きを変えて3〜4分

# 1〜21
## デトランプを作る〜分割する

「ふわっと軽いクロワッサン」**p.242**手順**1〜21**と同様にする。ただし、2回目の四つ折り以降（手順**17〜21**）の打ち粉を粉チーズにする。

# 成形する

# 22〜24
## 底辺と頂点を引っ張る〜切り目を開く

「ふわっと軽いクロワッサン」**p.243**手順**22〜24**と同様にする。

# 25
## 具を散らす

切り目の先の生地表面に、1枚につきシードミックス小さじ2ほど散らし、粉チーズ少量を振る。

# 26
## 生地を巻く

「ふわっと軽いクロワッサン」**p.243**手順**25**を参照し、切り目を左右に開くようにして折り上げ、さらに左右に開くようにしながら1cmほど折って芯にして、奥へ向かってふわっと転がして巻く。巻き終わったら、両端が細く長くなるように軽く転がし、内側に曲げて三日月形にする。

**POINT**

力を入れて巻くとシードミックスの粒で生地を傷つけてしまうこともあるので、やさしく巻いてください。

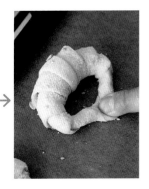

天板にオーブンペーパーを敷き、生地を輪になるように両端を少し重ねて置き、上から軽く押さえる。

**POINT**

重ねた部分を天板に貼りつけるように押しつけると、二次発酵中や焼成中に生地がつっぱっても、輪がほどけづらくなります。

## 二次発酵させる

# 27
## 二次発酵させる

「正統派クロワッサン」**p.216**手順25と同様にする。

発酵前　　　　　　　　発酵後

## 焼成する

# 28
## 具を振る

生地の上に、粉チーズとシードミックスをそれぞれ小さじ1ずつ振る。

# 29
## オーブンで焼く

「正統派クロワッサン」**p.216**手順27と同様にする。

# クロワッサン作りQ&A

## Q

### 折り込み生地を伸ばすとき、生地の向きを変えるのはなぜ?

グルテンは、こねる、叩くなど外部から適度な力を加えることでグルテン膜の網目が徐々に細かくなり、グイッと伸びる伸展性と戻ろうとする弾性が高まります。折り込み生地をめん棒で上下にグイグイと伸ばすのも、こねる、叩くと同様にグルテンを鍛えることになります。このとき、一方向だけで伸ばしていると、縦に縮もうとする力が強くなり、二次発酵時に均等に膨らまず、形が歪んだり焼き上がりがねじれたりします。

きれいな層が折り重なるクロワッサンを作るには、折り込みを1回するごとに生地を90度回転させます。伸ばす向きを変えることでグルテンの縮もうとする力が上下左右均等にかかり、生地がいびつに縮んだりねじれることを防げます。

## Q

### めん棒の使い方のコツを教えてください。

めん棒で生地を伸ばすときは、左右の力を均等にすることを意識してください。意識せずに伸ばしていると、どうしても利き腕の方に力が入り、生地の厚さが均一になりません。めん棒はできるだけ重いものを使うと、その重さで生地に圧がかかるので余計な力を入れてのばす必要がなく、左右不均等な力がカバーできます。

立ち位置は生地の正面。生地の厚さが1㎝くらいになるまではめん棒を転がすのではなく、端から順にめん棒を軽く押し当てて生地をくぼませていきます。次に、表面にできた凸凹の山の部分を押し込むようにして平らにし、ここからめん棒を転がして伸ばします。一度で長く伸ばそうとせず、まず生地の中央から手前に向かってめん棒をかけ、次に中央から奥に向かって伸ばします。これを繰り返して必要な長さに伸ばしていきます。40㎝を超える生地を均一の厚さに伸ばすには熟練のテクニックが求められます。そのため、本書では補助具としてルーラーを使っています。

## Q

### 生地を伸ばしていたら、やわらかくなってしまいました。

伸ばしている途中で、生地がやわらかくなったり、バターが溶け出してきたら、すぐにラップでふわっと包み、冷凍室に入れて急冷します。冷蔵室では生地の中心部が冷えるまでに時間がかかり、二次発酵が進んでしまいます。急ブレーキをかけるつもりで、必ず冷凍室で休ませてください。

## Q

### バターが割れてしまいました。

デトランプに包んだバターが一緒に伸びずにパキパキと木の葉状に割れてしまうのは、デトランプとバターの温度とかたさの違いが原因です。冷やしてカチカチにかたいバターをそのまま包んでしまうと、デトランプは伸びてもバターは伸びずに割れてしまいます。その結果、バターの層ができず、折り込み生地の組織が形成されず、二次発酵や焼成時に生地の引きつりや陥没が起き、焼き上がりのクラムに層ができず普通のパンのようになってしまう、といった現象が起こります。デトランプとバターを均一に伸ばすには、同じ温度に冷やし、同じかたさにしておくことが大切です。バターが割れてしまった場合は、無理に伸ばさず30〜60秒待ち、温度差を調整してから伸ばし作業を続けるとよいでしょう。

# Q　どうして失敗したの？

## よく膨らまず、層がきれいに出ません。
## クラストも割れてしまいました。

**A**　膨らまないのは、二次発酵の見極めを誤ったことで起こる現象。写真のクロワッサンは見極めが早かったケース。遅すぎた場合は、焼成直後はよく膨らみますが、徐々に沈んでぺちゃんこになります。
　生地表面に層ができない原因は、デトランプとバターを均一に折り込めていない。分割の際に包丁でスパッと切れずに層をつぶしてしまった。巻き取り成形のとき、断面の層のバターを触りすぎて溶かしてしまった。二次発酵をさせすぎた、など多々あります。

　クラスト表面が割れてしまったのは、デトランプが生地としてつながっていなかった（グルテン不足）か、二次発酵の見極めが早すぎたため。前者は、ホロホロとした食感をねらってグルテンの形成を抑えた生地作りをしているときによく起こる現象。後者は、中心部の生地が未発酵のまま焼成を始めたため、表面の生地が中心部の窯伸びに耐えられず割れてしまったケース。いずれも、二次発酵を十分に取ることが解決策です。

## クラストがつるつるで、層が出ていません。

**A**　焼成直前に塗るドリュールは、ツヤ出しと窯伸びを助ける働きをしますが、塗りすぎると、卵液が先に焼きかたまって、膨らもうとしている生地の層をくっつけてしまいます。ドリュールは、慎重にやさしく薄く塗ること。刷毛が断面に触れないように注意してください。また、生地にドリュールの液だまりができないように、

余分な卵液を落として塗ります。液だまりがあると生地の窯伸びに影響し、その部分がへこんで焼ける場合があります。
　つやつやにしたいときは、一度薄く塗り、30秒ほどおいて表面が乾く寸前にもう一度塗ります。

## クラムがスカスカに。

**A**　クラムがスカスカになってしまう原因は、折り込みが均一でなかった、バターの層を溶かしてしまった、二次発酵不足などいろいろ考えられますが、写真は二次発酵が十分でなかったケース。巻き取り成形のクロワッサンの二次発酵の見極めはかなり難しいといえます。冷えた生地を巻き取ると、表面や左右の生地の薄い部分は早く発酵が始まりますが、中心部の

発酵がスタートするのは、巻き込んだ生地が室温に戻ってから。この時間のズレが二次発酵の見極めを難しくしています。濡らした指で生地を押して跡がしっかり残るか、天板ごと揺らしてプリンのようなプルルンッとした弾力がみて取れるようになるまで、バターを溶かさないように注意して、十分に二次発酵をとりましょう。

## ロールパンのようなクラムになってしまいました。

**A**　二次発酵を十分にとることは重要ですが、過発酵も問題です。発酵のベストな状態、つまりピーク時間が他のパン生地よりもかなり短いのがクロワッサン作りを困難なものにしている要因のひとつといえます。発酵の見極めが遅れると、折り込んだ層がつながり、ロールパンやブリオッシュのようなクラムになってしまいます。しかも、発酵臭がきつく残り、食味が悪く

なります。見極めは「慣れること」。これしかありません。クロワッサン作りを繰り返し、そのつど二次発酵開始直後の生地の状態をよく観察して覚えておき、終了時にどのくらい膨らんだかを確認し、フィンガーテストや、天板を揺らしてのテストで見極めるようにします。そうすると、気温、室温、生地の状態が変わっても対応できるようになるはずです。

## ムラヨシマサユキ

料理研究家。製菓学校卒業後、パティスリー、カフェ、レストラン勤務を経てパンとお菓子の教室を始める。「家で作るからおいしい」をコンセプトに、毎日の暮らしの中にある"おいしい"を見つめ、繰り返し作れるシンプルなレシピを提案。きめこまやかなレッスンは、評判も高い。テレビや雑誌、料理教室の講師など、多方面で活躍中。コンビニやチェーン店のパンやお菓子にも精通し、日々、あらゆる角度から食に関して研究中。著書に『ムラヨシマサユキのぐる混ぜおやつ』（主婦と生活社）、『ムラヨシマサユキのパン教室』（西東社）他多数。

撮影　木村 拓（東京料理写真）
アートディレクション　中村圭介（ナカムラグラフ）
デザイン　樋口万里・鈴木茉弓（ナカムラグラフ）
構成・編集・スタイリング　関澤真紀子
企画・編集　川上裕子（成美堂出版編集部）

本書は2016～2019年に発行した『家庭のオーブンで作るバゲット』『家庭のオーブンで作る食パン』『家庭のオーブンで作るクロワッサン』（いずれも小社刊）の3冊を合本、再編集したものです。

## 家庭のオーブンで作る バゲット・食パン・クロワッサン

著　者　ムラヨシマサユキ

発行者　深見公子

発行所　成美堂出版
　　　　〒162-8445　東京都新宿区新小川町1-7
　　　　電話(03)5206-8151　FAX(03)5206-8159

印　刷　共同印刷株式会社

©SEIBIDO SHUPPAN 2023 PRINTED IN JAPAN
ISBN978-4-415-33321-2
落丁・乱丁などの不良本はお取り替えします
定価はカバーに表示してあります

• 本書および本書の付属物を無断で複写、複製（コピー）、引用することは著作権法上での例外を除き禁じられています。また代行業者等の第三者に依頼してスキャンやデジタル化することは、たとえ個人や家庭内の利用であっても一切認められておりません。